宗教法人会計のすべて

第3版

「宗教法人会計の指針」逐条解説と会計・監査・税務実務

著 田中義幸・神山敏夫・繁田勝男・神山敏蔵

税務経理協会

まえがき

　宗教法人にはおよそ会計基準と呼ぶべきものが定められておりません。公益法人には公益法人会計基準，学校法人には学校法人会計基準，社会福祉法人には社会福祉法人会計基準，NPO法人にはNPO法人会計基準，そして会社には企業会計の基準がありますが，宗教法人にはありません。そこで，会計基準がなければ，どんな会計を行ってもかまわないのかというと，そんなことはありません。そもそも，会計は「一般に公正妥当と認められる会計の慣行に従う」ものとされているからです。

　それでは，ここにいう"会計の慣行"とは何でしょうか。

　会計の慣行は，特定の法人により「公正妥当」と主張されるだけでなく，明文化されるなど，広く流布し受け入れられていると客観的に判断できる必要があるものとされています。

　平成13年に日本公認会計士協会から公表された『宗教法人会計の指針』は，明文化され広く流布していると客観的に判断できる点では，ここにいう会計慣行の要件を備えています。ただ，広く受け入れられているかという点だけが客観的に判断できないところですが，しかし多くの宗教法人が会計を行う場合の指針となっていることは間違いのないところではないでしょうか。

　『宗教法人会計の指針』と同じような位置付けのものを他に求めるとすれば，企業会計において，中小企業を対象として設けられている『中小企業の会計に関する指針』を挙げることができるでしょう。これは，中小企業が会計を行うに当たり，拠ることが望ましい会計処理や計算書類の作成方法を示すものとされています。

　ところで，『宗教法人会計の指針』の草案をもって関係者に説明して回っていたころ，当時の文化庁の宗務課長を務めておられたのが前川喜平氏だったことを思い出します。前川氏はその後時を経て文部科学省の事務次官となり，加計学園問題では一躍時の人となりました。『宗教法人会計の指針』は，ずいぶ

んいろんな人の協力を得て，出来上がったのだなあと今更ながら感慨を深くします。

　本書は，平成13年10月に発刊され，平成26年1月の改訂を経て，この度二度目の改訂を加えて発行することになりました。今改訂では，財務運営の適正性という観点から監査について追補しました。宗教法人の関係者や関与する税理士・公認会計士の皆様の一層の利便に供することを念じてやみません。

平成30年1月

著者一同

目　　次

まえがき

第1章　宗教法人法と会計

1　宗教法人の制度 ……………………………………………………… 2
2　宗教法人の必要書類 ………………………………………………… 4
　（1）　必要書類の作成・備付け・提出 ……………………………… 4
　（2）　書類，帳簿の閲覧請求 ………………………………………… 5
3　宗教法人の事業 ……………………………………………………… 6
　（1）　業務，事業の種類 ……………………………………………… 6
　（2）　収益事業の税務上の取扱い …………………………………… 8
4　宗教法人の会計制度 ………………………………………………… 10
　（1）　宗教法人の会計の土壌 ………………………………………… 10
　（2）　宗教法人法の会計規定 ………………………………………… 12
5　会計の基本概念 ……………………………………………………… 14
　（1）　会計の手続 ……………………………………………………… 14
　（2）　表示方法 ………………………………………………………… 15
　（3）　損益会計と収支会計 …………………………………………… 15

第2章　「宗教法人会計の指針」の概要

1　指針の趣旨と利用の仕方 …………………………………………… 20
　（1）　趣　　旨 ………………………………………………………… 20
　（2）　利用の仕方 ……………………………………………………… 21
2　指針の概要 …………………………………………………………… 21
　（1）　指針の構成 ……………………………………………………… 21
　（2）　計算書類の体系 ………………………………………………… 22

3　指針の特徴……………………………………………………………23
　　（1）宗教法人法との関係……………………………………………23
　　（2）注記の要請………………………………………………………24
　　（3）資金の範囲………………………………………………………24
　　（4）資産の貸借対照表価額…………………………………………24
　　（5）減価償却…………………………………………………………25

第3章　「宗教法人会計の指針」の逐条解説

1　総　　　則………………………………………………………………28
　　（1）宗教法人会計の目的……………………………………………29
　　（2）指針の目的と適用範囲…………………………………………29
　　（3）会計年度…………………………………………………………31
　　（4）会計区分…………………………………………………………31
　　（5）予　　算…………………………………………………………34
　　（6）決　　算…………………………………………………………37
　　（7）計算書類の作成時期……………………………………………38
2　一　般　原　則…………………………………………………………39
　　（1）真実性の原則……………………………………………………39
　　（2）正確記帳の原則…………………………………………………40
　　（3）明瞭性の原則……………………………………………………42
　　（4）継続性の原則……………………………………………………43
3　収支計算書………………………………………………………………44
　　（1）収支計算書の内容………………………………………………44
　　（2）収支計算書の表示方法…………………………………………47
4　正味財産増減計算書……………………………………………………53
　　（1）正味財産増減計算書の内容……………………………………53
　　（2）正味財産増減計算書の構成……………………………………55
　　（3）正味財産増減計算書の様式……………………………………56

5 貸借対照表 …………………………………………………………………60
  （1）貸借対照表の内容………………………………………………………60
  （2）貸借対照表の区分………………………………………………………63
  （3）資産の貸借対照表価額…………………………………………………68
  （4）負　　　債………………………………………………………………77
  （5）正　味　財　産…………………………………………………………79
  （6）貸借対照表の様式………………………………………………………80
6 財 産 目 録 ………………………………………………………………83
  （1）財産目録の内容…………………………………………………………83
  （2）財産目録の価額…………………………………………………………85
  （3）財産目録の区分…………………………………………………………86
  （4）財産目録の様式…………………………………………………………86

第4章　計算書類の記載例

1 開始財産目録と開始貸借対照表 …………………………………………90
  （1）開始財産目録の作成……………………………………………………91
  （2）開始貸借対照表の作成…………………………………………………96
2 収支計算書 …………………………………………………………………98
  （1）様式1－1………………………………………………………………98
  （2）様式1－2……………………………………………………………103
3 正味財産増減計算書 ……………………………………………………104
4 貸借対照表（年度末）……………………………………………………106
5 計算書類の注記 …………………………………………………………108

第5章　「宗教法人会計の指針」の周辺問題

1 計算書類の注記について ………………………………………………112
2 計算書類の科目例示 ……………………………………………………114
  （1）予算・収支科目………………………………………………………114

（2）　正味財産増減科目 …………………………………… *117*
　（3）　貸借対照表科目 ……………………………………… *119*
3　資金範囲の決定について ………………………………… *122*
　（1）　資金範囲とは ………………………………………… *122*
　（2）　資金範囲決定の留意点 ……………………………… *123*
　（3）　資金範囲の例示 ……………………………………… *124*
　（4）　各項目の具体的検討 ………………………………… *125*
4　資産の無償取得と取得価額について …………………… *127*
　（1）　無償取得資産の資産計上 …………………………… *127*
　（2）　指針における無償取得資産の取得価額について … *128*
　（3）　無償取得の形態 ……………………………………… *129*
　（4）　評価不能の場合 ……………………………………… *130*
　（5）　貸借対照表を最初に作成するときの価額 ………… *130*
5　用語について ……………………………………………… *133*
　（1）　収入と支出，歳入と歳出 …………………………… *133*
　（2）　収支差額と剰余金 …………………………………… *134*
　（3）　「業務」と「事業」 ………………………………… *135*
　（4）　備忘価額 ……………………………………………… *135*
　（5）　注　　記 ……………………………………………… *136*

第6章　会計処理の実務

1　会計帳簿の種類と記帳 …………………………………… *138*
　（1）　会計伝票の種類と様式 ……………………………… *139*
　（2）　会計帳簿の種類と様式 ……………………………… *144*
　（3）　帳簿の記帳と計算書の作成 ………………………… *158*
2　決算と計算書類の作成 …………………………………… *164*
3　コンピュータ利用の会計 ………………………………… *173*
　（1）　コンピュータ会計の概要 …………………………… *173*

（2）　市販されている会計ソフトの利用 …………………………………… *174*
4　証憑書類の整備，帳簿等の保管 ………………………………………… *180*
　（1）　証憑書類の整備，帳簿等の保管の必要性 ………………………… *180*
　（2）　証憑書類の整備と保管 ……………………………………………… *180*
　（3）　帳簿等の保管 ………………………………………………………… *182*

第7章　財務運営適正性の監査

1　監査の必要性 ……………………………………………………………… *184*
2　監査の役割 ………………………………………………………………… *184*
3　文化庁の監査についての考え方 ……………………………………… *185*
4　規則例の内容 ……………………………………………………………… *185*
5　規則例 ……………………………………………………………………… *186*
　（1）　文化庁の文例 ………………………………………………………… *186*
　（2）　宗教法人Aの規則例 ………………………………………………… *187*
　（3）　宗教法人Bの規則例 ………………………………………………… *188*
6　監査の範囲 ………………………………………………………………… *189*
7　会計監査の内容 …………………………………………………………… *189*
8　監査の報告 ………………………………………………………………… *190*
9　外部監査の利用 …………………………………………………………… *192*

第8章　税務処理の実務

1　宗教法人にかかる税金 ………………………………………………… *194*
　（1）　国　　　税 …………………………………………………………… *194*
　（2）　地　方　税 …………………………………………………………… *196*
2　収益事業課税制度 ……………………………………………………… *199*
　（1）　公益法人等と収益事業課税 ………………………………………… *199*
　（2）　公益法人等に課税する趣旨 ………………………………………… *199*
　（3）　現行制度の概要 ……………………………………………………… *200*

3 収益事業の意義……………………………………………………203
　（1）収益事業の範囲……………………………………………203
　（2）課税の対象となる事業……………………………………203
　（3）課税される収益事業の事業場の意義……………………205
　（4）継続して営む事業の意義…………………………………206
　（5）公益法人等の事業目的と法人課税………………………206
4 収益事業課税の具体例……………………………………………207
　（1）他人に委託して行う収益事業……………………………207
　（2）共 済 事 業…………………………………………………208
　（3）物品販売業…………………………………………………209
　（4）不動産販売業………………………………………………210
　（5）不動産貸付業………………………………………………211
　（6）出 版 業……………………………………………………213
　（7）席 貸 業……………………………………………………214
　（8）旅 館 業……………………………………………………215
　（9）興 行 業……………………………………………………216
　（10）医療保健業…………………………………………………217
　（11）技芸教授業等………………………………………………217
　（12）駐 車 場 業…………………………………………………218
　（13）労働者派遣業………………………………………………218
5 宗教法人の活動と収益事業の課税………………………………219
　（1）宗教活動収入と税金………………………………………219
　（2）葬儀等のために寺の本堂等を貸し付けた場合…………221
　（3）お守り，お札，おみくじ等を有料頒布している場合…222
　（4）神前結婚に伴う披露宴に料理を提供した場合…………222
　（5）ペット葬祭業を行う場合…………………………………223
　（6）預金，有価証券等の運用益の課税と非課税……………223
　（7）拝殿用の土地の贈与を受けた場合………………………224

（8）　寄附金の領収証を発行した場合 ……………………………… 226
　　（9）　収益を本会計に繰り入れた場合 ……………………………… 226
 6　資産の取得，売却，処分と税金 ………………………………………… 227
　　（1）　財産の取得と税金 ………………………………………………… 227
　　（2）　財産処分と税金 …………………………………………………… 229
　　（3）　境内地を譲渡した場合の課税 …………………………………… 229
 7　宗教法人と源泉徴収 ……………………………………………………… 230
　　（1）　源泉徴収制度の仕組み …………………………………………… 230
　　（2）　対象となる所得 …………………………………………………… 230
　　（3）　社会保障・税番号（マイナンバー）制度 ……………………… 231
　　（4）　住民税の特別徴収 ………………………………………………… 232
 8　税務上の提出書類 ………………………………………………………… 233
　　（1）　収益事業の開始の届出 …………………………………………… 233
　　（2）　法人税申告書の提出 ……………………………………………… 233
　　（3）　収支計算書の提出 ………………………………………………… 233
 9　宗教法人と消費税及び地方消費税 ……………………………………… 234
　　（1）　宗教法人と消費税及び地方消費税 ……………………………… 234
　　（2）　収益事業と消費税 ………………………………………………… 234
　　（3）　宗教法人の本来の業務と消費税 ………………………………… 235
　　（4）　宗教法人における消費税計算の特例 …………………………… 235
　　（5）　消費税率の改正 …………………………………………………… 236
10　法人税・消費税の申告実務 ……………………………………………… 241
　　（1）　宗教法人の収益事業に係る法人税等の申告 …………………… 241
　　（2）　宗教法人の消費税等の申告 ……………………………………… 249

付　　録

1 宗教法人法（抄） …………………………………………………………… *262*
2 宗教法人会計の指針 ………………………………………………………… *278*
3 宗教法人会計の指針―解説― ……………………………………………… *292*
4 総括表の例示 ………………………………………………………………… *299*
5 指針に基づいた会計基準例―キリスト教会　会計基準― …… *303*

索引 ……………………………………………………………………………… *307*

【凡例】

宗教法人法…宗法
一般社団法人及び一般財団法人に関する法律…一般法人法
公益社団法人及び公益財団法人の認定等に関する法律…認定法
一般社団法人及び一般財団法人に関する法律及び公益社団法人及び公益財団法人の認定等に関する法律の施行に伴う関係法律の整備等に関する法律…整備法
所得税法…所法
法人税法…法法
法人税法施行令…法令
法人税法施行規則…法規
法人税基本通達…法基通
相続税法…相法
登録免許税法…登法
登録免許税法施行規則…登規
消費税法…消法
消費税法施行令…消令
消費税法基本通達…消基通
印紙税法…印法
印紙税法基本通達…印基通
地方税法…地税法
租税特別措置法…措法
租税特別措置法施行令…措令
租税特別措置法施行規則…措規
東日本大震災からの復興のための施策を実施するために必要な財源の確保に関する特別措置法…復興特別措置法

第 1 章

宗教法人法と会計

1　宗教法人の制度

　宗教は人類の歴史と比肩し得るほどの永い固有の歴史を有しています。その宗教とともに，宗教を中心に集まった人々の組織もまた国や民族という枠組みを超えた永続性を有している場合が少なくありません。

　わが国の宗教法人法は，このような人々の組織を，まず「宗教団体」として法律の中に位置付けました。「宗教団体」は，宗教法人法に，「宗教の教義をひろめ，儀式行事を行い，及び信者を教化育成することを主たる目的とする左に掲げる団体をいう。」と定義されています。

　一　礼拝の施設を備える神社，寺院，教会，修道院その他これらに類する団体
　二　前号に掲げる団体を包括する教派，宗派，教団，教会，修道会，司教区その他これらに類する団体

　さらに，宗教法人法は，このような宗教団体に法人格を与えることを目的にする法律であることを明らかにしました。宗教団体が礼拝の施設その他の財産を所有し，これを維持運用し，その他その目的達成のための業務及び事業を運営することに資するためには，宗教団体に法律上の能力が必要だという理由からです。

　宗教や宗教団体を近代法制の中に位置付けようとする試みは明治年間に端を発しています。明治31年に民法が施行されましたが，その中で，権利義務の主体となるものとして自然人と法人が定められ，「祭祀，宗教，教育，福祉，慈善，学術，技芸その他公益に関する目的によって設立された社団又は財団」に，法人としての権利義務を認める公益法人制度が創設されました。ただし，宗教団体については，他の法人とは著しく性質を異にするとして特別法に譲るとされましたが，その制定が遅れ，宗教団体の中には社団法人や財団法人の形を

とったものもありました。

　昭和14年に宗教団体に関する統一的法律として宗教団体法が制定され，宗教団体はようやく宗教法人となることが認められました。しかし，この宗教団体法は国家統制色が強く，宗教団体の設立は許可主義をとり，主務大臣又は地方長官の認可が必要で，主務大臣は宗教活動についての制限や，設立認可の取消しの権限を有していました。

　敗戦後の昭和20年，連合国最高司令部の指令によりこの宗教団体法が廃止され，代わって応急的な勅令として宗教法人令が定められました。宗教法人令は，それまでの設立許可制を改めて，登記をして届出をすれば宗教法人として成立する準則主義をとりました。このため，届出をする者が多く，各地に宗教法人乱立の弊害が生じたといわれます。

　昭和26年になって，ようやく宗教法人法が制定され，宗教法人令は廃止されました。新しくできた宗教法人法は，戦前の許可制や宗教法人令の下での届出制の弊害を踏まえて認証制度を新設しました。認証制度は宗教法人の定めた規則が法令に定める要件を備えているかどうかを所轄庁が審査し確認する制度です。

　この宗教法人法の下で，設立の認証を受けようとする者は，まず「宗教団体」の要件を備えていなければなりません。宗教団体とは，前述したように礼拝の施設を備えた「施設宗教団体」を指します。次に宗教法人規則が法令の規定に適合していることを要し，さらに設立の手続が宗教法人法の規定に従っていることが求められています。

　このようにして，宗教法人は設立するときに規則を作成し，これにいったん所轄庁の認証を受けて法人格を得ると，その後はその規則を変更する必要などが生じない限り所轄庁の関与を受けることはまずありませんでした。計算書類についても，毎会計年度「財産目録」を作成して事務所に備え付けるだけでよく，それを提出したり，閲覧させたりする義務はありませんでした。宗教法人の運営は基本的に，完全な宗教法人の自治に任されていました。その結果，財産目録についても，設立後はこれを作らなくとも特に不都合が生じるというこ

ともなかったため，実態としては財産目録すら作成していない法人が少なくありませんでした。

昭和31年頃にいわゆる新興宗教をめぐる社会問題が，国会で取り上げられ，大きな改正論議を巻き起こしました。しかし当時のあわただしく変動する社会情勢の中でいつしか立ち消えてしまい，宗教法人法は大きな改正をみることなく今日に至りました。その間にも，宗教法人をめぐる不祥事が大きく報道されることがしばしばあり，宗教法人に対する批判的な空気は強まりつつありました。

平成7年に大きな問題となって社会を揺るがしたオウム真理教事件はこうした空気に決定的な影響を及ぼし，ついに聖域とも思われた宗教法人法に大きくメスが入れられることとなりました。

平成7年4月に宗教法人審議会は宗教法人制度の改正に着手しました。審議会では議論の当初から，改正の大きな論点として次の3点が挙げられていました。第一に，広域的な宗教法人に対する所轄庁のあり方です。第二に，設立認証後の宗教法人に対する活動状況の把握のあり方です。そして第三に，宗教法人の情報開示のあり方でした。特に情報開示のあり方については，「なお，宗教法人による財務会計書類の作成を容易にするため，宗教法人の拠るべき会計の基準を設けることを検討していくことが望まれる。」として，宗教法人の会計基準の制定が望まれています。

平成7年12月に公布された改正法では，これらの点が大幅に改められ，宗教法人の書類の作成，備付け，提出などの制度が大きく変わりました。

2　宗教法人の必要書類

(1)　必要書類の作成・備付け・提出

宗教法人法で定められている宗教法人の書類の作成等についての制度の概要をまとめると，およそ次のとおりになります。

・毎会計年度終了後3カ月以内に作成しなければならない書類
　財産目録及び収支計算書
・宗教法人の事務所に備えなければならない書類及び帳簿
　① 規則及び認証書
　② 役員名簿
　③ 財産目録及び収支計算書並びに貸借対照表を作成している場合は貸借対照表
　④ 境内建物（財産目録に記載されているものを除く）に関する書類
　⑤ 責任役員その他規則で定める機関の議事に関する書類及び事務処理簿
　⑥ 公益事業その他の事業を行う場合には，その事業に関する書類
・毎会計年度終了後4カ月以内に写しを所轄庁に提出しなければならない書類
　① 役員名簿
　② 財産目録及び収支計算書並びに貸借対照表を作成している場合は貸借対照表
　③ 境内建物（財産目録に記載されているものを除く）に関する書類
　④ 公益事業その他の事業を行う場合には，その事業に関する書類

　上記の書類のうち，収支計算書の作成にはきちんとした会計処理ができるだけの事務能力が要求されますが，小規模の宗教法人にこれを課すのは問題があるとして，収入8,000万円以下の小規模法人については収支計算書の作成を免除する例外措置が定められています（宗法附則㉓）。

　なお，収支計算書は宗教法人が任意に作成している場合には，これを備え置く義務が生じ，所轄庁に提出する義務も生じることに留意しなければなりません。

（2） 書類，帳簿の閲覧請求

　宗教法人は，信者その他の利害関係人であって，宗教法人の事務所に備えられた同項各号に掲げる書類又は帳簿を閲覧することについて正当な利益があり，かつ，その閲覧の請求が不当な目的によるものでないと認められる者から請求

があったときは，これを閲覧させなければならないことになっています（宗法25③）。

　この場合，宗教法人の事務所に備えるべき次の書類のうち，何が書類で何が帳簿かということに注意しておく必要があります。

① 規則及び認証書
② 役員名簿
③ 財産目録及び収支計算書並びに貸借対照表（作成している場合）
④ 境内建物に関する書類
⑤ 責任役員その他規則で定める機関の議事に関する書類及び事務処理簿
⑥ 第6条の規定による事業を行う場合には，その事業に関する書類

　このうち，「帳簿」にあたるものは一つしかありません。⑤の事務処理簿です。後のものは全部書類であり，会計帳簿などは全く触れられていません。このことは重要です。ここに上げた六つのものは信者に閲覧させなくてはなりませんし，いくつかの書類の写しは所轄庁に提出します。しかし，たとえば会計帳簿などは閲覧させる義務はありません。見せる必要のある帳簿は，事務処理簿だけだということです。

3　宗教法人の事業

(1)　業務，事業の種類

　宗教法人の活動は，本来の業務としての宗教活動の他に，事業として公益事業と公益事業以外の事業の三つに大別することができます。

　宗教法人が公益事業や公益事業以外の事業を行う場合には，宗教法人の「規則」に事業の種類や管理運営方法に関する事項を記載し，所轄庁の認証を受けなければなりません。宗教法人の設立時に事業が開始されている場合はもちろんですし，新たに事業を開始した場合にも規則変更の手続を同じようにすることになります。

　また「事業の種類」は登記事項でもあるため，登記の手続も併せてしなけれ

① 本来の業務

　宗教法人は，宗教法人法2条に「宗教の教義をひろめ，儀式行事を行い，及び信者を教化育成することを主たる目的とする」とあるように，宗教法人の本来の業務としての宗教活動がまず基本となります。

② 公益事業

　公益事業とは一般に，公共の利益を図る目的で営まれる事業であって，かつ営利を目的としないものをいうとされています。宗教法人法では宗教法人の本来の業務である宗教活動と公益事業とは明確に区別されており，宗教法人法6条1項に「宗教法人は公益事業を行うことができる」と規定されています。一般の公益法人では公益事業を行うことが存立の必須条件であるのに対し，宗教法人においては公益事業を行うことは任意であって，強制されているわけではありません。

　公益事業は，たとえば幼稚園，学校等の経営といった教育事業，保育園，病院，老人ホーム等の経営などの社会福祉事業がありますが，これらはその公益事業を行うことを目的とする公益法人（学校法人，社会福祉法人）に許されることから，実際には別法人化して経営しているケースがほとんどです。

③ 公益事業以外の事業

　宗教法人は「目的に反しない限り」，公益事業以外の事業を行うことができると定められています（宗法6②）。宗教法人の目的は宗教活動を行うことにありますから，その尊厳を損なうおそれのある事業，たとえば投機的な性格を有する事業，風俗営業に類する事業や，大きな損害を被るおそれのある過大な規模の事業などは目的に反すると考えられています。

　公益事業以外の事業については，宗教法人法上の規制が設けられています。第一は，収益の使途に関する制限であり，公益事業以外の事業により収益が生じたときは，本来の業務である宗教活動か公益事業に使ったり，包括する宗教団体や，援助する宗教団体に使わなければならないとされています。

　第二は所轄庁による事業停止命令です。所轄庁は，宗教法人が行う「公益事

業以外の事業について6条2項の規定に違反する事実があると認めたとき」は，1年以内に限りその事業停止を命ずることができる（宗法79①）となっています。

（2） 収益事業の税務上の取扱い

　宗教法人は，一般社団法人等（一般社団法人・一般財団法人，公益社団法人・公益財団法人）や医療法人，学校法人，社会福祉法人，労働組合，その他法人とともに，「公益法人等」として法人税法別表第二に掲げられています。この公益法人等に法人税がどのように課税されているか，概要を述べると概ね次のとおりです（平成29年4月現在）。

① 　公益法人等は，収益事業を営む場合のみ納税義務を負い，収益事業以外の所得は課税の対象から除外されています。なお，公益法人等が行う事業で，その性格や内容が収益事業に該当するものであっても，公益社団法人・公益財団法人が認定法2条4号に定める公益目的事業に該当する事業として行っている場合などは，収益事業には該当せず，法人税は課税されません（法令5②）。

② 　公益法人等が収益事業から収益事業以外の事業に対して支出した金額は，寄附金とみなされ，下記のような損金算入限度額の区分が設けられています。

　　イ　公益社団法人・公益財団法人…所得の50％
　　ロ　学校法人，社会福祉法人など…所得の50％（200万円が限度）
　　ハ　宗教法人など………………………所得の20％

③ 　一般社団法人等以外の公益法人等の収益事業の所得に対する法人税率は15％（年800万円以下）と19％（年800万円超）です。

　収益事業を営んでいる公益法人等は，各事業年度終了後2カ月以内に，税務署長に対し，法人税の確定申告書を提出することになっていますが，この確定申告書には，収益事業に係る貸借対照表と損益計算書を添付しなければなりません（法法74③，法規35）。さらにこの添付書類には，収益事業の書類だけでなく，収益事業以外の事業に係る貸借対照表などの書類も含まれることとしています

(法基通15－2－14)。

　また，収益事業を営んでいない公益法人等であっても，所轄税務署長に収支計算書を提出することが義務付けられています。ただし，収入金額が一定額以下の小規模の法人については，事務負担に配慮して提出義務が免除されています。基準額は，年間収入8,000万円以下となっています（措令39の37）。

　収支計算書の提出期限は，原則として，各事業年度の終了の日の翌日から4カ月以内と定められています。

　8,000万円以下の年間収入であれば収支計算書の提出が免除されますが，その場合の収入は，どのようにして判定するのでしょうか。これについて，租税特別措置法施行令39条の37に，資産の売却による収入で臨時的なものを除くとあり，土地，建物などの資産の売却収入を除外することは明らかです。また，それ以外のたとえば前期から繰り越された剰余金の収入，各勘定間の振替による収入，借入による収入，各種引当金，準備金，積立金の取り崩しによる収入，各種特定預金の取り崩しによる収入などは，8,000万円を判定する場合の収入には含まれないとされています。

　したがって，この場合の収入額は，1事業年度における基本財産等の運用益，会費収入，寄附金収入，事業収入などの経常的な収入金額の合計額で判定することになります。

　法人税法は，公益法人等が提出する収支計算書の記載内容については，活動の内容に応じて概ね租税特別措置法施行規則別表第十に示された科目に従って，作成することとしています。8,000万円の収入額を判定する際には除外された借入金収入や繰越金収入も，収支計算書には表示されます。また，対価を得て行う事業に係る収入（事業収入）については，事業の種類ごとに，その事業内容を示す適当な名称を付した科目に従って作成することとしています。

・租税特別措置法施行規則別表第十　公益法人等の収支計算書に記載する科目
　（収入の部）
　　基本財産運用収入，入会金収入，会費収入，組合費収入，事業収入，補助金等収入，負担金収入，寄附金収入，雑収入，基本財産収入，固定資産売却

収入，敷金・保証金戻り収入，借入金収入，前期繰越収支差額等
（支出の部）
　役員報酬，給料手当，退職金，福利厚生費，会議費，旅費交通費，通信運搬費，消耗什器備品費，消耗品費，修繕費，印刷製本費，光熱水料費，賃借料，保険料，諸謝金，租税公課，負担金支出，寄附金支出，支払利息，雑費，固定資産取得支出，敷金・保証金支出，借入金返済支出，当期収支差額，次期繰越収支差額等

　これらの科目は，「公益法人会計基準」の別表の科目を基に例示されています。各法人は，これらの科目に倣って，それぞれの活動を内容に相応しい科目を用いることになります。

　なお，公益法人等が主務官庁に提出するため，それぞれの根拠法に基づいて作成している収支計算書がある場合には，それを代用して提出することができるとされています（措規22の22）。ただし，事業収入について事業の種類ごとに区分されているもの又は明細書の添付がされているものに限られます。

　また，以上の収支計算書には，基本的事項として，次の事項を記載しなければなりません。

① 公益法人等の名称，主たる事務所の所在地及び法人番号
② 代表者の氏名
③ 事業年度の開始及び終了の日
④ その他参考となるべき事項

4　宗教法人の会計制度

(1)　宗教法人の会計の土壌

　宗教法人における会計の環境あるいは土壌といったものと一般企業のそれとは大きな隔たりがありますので，次のようにそのことをよく理解した上で宗教法人の会計を考える必要があります。

　宗教法人の会計が拠って立つ土壌は，まず第一に，貨幣的評価が適合しない

世界です。「富者の万灯より貧者の一灯」という言葉によく象徴されているように，適合しないどころか，貨幣的尺度で万物を評価し測定する企業会計の価値観からは，明らかに異なった価値観を形成しています。そもそも，そうでなければ宗教に存在の意義はありません。会計の土壌に限っていえば，財団，社団などの公益法人すら，宗教法人よりはむしろ一般企業に近いといえます。確かに公益法人は公益を目的に活動する，かたや一般企業は営利を目的にする，その違いはありますが，全ての活動を貨幣的尺度に還元できるという点では，公益法人の会計が置かれている土壌は一般企業と同質のものです。

　第二に，宗教法人の会計を取り巻く利害関係者が生者のみではない，死者もまた利害関係者であるということです。これは，一般企業のようにあるいは公益法人のように捨象できない重要性をもっています。

　第三に，宗教法人の会計は本来の業務である宗教活動に対して中立的であるべきだということです。たとえば本来対価性のない宗教活動の収入を会計のテーブルに乗せることによって，対価性が生じる面があります。そうしたことが行き過ぎると宗教活動の妨げになることも考えられます。

　第四に，宗教法人の会計には取り込めない資産，負債が多すぎるということです。資産の方は，昔からの土地，境内地，墓地，本堂，庫裏，宝物什物ですが，評価が難しいために多くが簿外資産になってしまいます。負債は，墓地の永代供養料が考えられます。対価性がないため収入として処理するわけですが，前受債務としての性格が完全に払拭されているわけではありません。こうした重要で大きな資産や負債が簿外に置かれたままでは，宗教法人の会計は根本のところでいわゆる尻抜けになってしまう面があります。

　このように，会計にとって宗教法人はきわめて困難な土壌だといえます。しかし，宗教法人が，こうした困難を克服して会計に取り込む必要があることは間違いなくいえます。そうしなければ宗教法人が社会性あるいは社会的支持を失うおそれが多分にあるからです。

（2） 宗教法人法の会計規定

宗教法人法にある会計に関する規定を整理すると，次のようになります。

① 予算決算会計

宗教法人法の12条は宗教法人規則の必要的記載事項について定めてありますが，その1項8号に，「基本財産，宝物その他の財産の設定，管理及び処分，予算，決算及び会計その他の財務に関する事項」とあります。活動計画を貨幣的に表現したものが予算です。この予算を執行して，その執行の記録を整理して決算として貨幣的に表現します。この予算決算会計というのは宗教法人会計の特徴の一つといえます。

② 財産目録の作成

宗教法人法25条1項に「宗教法人は，その設立の時に財産目録を，毎会計年度終了後3月以内に財産目録及び収支計算書を作成しなければならない。」とありますが，この財産目録の作成義務も宗教法人の会計の特徴の一つとして挙げておいていいでしょう。ちなみに一般企業については，昭和49年の商法改正から通常財産目録の作成は不要となっています。

③ 収支計算書の作成

3番目は，同じく宗教法人法25条1項で財産目録と並んで作成が義務付けられることになった収支計算書です。損益計算書ではなくて，収支計算書であるというところも，特徴の一つです。収支計算書の作成義務は，宗教法人の会計が企業会計のように利益計算，損益計算を目的するわけではないことを示しています。企業会計は営利を目的として活動する経済主体の会計として，賞与や配当など最終的に分配すべき利益の算定を主たる目的としています。企業会計の損益計算は，実現主義による収益から発生主義による費用・損失を差し引いて利益又は損失を計算します。これに対して，宗教法人の会計は，収入と支出の実績を示す収支計算を目的とし，予算に基づいて収入・支出が適正に行われたかどうかを管理し，収支が相償っているかどうか，財産の確保が適正に行われているかどうかなどを確かめることを目的とする会計であることを明らかにしています。

④ 基本財産の設定

それから4番目は，基本財産の設定ですが，これは規則の必要的記載事項を定めた宗教法人法12条1項8号にあります。それから，52条の2項に宗教法人の設立登記事項が掲げられていて，その5号に「基本財産がある場合には，その総額」と規定されています。さらに，53条には基本財産の変更の場合の，変更登記について定められています。この基本財産も，宗教法人の会計の特徴の一つになるでしょう。

この基本財産の内容については，次のように説明されています。

「基本財産は宗教法人の業務や事業を維持運営するための基礎となるべき財産で一定の手続きによって基本財産として設定されたものである。通常，事業活動の基礎をなす物的施設及び果実を生じる財産が中心で保全の必要度の高いものが基本財産に設定され財産目録の中に表示されることになる。」(渡部翁著『逐条解説宗教法人法』)

「施設宗教法人の財産は，基本財産，特殊財産及び普通財産に区分される。基本財産とは，不動産その他宗教法人永続の基本となる財産，特殊財産とは，宝物及び特殊の目的によって蓄積する財産，普通財産とは右以外の財産をいう。財産の区分は規則で定めなければならない。これには，前記の3分法をとるものと，基本財産と普通財産の2分法をとるものがある。」(渡辺一雄著『宗教法人法例解』)

⑤ 特別会計の区分

それから5番目は，特別会計の区分です。特別会計という文言は宗教法人法の中に直接は出てきませんが，宗教法人法6条に「宗教法人は公益事業を行うことができる。」とあります。また宗教法人法6条2項には「宗教法人は，その目的に反しない限り，公益事業以外の事業を行うことができる。この場合において，収益が生じたときは，これを当該宗教法人，当該宗教法人を包括する宗教団体又は当該宗教法人が援助する宗教法人若しくは公益事業のために使用しなければならない。」とあります。宗教法人が本来の活動，業務の他に，複数の事業を営むことがあり得ることを前提にしてこういう規定を置いているわけ

ですが，会計技術的にこれを表現する，あるいは解決するためには，一般会計と区分した特別会計に行き着きます。

⑥ **宗教法人の会計責任**

　企業会計においては，企業の経営者は株主，債権者などからなる利害関係者に対して企業の財務情報を報告する責任を負っているものと考えられています。これを企業会計の「会計責任」といいます。財産の委託者に対する受託者からの説明義務が基本にあります。

　これまで宗教法人の会計は代表役員が総理して事務を行い，予算と決算を責任役員に報告して承認を得るというのが一般的でした。宗教法人の中には，責任役員だけでなく，信者の代表である総代の承認を求めているものもあります。これらは宗教法人規則の中に定められており，宗教法人法はこれまで宗教法人の会計責任については個々の宗教法人の自治に委ねてきました。

　ところが改正法により信者等の利害関係人に計算書類の閲覧請求権が認められました。このことによって，宗教法人の会計責任は，もはや宗教法人の自治に委ねられているとは言い難くなりました。すなわち，宗教法人法25条3項は，利害関係人に対する「宗教法人の会計責任」を法的責任として定めたといえましょう。

5　会計の基本概念

(1)　会計の手続

　会計は記録・集計・表示の一連の手続です。このことは，企業会計をはじめ，全ての会計に共通し，宗教法人の会計にあっても変わるところはありません。たとえば，月々の手数料支払という事象があったとしますと，これを毎月「記録」し，年間で「集計」し，そして決算書類に支払手数料として「表示」します。

　このうち，「記録」には，大きく複式簿記による方法とその他の方法によるものがあります。また「集計」についても，複式簿記による記録を試算表とい

う形式にまとめる場合とその他の形式による場合があります。

「表示」は、集計結果をわかりやすく区分して表すことです。具体的には資産負債項目(注1)を財産目録(注2)や貸借対照表に表し、収入支出項目を収支計算書に表すのですが、その形式や内容については、さまざまなものが考えられます。

(注1) 複式簿記の方法による場合、記録・集計の単位を「科目」と呼びます。これに対して表示の単位は「項目」と呼ぶのが正しいのですが、これらは同一の場合が多いために、表示の単位まで「科目」と呼ぶこともあります。

(注2) 財産目録は、継続記録をしていない場合に、期末に全ての資産負債の棚卸を行い、その結果を積み上げて記載し表示します。したがって、継続記録の結果として全ての資産負債が網羅されているはずの貸借対照表とは本来異なり、その簡便的なもの、あるいは代替的なものと考えられています。

(2) 表示方法

会計の手続によって記録、集計したものを計算書類にどう表すかが表示の問題です。計算書類は、表示の形式を表すものであるといえます。計算書類には、営利企業の場合は損益計算書、貸借対照表、株主資本等変動計算書、附属明細書などがあります。公益法人の場合は、貸借対照表、正味財産増減計算書、キャッシュ・フロー計算書の他財産目録、附属明細書があります。

表示の内容は、表示区分と表示項目に分けることができます。まず表示区分ですが、財産目録や貸借対照表の表示区分には大きな相違点は生じませんが、収支計算書は考え方によっては表示区分がかなり異なってきます。また、表示項目については、開示の考え方によって項目に精粗の違いが出てきます。

(3) 損益会計と収支会計

会計は大きく二つの種類に分けることができます。一つは営利企業の損益会計であり、あとの一つは非営利組織の収支会計です。損益会計と収支会計とは計算の目的が異なることから、全く違う性質の会計のように思われますが、実

はそうではありません。これは，通常1年という会計期間の始点におけるストックが終点のストックにどのように変化していったか，簡明にどのストックに着目して捉えるかという問題です。

① 損益会計

　損益会計は，営利企業の出資者の払込資本が営利事業に投下され，利益を生じ増殖していく過程を記録し表現することを目的とする会計です。損益会計は払込資本と利益剰余金からなる自己資本（純資産）というストックに着目します。その事業年度を開始する時点の自己資本が，その事業年度を終了した時点の自己資本にどう変化していったかを捉えて，自己資本の増殖過程を利益が増えた原因（収益）と利益が減った原因（費用，原価，損失）に詳細に区分して明示するのが損益計算書です。

　損益会計では，利益の増加及び減少の原因とその結果を含む事業年度終了時点の資産，負債，資本の残高は示されることになりますが，利益の増減に関わらない資産及び負債の変化は示されません。そこで，その不足を補うため，附属明細書等を作成して補足する情報を提供してきました。

② 収支会計

　収支会計は，非営利組織の収入が何によって賄われ，それがどのような非営利事業に費消されたか，その結果資金がいくら残っているかの顚末を記録し報告する目的の会計です。収支会計では，資金というストックに着目します。その会計年度を開始する時点の資金残高が，その会計年度を終了した時点の資金残高にどう変化していったかを捉えて，資金の増えた原因（収入）と資金の減った原因（支出）に区分して明示するのが収支計算書です。収支会計では，資金でない他の資産負債の変化も資金に還元される限りでは，収入と支出に表現されますが，固定資産の減価償却のような資金に還元されない変化は表現されません。そこで，資金でない非資金資産の変化については正味財産増減計算書を作成して明示することが行われます。

　この収支会計における最大のポイントは資金の範囲です。というのも，何が収入であり，何が支出であるかを決めるのはこの資金の範囲にかかっているか

らです。収支会計において，収入とは資金の範囲外から資金の範囲内に流れ込むものであり，支出とは資金の範囲内から資金の範囲外に流れ出るものです。したがって資金の範囲内を移動するものは，収入や支出ではありません。たとえば，源泉所得税の預り金を資金の範囲に含まれるものとすると，現金で預り金を預かったとしても収入ではなく，預り金を支払ったとしても支出にはなりません。同じ資金の中を移動したに過ぎないということになるのです。

第 2 章

「宗教法人会計の指針」の概要

1 指針の趣旨と利用の仕方

(1) 趣　　　旨

　「宗教法人会計の指針」（以下，指針という）が，平成13年5月に日本公認会計士協会より公表されました。これは，平成7年12月に行われた宗教法人法の改正を受けて，作成されたものです。

　平成7年の宗教法人法の改正によって，一定の小規模法人を除いて収支計算書を作成し，備え付けることとされ，また，これらの備え付け書類を毎年所轄庁に提出することになっています。貸借対照表についても，宗教法人が作成していれば提出することが必要になります。さらに，これらの書類について信者等の利害関係者が閲覧請求をすることができます。

　宗教法人法の会計規定は，計算書類の名称を明らかにしているだけで，具体的な作成の方法や会計処理の方法については，それぞれの宗教法人の自主性・自律性に委ねられています。すなわち，それぞれの宗教法人がそれぞれに会計の方法を考えて実行していく必要があるわけです。

　この指針は，こうした状況を受けて，宗教法人の会計実務の参考に供するためのものとして出てきたものです。

　宗教法人が自らの会計に係る情報を充実させ，本来の活動や事業の運営に役立てるとともに，一定程度開示することは，宗教法人の社会性を確保する上で必要かつ重要なことです。しかし，18万以上ある宗教法人が，必ずしも全て適正な会計処理をしているとは限らないといわれています。文化庁などでは会計の例示をしておりますが，これがパーフェクトというものでもないと思われます。また，各法人がバラバラな会計を行っているとの批判は消えません。多くの関係者からは，それらを適切に実行していくため，会計の指針となるべきものが公表されることがかねてより要望されてきたところでした。

　この指針を採用するかどうかはそれぞれの宗教法人の判断によることは言うまでもありませんが，この指針に準拠して宗教法人の会計が行われることは，

会計的整合性や適切な情報開示の観点から望ましいといえます。また，宗教法人が信者等に対して会計の説明を行う場合に，この指針に準拠して行っている旨を述べることで説明義務（アカウンタビリティー）を果たすことができるという効果も期待できるでしょう。

（2） 利用の仕方

　日本公認会計士協会の説明によれば，本指針は，「宗教法人においては，法人の規模や内容もさまざまであり，また，宗教法人の運営の自主性と自律性を重んじる宗教法人法の趣旨に照らしても，会計処理の方法や計算書類の作成方法について一律の基準を示すことには困難な面がある。その中で，本指針は，現下の制約に捕らわれず，将来に向けて，宗教法人における会計処理及び計算書類作成の指針を提案するものである。」また，「多くの宗教法人における実務の便宜に供されることを期待するとともに，宗教法人の会計に関わる多くの方々の批判，意見を通じて，宗教法人の会計実務の発達に役立つことを願うものである。」としています。

　そのような主旨を踏まえ，本指針の利用方法としては，
　① 会計ソフトを開発するときの拠所として，
　② 各宗教法人あるいは宗派ごとなど，一定の組織単位において会計の基準を作成するときの拠所として

などが考えられます。特に②の場合は，一定の組織が，本指針をそのまま会計基準にしなければならないものでもないということから，団体ごとに指針の内容を適宜応用して利用するという考え方です（これについては，最近，日本キリスト教連合会が，独自の会計基準を作成しているので巻末付録に掲載しました）。

2　指針の概要

（1） 指針の構成

　指針の全体は,「前文」,「指針」,「計算書類の様式」,「解説」の4部から成っ

ています。

　前文は，指針の検討に至った経緯や宗教法人の会計の現況について触れた上で，現下の制約にとらわれず将来に向けて宗教法人会計の指針を提案するものであると述べています。

　指針の本文では，まず第1章の総則において宗教法人会計の目的や指針の運用範囲，会計年度，会計区分などを明らかにしています。

　第2章の一般原則は，このような会計基準に共通する原則を掲げています。

　第3章では収支計算書の内容と表示方法を示しています。

　第4章では正味財産増減計算書の内容と構成を示しています。

　第5章は貸借対照表の内容と区分，資産の貸借対照表価額，負債の計上，正味財産について述べています。

　第6章は財産目録の内容，価額，区分について述べています。

　次の計算書類の様式では，収支計算書，正味財産増減計算書，貸借対照表，財産目録について具体的な様式を参考例として例示しています。

　解説では，指針のみでは十分な理解を得ることが難しいと思われる正味財産増減計算書の役割，資金の範囲，資産の評価，減価償却など，12項目にわたって補足説明を加えています。

（2）　計算書類の体系

　次に指針に示されている計算書類の体系ですが，収支計算書を中心に，正味財産増減計算書，貸借対照表，財産目録で構成されています。これは，以前の公益法人会計基準の体系と同様です。

　まず，収支計算書については，予算と決算を対比して表示するものとし，収支の内容を経常収支と経常外収支に区分して表示することができるとしました。

　正味財産増減計算書は，貸借対照表と収支計算書の連結環としてのストック式を原則としていますが，正味財産の増減を発生原因別に表示するフロー式の採用も認めています。

　貸借対照表は，資産の部，負債の部，正味財産の部に区分し，資産の部はさ

らに特別財産，基本財産，普通財産に区分するとしています。普通財産は固定資産，流動資産に区分し，負債についても固定負債，流動負債に区分できるとしました。

　資産負債を貸借対照表に計上する際の貸借対照表価額は，取得価額を原則としていますが，減価償却等による減価額の控除も可能としています。ただし，交換受贈等の場合は公正な評価額によるものとしていますが，困難な場合には備忘価額を付することもできるとしました。なお，宝物などの特有な財産は価額を付さないことも可能としています。

　財産目録は，計算書類の体系の最後に位置付け，資産負債の名称，数量，金額などを詳細に表示し，貸借対照表と一致するものとしました。

3　指針の特徴

(1)　宗教法人法との関係

　指針の第一の特徴を挙げるとすれば，宗教法人法で定めている計算書類の範囲にとらわれず，宗教法人法の枠組みを超えて計算書類の体系を提案している点です。

　平成7年改正後の宗教法人法では，宗教法人が作成し事務所に備えるとともに所轄庁に提出すべき計算書類として，財産目録と収支計算書が定められています。貸借対照表は，作成している場合には事務所に備えるとともに所轄庁に提出することとされています。なお，一定の小規模法人については，当分の間，収支計算書の作成が免除されています。

　これに対して，指針では，宗教法人の計算書類の体系を，収支計算書，正味財産増減計算書，貸借対照表，財産目録によって組み立てています。この中で，貸借対照表を財産目録よりも上位に位置付けたのは会計的な整合性を重視したためです。財産目録はここでは貸借対照表の内訳明細な位置付けになります。また，正味財産増減計算書は，宗教法人法では求められていない計算書であるにもかかわらず，指針では，貸借対照表と収支計算書の会計的整合性を図るた

めに正味財産増減計算書が必要であると位置付けています。その上で、相当な理由があるときは、正味財産増減計算書の作成は省略できるものとしました。

（2） 注記の要請

　指針の第二の特徴は、公益法人会計基準等と異なり、計算書類を補足する情報の注記を求めていないことです。これは宗教法人の計算書類には注記が必要ないということでなく、注記するかどうかは会計処理の問題でなく基本的に情報開示の問題ですから、それぞれの宗教法人の自主的な判断に委ねたということです。

（3） 資金の範囲

　指針の第三の特徴は、資金の範囲について例示を行わず、宗教法人の選択に委ねたことです。資金の範囲は収支計算書の作成に大きく影響することになるため、宗教法人会計においても重要な会計方針であることに変わりありませんが、それぞれの宗教法人の固有性を十分に考慮して自主的な判断に委ねたものです。

（4） 資産の貸借対照表価額

　指針の第四の特徴は、資産の貸借対照表価額の計上の方法です。貸借対照表及び財産目録において、資産の価額をどう計上するかは、宗教法人会計における最大の問題です。指針では、取得価額を付することを原則としてあります。したがって、購入によって取得し、取得価額が明確な資産について、原則として付するのは取得価額です。しかし、交換受贈等により取得した資産については公正な評価額を取得価額とすることとして、評価困難な資産については備忘価額を可能としました。また、宝物などの特有な財産は価額を付さないこともできることとしました。

　宗教法人が昔から所有する境内地、墓地などの土地や古い建造物などは、交換受贈に準じる原因により取得した資産として価額を付する場合でも、一部に

ついては宝物に準じる資産として価額を付さないこともできるとしました。

（5） 減 価 償 却

　指針の第五の特徴は，減価償却の手続を任意とした点です。企業会計のような期間損益計算における費用配分の手続である減価償却は，宗教法人にはなじまないものであるとの考え方から，指針では減価償却を必要不可欠な手続であるとしませんでした。非営利組織においても効率性の測定が必要であるとする考え方がありますが，宗教法人においては効率性の測定の必要やそれを計数化することには異論があるところです。

　もっとも，取得価額のまま貸借対照表に計上することによる誤解を防ぐために減価償却をすることもあるとの理由から，任意の処理としています。

第 3 章

「宗教法人会計の指針」の逐条解説

この章では，日本公認会計士協会が公表した「宗教法人会計の指針」について逐条的に解説をしていきます。

〔指針〕は，「宗教法人会計の指針」，〔指針解説〕は，「宗教法人会計の指針」解説，〔実務解説〕は，「宗教法人会計の指針」実務解説を示します。

1 総　則

日本公認会計士協会から公表された本指針の性格について，次のように解説しています。

【指針解説】

> **指針の性格**
>
> 　宗教法人法に規定されている計算書類のうち，すべての宗教法人が作成しなければならないのは財産目録である。収支計算書は原則として作成しなければならないが，一部の小規模法人には当分の間免除されている。貸借対照表は作成していれば，所轄庁に提出することとなっているが，宗教法人法によって作成が義務付けられているわけではない。
>
> 　したがって，宗教法人はどの計算書類を作成するかによって，次の3つの類型に分けることができる。第1類型は，財産目録だけを作成する法人である。第2類型は，財産目録と収支計算書を作成する法人である。第3類型は，財産目録と収支計算書と貸借対照表を作成する法人である。
>
> 　これらの類型は，宗教法人法に規定された計算書類の体系である。この指針は，しかしこのような類型には捕らわれなかった。公認会計士としての専門的職能の立場から会計の整合性の確保に重点を置き，法的義務の範囲を超えて「宗教法人会計の望ましい体系」を示すこととした。そのために，この指針は収支計算書，正味財産増減計算書，貸借対照表及び財産目録の4つの計算書類の体系で組み立てられている。

（1） 宗教法人会計の目的
【指　針】

> 宗教法人会計の指針
>
> 第1　総　　則
> 1.　宗教法人会計の目的
> 　宗教法人会計は，宗教法人の正確な収支及び財産の状況を把握することにより，宗教法人の健全な運営と財産維持に資することを目的とする。

　宗教法人は，宗教団体として教義を広め，儀式・行事，教化育成などの宗教活動を行いますが，このためには宗教施設その他の財産を保有しこれを維持管理し，金銭など財産を受け入れ，これを消費・使用するという経済的行為を行います。

　このように，宗教法人が行う経済的行為を絶えず記録し把握しておくことは，宗教法人が健全な管理運営をし，永続的に宗教活動を行うという目的のために必要です。また寄進者等，宗教法人の信者その他利害関係人に，法人の財産が適正に使用されていることを報告することも必要です。会計はこの宗教法人の経済的側面について，一定の方法により記録・計算し資料を提供するものであるといえます。

（2） 指針の目的と適用範囲
【指　針】

> 2.　本指針の目的と適用範囲
> (1)　本指針は，宗教法人の計算書類（収支計算書，正味財産増減計算書，貸借対照表及び財産目録をいう。以下同じ。）の作成の指針となるものである。

(2) 本指針は，宗教法人が行う事業のうち，他の会計基準を適用することがより合理的な事業については適用しないことができる。

① 計算書類

ここでは，宗教法人が作成する必要がある計算書類について説明しています。

改正宗教法人法では，宗教法人の事務所に備え付ける書類として財産目録と収支計算書を指定し，任意作成書類として貸借対照表を示しています。

しかし組織的会計のもとに計算書類を作成するなら，当然，収支計算書と同時に貸借対照表が作成されることになり，また，収支計算書と貸借対照表の接続部分として正味財産増減計算書が必要となりましょう。ここでは，この指針が，財産目録を含めたこれらの計算書類を作成するための方法を示すものであることを述べたものです。

なおここでは，宗教法人が作成する計算書類について定義しましたが，これには宗教法人法で定めた法定書類以外の正味財産増減計算書も含まれています。

② 他の会計基準

この指針は，原則として宗教活動の会計に適用し，公益その他の事業では適用しない場合があるとしたものです。他の会計とは，公益法人会計，学校法人会計，社会福祉法人会計，病院会計，企業会計等のことです。

他の会計を適用することがより合理的な場合とは，たとえば宗教法人が幼稚園を経営している(学校法人など別人格により運営している場合は除く。以下同じ)場合は，「学校法人会計基準」に準拠し，病院・診療所を経営している場合は「病院会計準則」を，また，その他の事業で結婚式場を経営している場合は「企業会計原則・会社計算規則」に，それぞれ準拠することが適当であると思われる場合のことです。

(3) 会計年度
【指　針】

> 3. 会計年度
> 　宗教法人の会計年度は，宗教法人規則で定めた期間によるものとする。

　宗教法人の活動は絶え間がなく永続的であるため，一定期間に区切って収支の計画と実績を知る必要があります。会計年度というのは，この区切られた一定の期間をいいます。

　会計年度は，その期間を1年以内としますが，宗教法人がその実情に合わせ，それぞれ規則をもっていつからいつまでと定めることになります。通常，毎年4月から翌年3月末日までを会計年度とする1年間が多いようです。

(4) 会計区分
【指　針】

> 4. 会計区分
> 　宗教法人の会計は，一般会計のほか特定目的のために特別会計を設けることができる。

　次のような指針の解説があります。

【指針解説】

> **特別会計・総括表**
> 　宗教法人は，建設特別会計，特有の宗教行事に係わる会計等について，必要により特別会計を設定することがある。この場合に会計単位を別に設けるかどうかは宗教法人が適宜定めることになる。
> 　特別会計を設けた場合の法人全体の計算書類である総括表については，

> この指針では触れなかった。これは，いまだ会計慣行が育っていない宗教
> 法人の現状を考慮したものであり，総括表の取扱いは，今後の検討課題と
> した。

　宗教法人がその宗教活動の目的を達するためには，本来の宗教活動（教義を広め，行事・儀式を行い，信者を教化育成する等）以外の事業をすることもあります。
　全ての業務・事業に関しての会計を一つにまとめてしまうのは，むしろ繁雑となり活動内容を表さなくなる恐れがあります。そこで会計を区分する必要性が生じます。

① **会計単位の種類**

　㈲　本会計・別会計

　　本来の宗教活動の会計にも一般会計，特別会計，あるいは本部会計，支部会計などがあります。

　　宗教活動以外の事業については，それぞれの事業形態ごとに独立した会計が必要になる場合もあります。ただし，その事業が別の法人格を持って行っている場合はここには含みません。

　　特別会計とは，特別の目的(たとえば境内建物改築のための長期計画とか大規模な計画のものなど）のために，又は資金の別途管理を要する場合などのため（資金別途管理の会計を特別会計といわない，との考え方もありますが，当解説ではこれも特別会計とします）に設定された会計です。その他の事業会計も独立して特別会計にする場合が多いようです。

　　本来の宗教活動会計（本会計と称することにする）のうち一般会計は，この指針の様式をそのまま採用することができますが，特別会計については，それぞれの会計単位ごとにこの指針の様式を参考にして作成することになる場合が多いでしょう。ただし，その他の事業，たとえば収益事業等でその規模が小さい場合，会計を特に分離をしないで一般会計に取り込んで，一つの計算書類の中で会計報告をしてしまう場合もあります。たとえば小規模な「駐車場収入」，「出版収入」などが考えられます（法人税法上，収益事業がある場合は

区分経理することが求められていますので注意が必要です)。

その他の事業については、その事業に適した会計方法を採用する方が、当該事業の内容を的確に判断しやすい場合があります。たとえば、収益事業を行っている法人については、収益事業に適した会計、すなわち企業会計に準拠する会計を採用するなどです。この場合収益事業は法人税等の申告の必要があり、法人税法では損益計算をした計算書類を添付することになっています。収支計算と損益計算では概念が異なるため計算方法にも違いがあるためです。

(ロ) 本部・支部会計

宗教法人が、主たる事務所所在地以外の他の都道府県に境内建物を備える場合も多いようです。このような2カ所以上にわたって宗教活動を行っている宗教法人が、その分院等でそれぞれ会計を行っている場合では、(a)これを独立した会計としないで本部の一般会計の中の小口扱い等で処理する方法、(b)支部会計として独立した会計を採用する方法があります。このいずれの方法によるかはそれぞれの会計単位の規模、本部・支部の事務能力などにより各宗教法人が決定することになりましょう。

(ハ) 宗教法人会計単位の体系図の例

この体系図は、支部会計を独立した会計単位とした場合です。

② **各会計単位の総括表**

各会計単位に分けて計算書類が作成されている場合であっても宗教法人の人格は一つであるということから、各会計を集計するための総括表を作成し一表にまとめると便利です。しかし、特別会計で内容の異なる会計を無理に総括する必要はないという意見、財務管理に不慣れな宗教法人にあまり余分な作業を

強要すべきではないという消極的意見，その他の事業会計は宗教法人本会計と形式や科目が著しく異なる場合があり，むしろ総括すべきではないという反対意見などがあります。このようなことから，指針では総括表について規定しないで，作成するか否かの判断は法人の選択に任せることにしております。しかし，宗教法人の財務の明瞭性からは，できる限り総括表を作成し，全体の会計を表示することが望ましいところです。特に，財産目録や貸借対照表などは，法人全体の財産状態を明瞭に表す必要があるため，総括された計算書の作成が望まれます。

独立した支部会計がある場合は，これを本部の一般会計に必ず集計して，法人全体の一般会計の会計報告にまとめることが必要であり，これも本部支部の総括表により作成されることになります。

特別会計との総括表を作成しない場合であっても，各会計による計算書類は全て作成し，決算報告では作成された各会計の計算書全てが報告されるべきでしょう。

③ **総括表の様式**

総括表を作成することとした場合の参考を，付録に例示しましたので参照してください。

(5) 予　　算

【指　針】

> 5.　予　　算
> 　予算は，宗教法人の活動計画に基づいて作成するものである。

① **予算の意義**

予算とは，宗教法人の会計年度内の収入を見積もり，同期間内の活動計画に必要な支出を，法人が代表役員に対して具体的に支出の権限を与えると同時に，その権限の範囲を明らかにして管理する，という目的のものであるとされてい

ます。また,「予算は,……性格上その宗教活動と不可分一体のものではなく,それ自身は……宗教活動とは一応区別できる宗教団体の財務の運用に関する事柄,すなわち文字どおり世俗的,組織的事柄で法の規律分野であり……」(京都地裁,昭和54年6月4日)とされており,この判例の説明は宗教法人の予算の性格をよく表しているものといえましょう。

　宗教法人法においては,予算についての規定を宗教法人規則に定めるべきこと(宗法12①八)とされておりますので,予算書は当然作成すべきものです。しかしながら,もともと宗教法人の収入は,喜捨等によるところが多く流動的ですから,収入予算を立てにくいという面があることも事実です。

　予算を強調しすぎて,本来の宗教活動に影響がでることがあってはいけませんから,予算主義をあまり強く主張しない方がよいという考え方があります。しかし代表役員が事務を執行する場合,その年度内の支出行為等は,支出予算という形であらかじめ範囲を決め,その中で事務を執行する権限が与えられているわけですから,支出予算を決定しませんと,いちいち宗教法人としての意思決定手続をしなければ,対外的な契約や支出などができないという理屈になります。したがって宗教法人の規模の大小によって予算を省略すべきではないということでしょう。現実に各宗教法人の規則には予算に関する定めが記載されています。

　本指針においては,あまり具体的あるいは細部にわたっては定めておりませんが,これは予算について強調するよりも,各法人に見合った方式で適宜作成する方がよいということから,それぞれの法人に任せたということです。しかし収支計算書を作成するとき予算対比ができることが原則ですから,それとの科目等の整合性が必要です。

② **予算超過等**

　予算超過するような場合は,次のような予算の変更等が適当と思われます。
　(イ)　予備費の予算額から不足する科目の予算額に流用する。
　(ロ)　各科目間の流用を認めておき,余裕のある予算科目から流用する。あるいはたとえば小科目間の流用は,あらかじめ認めておくという方法もある

(いずれも他の科目から人件費の科目への流用は認めないとする意見が多い)。

(ハ) (イ)又は(ロ)で処理する以外のもの,予算計上のない支出などは,補正予算を編成し対処する。

これらはいずれも会計に関する規則等で,予算の取決めの規定をおく必要があります。

③ 予算書の様式

予算書の様式は概ね次のようになります。

〈収支予算書の作成例〉

平成　　年度　<u>収　支　予　算　書</u>
自平成　　年　　月　　日
至平成　　年　　月　　日

(収入の部)

科　　目	当年度予算額	前年度予算額	増　　減	備　　考
1. 宗教活動収入	×××	×××	×××	
2. 資産管理収入	×××	×××	×××	
3. 雑　収　入	×××	×××	×××	
4. 繰入金収入	×××	×××	×××	
5. 貸付金回収収入	×××	×××	×××	
6. 借入金収入	×××	×××	×××	
7. 特別預金取崩収入	×××	×××	×××	
当年度収入合計　(A)	×××	×××	×××	
前年度繰越収支差額	×××	×××	×××	
収　入　合　計	×××	×××	×××	

(支出の部)

科　　目	当年度予算額	前年度予算額	増　　減	備　　考
1. 宗教活動支出	×××	×××	×××	
2. 人件費	×××	×××	×××	
3. 繰入金支出	×××	×××	×××	
4. 資産取得支出	×××	×××	×××	
5. 貸付金支出	×××	×××	×××	
6. 借入金返済支出	×××	×××	×××	
7. 特別預金支出	×××	×××	×××	
8. その他支出	×××	×××	×××	
9. 予備費	×××	×××	×××	
当年度支出合計　(B)	×××	×××	×××	
次年度繰越収支差額	×××	×××	×××	
支　出　合　計	×××	×××	×××	
当年度収支差額(A)−(B)	×××	×××	×××	

予算書の科目と形式は，原則として収支計算書と一致させる。
この科目は大科目のみになっているが，適宜中科目，小科目を設定する。

(6) 決　　算

【指　針】

> 6. 決　　算
> 　決算は，計算書類を作成し宗教法人の活動による収支及び財産の状況を明らかにするものである。

　宗教法人における日々の収支を記録し，その会計記録をもとに一定期間集計し整理をして計算書類を作成することを決算といいます。
　決算は，予算執行の結果である資金収支の実績をまとめ，経済的側面から宗教法人の活動計画の執行状況を表す手続で，法人の代務者である代表役員等が，決算による結果を報告することにより，その職責を果たしたことを明らかにするものです。

決算報告は正確な金額により行われる必要がありますから、会計監査等によってその正確性を担保することになりましょう。

決算によって、会計期間における収支の状況と、会計年度末における財政の状態が明らかになり、宗教法人の活動がどのように行われたかの実績を示し、ときには反省と次年度以後の活動に関する計画を作成するための基礎とすることができます。

また、予算の執行と密接に関係することから、収支計算書は原則として予算と対比して表示すべきです。

(7) 計算書類の作成時期
【指　針】

> 7.　計算書類の作成
>   　計算書類は、毎会計年度終了後3月以内に、作成しなければならない。

宗教法人法25条では、「宗教法人は、その設立（合併に因る設立を含む）の時に財産目録を、毎会計年度終了後3月以内に財産目録及び収支計算書を作成しなければならない。」としていますので、ここではそれを確認しています。決算承認については、一定の時期に責任役員会等の決議機関に図り承認を得ることになりますが、その時期については、同法同条2項に宗教法人の事務所に常に書類及び帳簿を備え、また、同条4項に毎会計年度終了後4月以内に、書類の写しを所轄庁に提出しなければならないとされていますから、全ての計算書類を3月以内に作成し4月以内に届出等の手続を終了し、役員会等の承認も受けておくことになります。

この指針の計算書類とは、決算により作成された計算書類であり、上記財産目録、収支計算書、貸借対照表のほか正味財産増減計算書も含むことになりますが、前述したとおり正味財産増減計算書は法定の書類ではありません。

2 一般原則

　宗教法人の会計について，その拠るべき基本的な考え方を概念的に述べたものです。
　一般原則は，会計に共通していえることをまとめたものですので，表現はあまり具体的でないのが通例ですが，宗教法人会計の一般原則では，(1)真実性の原則，(2)正確記帳の原則，(3)明瞭性の原則，(4)継続性の原則を定めています。

(1) 真実性の原則
【指　針】

> 第2　一般原則
> 　宗教法人は，次に掲げる原則に従って会計処理を行い，計算書類を作成する。
> 1.　宗教法人の収支及び財産の状況について，真実な内容を表示するものであること

　次のような指針の解説があります。
【指針解説】

> **一般原則の意義**
> 　宗教法人の会計は自主性，自律性が尊重される。しかし，そのために，法人の会計が放恣に陥ることのないように留意する必要がある。この指針の一般原則はそのことを明記したものである。
> 　なお，一般原則の最上位に「真実性の原則」が掲げられているが，これは会計用語として慣用的に用いられている会計上の真実性を表すものであって，それ以上の含意はない。

会計における真実とは相対的真実であるといわれています。それはいわゆる絶対的、客観的な真実であるとか、宗教的な概念としての真実とは異なるものです。真実性の原則は、会計に要求される基本概念で、他の一般原則の基礎にもなっていますが、反面他の一般原則に支えられているものでもあるといえます。

会計は、宗教にかかる活動のうち経済的側面を記録し測定するものであって、事実に基づく取引を会計処理した結果として計算書類が作成されますが、この会計手続において合理的と思われる範囲内で判断が必要になることが多いのです。たとえば、資産の価額の決定と評価、科目の設定、資金の範囲、減価償却の要否と耐用年数、会計単位の分類、計算書類の表示などについては、それぞれの法人が自主的に判断しなければならないのです。

（2） 正確記帳の原則

この指針では、会計上の一般的な用語である「正規の簿記の原則」という表現は用いていません。その理由は、

① 一般の会計では使い慣れている用語ですが、宗教法人においては馴染みがない用語ですので、無用な警戒、混乱を避けること

② 財産目録のみ又は財産目録と収支計算書のみの作成が容認されており、現実にこのような法人が多い状況から、計算書類が会計帳簿から誘導的に作成されなければならない、という正規の簿記の原則の要件は受け入れにくいケースがあること

③ 宗教法人の会計では、これまで計算書類の作成方法を各法人の自主性に任せることが多かったことから、単式簿記によっている場合が多いこと

④ 複式簿記による記帳が望ましいし、それが信頼を置けることは間違いないにしても、簿記の知識がない担当者にとって作成できる簡易な方法による記帳も可能であることを想定していること

以上の理由にしても、正確な記帳が計算書類の作成基礎になることは認識す

る必要があり，指針では次のように述べております。

【指　針】

> 2.　会計帳簿は，次の方法によって正確に作成するものであること
> (1)　客観的にして検証性のある証拠によって記録すること
> (2)　記録すべき事実をすべて正しく記録すること

　会計記録から帳簿の付け方，計算書類の作成までの手続の概念を述べた原則が「正規の簿記の原則」です。この原則は，会計帳簿等の作成にあたって考慮する原則で，全ての取引（会計上の「取引」とは商売というような意味でなく，いずれかの勘定科目に変化をもたらす会計的事象をいう）を客観的で証明可能な証拠に基づき会計帳簿を記録し，その記録を明瞭に，正確に，漏れがなく体系的に，秩序正しく行うべきことを要求した原則です。この原則に従って計算書類が作成されることは，簿記のメカニズムによって正しい会計記録が表示されることになります。本指針ではこれに近いものを求めています。

　指針2.の(1)は「検証性」といわれるものです。

　会計記録には必ず原因となる取引があり，その取引を示す証拠によって取引事実の検証が行われます。外部からの領収証などの書類なら証拠力は強いですが，必ずしも書類であることが条件ではありません。特に，宗教法人の収入については，その収入を証明する資料が少ないと思われますから，検証性を高めるため複数の者がチェックするなどの工夫をすることによって，一定のシステムそのものに検証性を持たせることも可能でしょう。

　この指針は，このような検証性のある証拠によって記録することが必要であることを述べたものです。

　(2)は「正確性」と呼ぶべきものです。

　会計帳簿に記録すべき会計事実は全て正しく記録されなければなりません。記録すべき内容が漏れたり，事実でないものが記録されたりしてはならない，ということを示したものです。記録の網羅性といわれることもあります。

このほかにも正規の簿記の原則には、複式簿記を想定した「秩序性・誘導性」といわれる概念もあります。「会計記録は、一定の方法により組織的に秩序正しく行われるもので、この一定の方法というのは、会計帳簿から計算書類の作成が誘導できるようなシステムのことです。しかしながら宗教法人法では、全て一律に同じ会計帳簿や計算書類の作成を要求するものでもなく、実際には財産目録のみが必要計算書類である法人もあれば、計算書類作成のための簡便な帳簿・書類で済ますことができる規模の法人もあります。そのような場合にも、必ず複式簿記でなければならないということにはならないでしょう。このような理由から秩序性について明文化はしなかったのです。

しかし複式簿記に限定しないといっても、一定の秩序ある方法で記帳され、それに基づいて計算違いのない計算書類が作成されるべきであることはいうまでもありません。まして本指針に準拠して計算書類の全てを作成するときは、秩序性・誘導性に基づいて作成されるべきでしょう。

(3) 明瞭性の原則
【指　針】

> 3.　計算書類は、宗教法人の収支及び財産の状況を明瞭に表示するものであること

明瞭性の原則といわれるものです。宗教法人の収支・財産の状況が正確に捉えられても、報告の仕方が不明瞭であれば的確な判断ができません。宗教法人の関係者等に判断を誤らせない計算書類を作成するための原則です。

たとえば、収入と支出を相殺しないで表すこと（総額主義）や計算書類の区分表示、科目の分類・配列、必要事項の注記などが挙げられます。

（４） 継続性の原則
【指　針】

> 4. 会計処理の原則及び手続き並びに計算書類の表示方法は，毎会計年度継続して適用し，みだりに変更してはならないこと

　会計上の継続性の原則とは，一つの会計事実に対し複数の代替可能な会計処理又は手続が認められている場合があるとき，いずれかの方法を選択して適用することになり，いったん選択した会計処理方法及び手続は原則として変更しないというものです。たとえば，資金の範囲，資産の評価方法，減価償却の要否と償却方法，会計区分の方法などや，表示方法などの選択について考えられます。

　継続性の原則が必要な理由は，宗教法人の毎会計年度の決算は，永続する宗教活動を経済的に表示するについて人為的に期間を区切り，一定期間の収支及び財産の状態を計算するものですが，会計年度ごとに会計処理方法を変えてしまっては，毎年度の計算書類の比較ができず，計算書類の信頼性が薄れ正確な情報提供ができなくなるからです。

　宗教法人の場合，営利法人の企業会計のように他の法人と比較・分析したりすることなどあまり必要なく，比較性の意義は薄いですから継続性の原則を唱えるのはいかがなものか，との意見もありますが，上記の理由，及び各期間における収支の期間比較を可能にすることによって会計上の相対的真実性を担保する意味から，やはり継続性の原則は必要であると解すべきでしょう。

　しかし会計処理及び手続は，どのような場合にも変更できないと解すべきでなく，変更した方がよりよく会計事実を表示できる場合，又はより適切な情報が提供できる場合など正当な理由があれば当然変更できるものです。その場合においても短期間に頻繁に変更すべきでないことはいうまでもありません。

3 収支計算書

(1) 収支計算書の内容
【指　針】

> 第3　収支計算書（様式1－1）
> 1. 収支計算書の内容
>   収支計算書は，当会計年度におけるすべての収入及び支出の内容を明瞭に表示するものである。

【指針解説】

> **収支計算書の役割**
> 　宗教法人は他の非営利法人と同じく予算準拠主義に立っている。すなわち，まず予算を編成し，これに決議機関の承認を得て，代表役員が予算の執行に当たるというものである。このような性格を持つ予算は，収支予算書として編成されることになり，また，こうした収支予算の執行の状況を明らかにするものが収支計算書である。
> 　収支計算書が予算・実績の対比で示されるのも，そもそもはこうした要請に応えてのものであり，収支計算書の表示項目もこうした要請に照らして自ずから定まってくるものであるといえる。

① **収支計算書とは**

　収支計算書は，宗教法人の一会計年度の収入と支出の内容を明らかにする計算書のことです。

　収支計算書は，資金の収支の記録を集計し作成され，宗教法人の活動を経済的・金額的に表したものであり，会計年度ごとに決算を行って作成されるもの

です。

　収支計算書の形式は，当年度の収入，支出それぞれの合計額及び収支の差額を算出し，次年度への繰越額を計算する方法が一般的です。この収支計算書により，会計年度内の収入の明細，総収入額，支出の明細，総支出額と次年度への繰越収支差額（この繰越収支差額は，現金預金残高，当年度剰余金，次年度繰越金などさまざまな名称が使用されている）及び当年度の収支差額が明確になります。

② 資金とは

　資金とは，現金や預金など支払に充てられる経済的な手段のことをいいますが，資金概念については必ずしも統一されていませんから，各法人がそれぞれ資金の範囲をいくつかの方法から選択し決定することになります。通常，狭くは現金預金のみとし，広くは現金預金に短期金銭債権債務（貸付金，借入金については含めるべきではない）まで含めます。

　資金範囲が狭ければ収支科目が多くなる傾向がありますし，反対に資金範囲が広ければ収支科目は少なくなります。いずれにしても，宗教法人の活動状況，規模，事務能力等を勘案してそれぞれの宗教法人が決定することになります。なお，文化庁による収支計算の解説では現金預金のみを資金範囲として説明しています。

　指針解説には次のように説明されています。

【指針解説】

> **資金の範囲**
> 　この指針では，資金の範囲についての例示は行わなかった。それぞれの宗教法人の状況に応じて様々な考え方があることを考慮し，資金の範囲についての会計方針の選択をそれぞれの宗教法人に委ねることとしたのである。そうはいっても，資金範囲の決定は，収支予算書や収支計算書を作成する上での会計方針としてとりわけ重要である。したがって，資金の範囲については宗教法人がどういうものを選択したか明らかにするため注記することが適当である。

> 資金の範囲としては，例えば，次のものが考えられる。
> 　①現金預金
> 　②現金預金，短期金銭債権債務及びこれに準ずるもの
> このようなものの中から宗教法人が，それぞれの規模や資産構成などを勘案して，最も適切な資金範囲を決定することになる。

また，日本公認会計士協会から指針公表に伴って，「宗教法人会計の指針」実務解説（以下「実務解説」という）が参考として出ておりますので，次に示します。

【実務解説】

> 3. 資金範囲の決定
> 　宗教法人が，選択した資金の範囲によって，収支計算書に表示される収入や支出が変わってくるので，資金の範囲の決定は極めて重要である。収支計算書を，わざわざ資金収支計算書と呼ぶことがあるように，収入は「資金」の収入であり，支出は「資金」の支出である。このことを考えれば，それぞれの宗教法人が収支計算書にどういうものを収入としてあるいは支出として表示するのかという観点から，資金の範囲は自ずと決まってくる。その場合，法人の事務能力も充分に考慮する必要があることはいうまでもない。
> (1) 資金の範囲
> 　本指針の解説では，資金の範囲は，「現金預金」から「現金預金，短期金銭債権債務及びこれに準ずるもの」までが考えられるとして，この範囲からそれぞれの宗教法人が規模や資産構成に応じて資金範囲を決定することを求めている。これによれば，宗教法人が資金に含めることのできる最も狭い範囲のものは「現金預金」であり，最も広い範囲のものは，「現金預金，未収金・未払金，立替金・預り金，前払金・前受金，仮払金・仮受金など」までのものということになる。

(2) 現金預金だけに限定する場合

　資金の範囲を現金預金だけに限定すると，収支計算書の残高（筆者注：「次期繰越収支差額」）が貸借対照表及び財産目録の現金預金残高に一致するので，非常に分かりやすいという利点がある。その反面，収支計算書の収入の部に「預り金収入」，「前受金収入」，「仮受金収入」といった科目や，支出の部に「仮払金支出」，「前払金支出」といった科目などで表示されるので，内容の分かりにくい面があるとされている。

(3) 資金の範囲を広げる意義

　資金の範囲を現金預金だけに限定しないで広く採る方法は，発生主義的な考え方に近いものといえる。例えば，未払金を資金の範囲に含めている場合には，修繕費等の支払いが未払いであっても，修繕等の事実の発生があれば，収支計算書の支出の部に「修繕費」等として計上することができる。「仮払金支出」などの内容の分かりにくい科目で収支計算書に表示する必要がないことと合わせて，予算管理を重視する観点からは，この方が望ましいといわれている。

　資金範囲については，重要なところですから第4章でも説明します。

（2）収支計算書の表示方法
【指　針】

2. 収支計算書の表示方法
(1) 収支計算書は，収支の予算額と決算額を対比して表示するものである。
(2) 収支計算書は，収支の内容を経常収支と経常外収支とに区分して表示することができる。（様式1－2）

① 予算と決算の対比

　予算は，宗教活動の計画に基づいて作成されるものであり，決算は，宗教法

人の代表者によりその活動計画を遵守して、執行が行われたかどうかが報告されるものです。その決算により作成される収支計算書は、単に収入、支出を算出するだけというのでなく、予算と対比して宗教活動の結果を金額的に表示して、その活動結果の評価と将来の活動計画に資する役割を持つものとなります。

② 経常収支と経常外収支

本指針では、「……経常収支と経常外収支とに区分することができる」としています。この区分はしなくともよいのですが、区分する方がより明瞭であると思われること、実際に比較的大規模法人では区分している場合が多いことなどが根拠になっています。反面、経常収支とはどのようなものか、経常と経常外の峻別ができるのか、かえって煩雑にならないかなどの意見もあります。

経常外収支については、臨時収支、特別収支などの表現で区分表示されている場合も多いようです。

③ 収支計算書の様式

指針には収支計算書の様式が次のとおり示されています。

このほかにも適当な様式があれば、それぞれの宗教法人に適合した様式にすることはかまわないのですが、概ねこの様式によるのがわかりやすいでしょう。

計算書類の様式については、最初に次のように説明しています。

計算書類の様式

この指針に基づく計算書の様式を参考例として示すものである。ここでは大科目のみを例示しているが、この他に中科目、小科目を適宜用いるものとする。

様式1－1

<u>収 支 計 算 書</u>
自平成　年　月　日
至平成　年　月　日

(収入の部)

科　　　目	予算額	決算額	差　異	備　考
1．宗教活動収入				
2．資産管理収入				
3．雑　収　入				
4．繰入金収入				
5．貸付金回収収入				
6．借入金収入				
7．特定（特別）預金取崩収入				
8．その他収入				
当年度収入合計(A)				
前年度繰越収支差額				
収　入　合　計(B)				

(支出の部)

科　　　目	予算額	決算額	差　異	備　考
1．宗教活動支出				
2．人　件　費				
3．繰入金支出				
4．資産取得支出				
5．貸付金支出				
6．借入金返済支出				
7．特定（特別）預金支出				
8．その他支出				
9．予　備　費		―		
当年度支出合計(C)				
次年度繰越収支差額(B)−(C)				
支　出　合　計				
当年度収支差額(A)−(C)				

（注）　差異は，予算額から決算額を差し引いたものとする。差異がマイナスの場合には，金額の前に△を付ける。以下同じ。

【指針解説】

> **収支計算書（様式1－1）**
>
> 　収支計算書はまず，収入の部と支出の部に区分する。
>
> 　つぎに，収入の部は宗教活動収入，資産管理収入等の科目別に記載し，その合計（当年度収入合計）に前年度繰越収支差額を加えて収入合計とする。
>
> 　そして，支出の部は宗教活動支出，人件費等の科目別に記載し，その合計（当年度支出合計）を収入合計から差し引いた額を次年度繰越収支差額とし，当年度支出合計と次年度繰越収支差額の合計を支出合計とする。
>
> 　したがって，収入合計＝支出合計となる。
>
> 　最後に当年度収入合計と当年度支出合計との差額を当年度収支差額として記載する。

　様式1－1は，一般的な方法であり，当年度収入の部の「収入合計」と当年度支出の部の「支出合計」を計算し対照する方法です。

様式1-2

収 支 計 算 書
自平成　年　月　日
至平成　年　月　日

科　　目	予算額	決算額	差　異	備　考
Ⅰ　経常収支の部 　1．経常収入 　　　宗教活動収入 　　　資産管理収入 　　　繰入金収入 　　　その他収入 　　　　収入合計 　2．経常支出 　　　宗教活動支出 　　　人　件　費 　　　繰入金支出 　　　その他支出 　　　　支出合計	 (　　) (　　)	 (　　) (　　)	 (　　) (　　)	
経常収支差額　(A)				
Ⅱ　経常外収支の部 　1．経常外収入 　　　貸付金回収入 　　　借入金収入 　　　特定（特別）預金取崩収入 　　　その他収入 　　　　収入合計 　2．経常外支出 　　　資産取得支出 　　　貸付金支出 　　　借入金返済支出 　　　特定（特別）預金支出 　　　その他支出 　　　予　備　費 　　　　支出合計	 (　　) (　　)	 (　　) — (　　)	 (　　) (　　)	
経常外収支差額　(B)				
当年度収支差額　(A)+(B)				
前年度繰越収支差額				
次年度繰越収支差額				

【指針解説】

> **収支計算書（様式1－2）**
>
> 　収支計算書はまず，経常収支の部と経常外収支の部に区分する。
> 　つぎに，経常収支の部は，経常収入合計と経常支出合計との差額を経常収支差額として記載する。
> 　そして，経常外収支の部は，経常外収入合計と経常外支出合計との差額を経常外収支差額として記載する。
> 　経常収支差額と経常外収支差額の合計を当年度収支差額として記載する。
> 　最後に，当年度収支差額に前年度繰越収支差額を加えて次年度繰越収支差額として記載する。

　様式1－2は，経常収支と経常外収支に分けて，それぞれの収支差額を算出し，もって当年度収支差額を算出する方法です。こちらはそれぞれの収支が区分計算されます。

　科目については，原則として予算科目と同じにすることになります。これらの様式では，文化庁の説明科目のうち大科目のみを参考のために掲げてありますが，各法人あるいは宗派・宗門等の特徴により，また規模等に応じて各科目を作成又は変更し，適宜中科目，小科目を追加することになります(予算及び決算の収支科目については，114ページ参照)。

　なお支出科目のうち一定の品物を購入したとき，それが資産取得支出なのか管理費用なのか，それによって会計処理が異なります。実務解説においては次のように説明してあります。

【実務解説】

> **5. 資産と消耗品費**
> 　普通財産である資産と消耗品の区分であるが，資産も消耗品も，共に収支計算書の支出を構成するので，その点では変わりはないが，資産は貸借

対照表と財産目録に計上されるのに対し、消耗品は貸借対照表や財産目録に計上されることはない。収支計算書の表示では資産は「資産取得支出」となるが、消耗品は「消耗品費」となる。

　そこで、この区分をどうするかという問題は、宗教法人だけでなくあらゆる会計に共通の問題として生じる。こういう場合、企業会計で一般に行われている会計処理は税法の基準によるという方法もあるが、宗教法人会計ではこれに捕らわれることはない。それぞれの宗教法人の管理できる範囲で「資産は1年以上の使用に耐えるもので、購入金額が○○円以上のものとする」と、予め決めておけばよい。そして、この基準に該当するものを「資産」として処理し、それ以外のものを「消耗品費」として処理することになる。

　なお、税務上の収益事業の課税所得の計算を行う場合には、税法基準によることはいうまでもない。

4　正味財産増減計算書

(1)　正味財産増減計算書の内容
【指　針】

> 第4　正味財産増減計算書（様式2－1）
> 1.　正味財産増減計算書の内容
> 　正味財産増減計算書は、当会計年度における正味財産のすべての増減内容を明確に表示するものである。
> 　ただし、正味財産の増減が極めて少額である場合等、相当な理由があるときは、正味財産増減計算書を省略することができる。

【指針解説】

正味財産増減計算書の役割

　収支計算書に示される資金の収支差額は，貸借対照表の資産と負債の差額としての正味財産の一部を構成する。当年度の収支差額は当年度の正味財産増減額と必ずしも一致するわけではない。資産の取得や資金の借入など，収支差額以外の資産・負債の増減によって正味財産が増減する場合がある。そこで，こうした増減の内容を明らかにすることによって，収支差額と正味財産のつながりを示し，会計的整合性を確保する方法が行われている。それは収支計算書と貸借対照表の連結環とされる正味財産増減計算書を作成する方法である。

　正味財産増減計算書は宗教法人法で必ずしも必要とされている計算書類ではないが，この指針では会計的整合性を重視する立場から作成することを提案した。その場合，本来の趣旨に基づいて資産負債の科目別に増減額を示すストック式と呼ばれる方法をとることを原則とした。ただし，フロー式と呼ばれる発生原因別に正味財産の増減を示す方法も選択できる余地を残すこととした。

　宗教法人法において，財産目録と収支計算書は必ず作成することになりますが，貸借対照表の作成は任意とされているため，これを作成しない場合には，収支計算書と財産目録の連係を特に問題にすることもありませんでした。しかし，貸借対照表を作成する場合には，収支計算書と貸借対照表の連係が必要であり，その継ぎ手，接続部の計算書が必要となります。なぜなら，収支計算書の計算結果である当年度収支差額は，そのままでは貸借対照表の資産・負債差額である正味財産の額につながっていかないからです。そこで，資産・負債の増減を明らかにする正味財産増減計算書を作成することによって，収支計算書と貸借対照表という独立した計算書がつながり，計算書体系ができあがるのです。

　公益法人には，公益法人会計基準があり，それには「正味財産増減計算書」

の作成があります。この公益法人の正味財産増減計算書は、「正味財産が当該年度中にどのように増加又は減少したかを示し、併せて期末現在の正味財産額を表示する計算書類」とされており、正味財産の増減原因をも明示する書類です。これに対し、指針では、正味財産増減計算書は「正味財産のすべての増減内容を明瞭に表示するもの」と表現されています。これは正味財産を「資産から負債を控除したもの」との意味に止めており、したがって正味財産の増減は資産の増減又は負債の増減からなるのであり、正味財産増減計算とは、資産科目負債科目それぞれの増減事実を示せばよいのであって、原則として増減の原因まで言及しないという考え方です。一般にストック式といわれている正味財産増減計算書を原則とするという意味です。

　宗教法人では計算書類としては、古くから収支計算書のみの作成で事足りてきた経緯があり、これと似たようなフロー式正味財産増減計算書の作成は混乱の元であり意味がない、ということもあります。

　正味財産増減計算書は、資産と負債の増減を示せばよいのですから、「正味財産増減計算書」よりも「資産負債増減計算書」の方がその意義を示す計算書になるのかもしれませんが、計算書の最終金額の表示が正味財産となること、正味財産増減計算という名称がすでに他の会計で定着している事実などからこの表現になったものです。

　正味財産増減計算書は、資金以外の資産・負債の増減が僅少であるか又は全くない場合には、その作成を省略することができるとされています。なお、僅少の場合で作成を省略したときは、収支計算書及び貸借対照表の注記としてその旨及び金額を記載する方がよいでしょう。

（２）　正味財産増減計算書の構成

【指　針】

> 2.　正味財産増減計算書の構成
> (1)　正味財産増減計算書は、資産及び負債の各科目別に増加額及び減少額

を記載して当年度正味財産増加額（又は減少額）を求め，これに前年度より繰越の正味財産額を加算して当年度末正味財産額を表示するものである。

(2) ただし，(1)の方法に代えて，正味財産増加額（減少額）の発生原因を表示する方法を用いることができる。（様式2－2）

　正味財産増減計算書は資産・負債の増減計算の結果，正味財産の増減を表すことになりますから，資産・負債の増減は明確に表示します。収支計算書により計算された当年度収支差額（資金の増減差額）や，その他の資産又は負債の増減額からなる当年度正味財産増減額に，前年度よりの繰越正味財産額（前会計年度の貸借対照表に計上された正味財産の額）を加算した額が当年度末正味財産額（当会計年度末の貸借対照表に計上される正味財産額）になります。

　しかし，(2)においていわゆるフロー式と称される正味財産増減計算書も作成できる，としています。公益法人会計基準においては，現在ではフロー式のみとしており，また，フロー式は収益事業を行っている場合の損益計算書に近いといわれていることから，現実にこの方式で作成している宗教法人もあると思われます。したがって本指針においても，その作成を可能としているものです。

　フロー式正味財産増減計算書を作成する場合については，様式2－2のフォームを参照してください。

(3) 正味財産増減計算書の様式

　表示の仕方には，次のように例示されています。

様式2−1

正 味 財 産 増 減 計 算 書
自平成　年　月　日
至平成　年　月　日

科　　　目	金　　　額		
Ⅰ　増加の部			
1.　資産増加額			
当年度収支差額	×　×　×		
特別財産増加額	×　×　×		
基本財産増加額	×　×　×		
普通財産増加額			
建物取得額	×　×　×		
………	×　×　×	×　×　×	
2.　負債減少額			
借入金返済額	×　×　×		
………	×　×　×	×　×　×	
増 加 額 合 計			×　×　×
Ⅱ　減少の部			
1.　資産減少額			
当年度収支差額(マイナスの場合)	×　×　×		
基本財産減少額	×　×　×		
普通財産減少額			
貸付金回収額	×　×　×		
………	×　×　×	×　×　×	
2.　負債増加額			
借入金増加額	×　×　×		
………	×　×　×	×　×　×	
減 少 額 合 計			×　×　×
当年度正味財産増加額(又は減少額)			×　×　×
前年度繰越正味財産額			×　×　×
当年度末正味財産			×　×　×

【指針解説】

正味財産増減計算書（様式2－1）

　正味財産増減計算書はまず，増加の部と減少の部に区分する。

　つぎに，増加の部は資産増加額と負債減少額に区分する。

　資産増加額には当年度収支差額の他，特別財産増加額，基本財産増加額及び普通財産増加額の資金以外の資産の増加額を記載し，負債減少額には借入金返済額等の資金以外の負債の減少額を記載して，増加の部の合計を試算する。

　減少の部は，資産減少額と負債増加額に区分する。資産減少額には当年度収支差額（マイナス）の他，基本財産減少額及び普通財産減少額の資金以外の資産の減少額を記載し，負債増加額には借入金増加額等の資金以外の負債の増加額を記載して，減少の部の合計を計算する。

　増加の部の合計から減少の部の合計を差し引いて当年度正味財産増加額（又は減少額）を計算する。

　最後に，当年度正味財産増加額（又は減少額）に前年度繰越正味財産額を加えて当年度末正味財産額を記載する。

様式2-2

正 味 財 産 増 減 計 算 書
自平成　年　月　日
至平成　年　月　日

科　　目	金　　額		
Ⅰ　増加原因の部			
1.　宗教活動収入			
……………	×××		
……………	×××	×××	
2.　資産管理収入			
……………	×××		
……………	×××	×××	
3.　雑　収　入			
……………		×××	
4.　固定資産受贈額			
		×××	
5.　…………………			
……………		×××	
合　　計			×××
Ⅱ　減少原因の部			
1.　宗教活動支出			
……………	×××		
……………	×××	×××	
2.　人　件　費			
……………	×××		
……………	×××	×××	
3.　減価償却額			
……………		×××	
4.　…………………			
……………		×××	
合　　計			×××
当年度正味財産増加額（又は減少額）			×××
前年度繰越正味財産額			×××
当年度末正味財産額			×××

【指針解説】

> **正味財産増減計算書（様式2-2）**
> 　正味財産増減計算書はまず，増加原因の部と減少原因の部に区分する。
> 　つぎに，増加原因の部は発生原因別に，宗教活動収入，資産管理収入等の科目別に記載し，その合計を計算する。
> 　減少原因の部は発生原因別に，宗教活動支出，人件費等の科目別に記載し，その合計を計算する。
> 　増加原因の部の合計から減少原因の部の合計を差し引いて当年度正味財産増加額（又は減少額）を計算する。
> 　最後に，当年度正味財産増加額（又は減少額）に前年度繰越正味財産額を加えて当年度末正味財産額を記載する。

　様式2-1がストック式で，フロー式は様式2-2です。

5　貸借対照表

(1)　貸借対照表の内容
【指　針】

> 第5　貸借対照表（様式3-1）
> 1. 貸借対照表の内容
> 　貸借対照表は，当会計年度末におけるすべての資産，負債及び正味財産の状態を明瞭に表示するものである。

【指針解説】

> **貸借対照表と財産目録**
> 　貸借対照表は複式簿記による継続記録の結果として誘導的に作成される計算書類である。対するに，財産目録は会計年度末に資産・負債の有高を調査して積み上げて作る計算書類である。宗教法人法では財産目録は全ての宗教法人が作成しなければならない必要書類であるのに比べ，貸借対照表は任意書類である。
> 　しかし，この指針では，貸借対照表を計算書類の基本に位置付けた。したがって，財産目録は貸借対照表の科目明細としての役割を担うことになる。

① 貸借対照表とは

　宗教法人の活動状況のみならず財政状態をも金銭的に表すことは，宗教法人自体及びその関係者等にとって必要なことでしょう。そのため一定期間の資金の流れ（フロー）と一時点の財産の状態（ストック）を示す必要があり，それぞれを表示したものが収支計算書と貸借対照表であって，これらの計算書類作成は，宗教法人会計の両輪であるといえましょう。

　宗教法人法でも，「この法律は，宗教団体が，礼拝の施設その他の財産を所有し，これを維持運用し，その他その目的達成のための業務及び事業を運営することに資するため，宗教団体に法律上の能力を与えることを目的とする。」（宗法1）としており，宗教法人といえども活動目的のためには資産を保有して使用するし，ときには負債も発生することが想定されています。この宗教法人が持つ全財産（積極的財産（＝資産），消極的財産（＝負債））を区分して表示し，宗教法人の一定時点での財政状態を表示した計算書が貸借対照表です。

　貸借対照表は，日々の会計記録の結果として，会計年度末の決算手続を経て，収支計算書と同時に作成されるものです。

　真実な会計報告をするためには，会計年度末における適正な財政状態を表示

する必要があり，そのため現金等の実査や貯蔵品等の実地棚卸によって適正な資産価額を把握し，帳簿記録の修正をすることも必要になります。たとえば，実地棚卸によって資産の過不足が判明した場合には，帳簿を現物の有り高に合わせることが必要となります。

貸借対照表の内容は，科目ごとに集計され，資産の部，負債の部及び正味財産の部に区分され，「資産合計額」と「負債・正味財産合計額」とを一致（バランス）させます。

② 資産，負債，正味財産

(イ) 資　　産

一般用語では「資産」と「財産」とはほぼ同義語に使われることが多く，金銭及び金銭的価値のあるもの（現金や預金，未収金などの債権，有価証券，棚卸資産，土地，建物，各種の権利金など）を総称していますが，会計上では「資産」と「財産」とは区別されており，「財産」の意義をより広く捉え資産（積極的財産）と負債（消極的財産）の総称であるとしています。

会計上の資産には，次のものも含まれます。

　i　支払った金額のうち，本来は支出項目であるが実際の支出計上が次年度になるため一応資産としておくもの（前払金）

　ii　帰属すべき科目が未定である支出，又は最終金額が未確定であるものを一時的に計上しておくもの（仮払金）

　iii　一時的に立て替えたもの（立替金）

(ロ) 負　　債

会計上の負債とは，借入金，未払金等で後日支払を要する法律上の確定した債務のほか，次のものも含まれます。

　i　金銭等を受け入れたが，物の引渡しや役務の給付がまだ行われていないもの（前受金）

　ii　金銭等を一時受け入れたが，その金額について後日支払を要するもの（預り金）

　iii　金銭等を受け入れたが，会計処理等の内容が不明であるため，いまだ

未処理であるもの（仮受金）

　　ⅳ　将来の支出に備えておくもの（引当金）

(ハ)　正 味 財 産

　正味財産は総資産額から総負債額を差し引いた額をいいます。

　正味財産の額は純資産額ともいわれており，一般的にはこの金額が多いほど財政的に安定していることになります。

(2) 貸借対照表の区分

【指　針】

> 2.　貸借対照表の区分
> (1) 貸借対照表は，資産の部，負債の部及び正味財産の部に分かち，資産の部は特別財産，基本財産及び普通財産に区分するものとする。
> (2) 普通財産は固定資産及び流動資産に，負債の部は固定負債及び流動負債に区分して表示することができる。（様式3－2）

① 貸借対照表の表示

　貸借対照表は，資産の部，負債の部及び正味財産の部からなります。貸借対照表の表示形式には，勘定式と報告式があります。勘定式というのは，次の表のとおりですが，借方（左側）に資産項目とその金額を，貸方（右側）に負債項目と正味財産及びその金額を左右対照表示したものです。貸借対照表はバランス・シートといわれるように，貸借の金額が必ず一致することがこの表で見るとよくわかります。この形式の貸借対照表は，シンプルでわかりやすいといえます。

勘定式による貸借対照表の形式例

貸 借 対 照 表
平成××年3月31日現在

資　産　の　部		負債・正味財産の部	
特　別　財　産	××× ××	負　　　　債	××× ××
基　本　財　産	××× ××	正　味　財　産	×××
普　通　財　産	××× ××		
資　産　合　計	×××	負債・正味財産合計	×××

必ず一致する

　これに対して，報告式の貸借対照表は，資産・負債・正味財産を順次縦に並べて表示するものです。報告式の貸借対照表は，多くの分野の会計報告で採用されています。そのメリットは年次ごとに横に並べることができますから，年次比較するのに適しています。

　宗教法人の場合，特有な資産が多く資産の部に特徴があるということから，これを一括表示しないで区分して表示することが望ましく，特別財産・基本財産・普通財産に区分することにされています。

② **資産の区分**

　貸借対照表において資産を区分表示するのは，宗教法人が保有する資産には特有なものがあり，宗教法人会計では，これをはっきりと区分表示すべきであるとの考え方をしております。この区分の方法については，実務解説において次のように説明しています。

【実務解説】

4. 資産の区分
 宗教法人の資産は，特別財産，基本財産及び普通財産に区分すると多くの宗教法人規則には規定されているが，会計上の資産の区分は次のようになる。
(1) 宗教法人が保有する資産には独特のものがあり，それぞれ特徴があるので，会計上も明瞭性の観点から，貸借対照表上，これを一括表示しないで，資産を特別財産，基本財産及び普通財産に区分表示することが適当である。
 ① 特別財産
  ア．特別財産は，宗教活動に必要な固有の財産であり，宝物と什物のうちから設定する。
    なお，法人によっては，特殊財産など呼び名が異なる場合がある。
  イ．宝物とは，本尊，神像，教祖の遺品，開山の品，由緒ある画像など宗教法人の信仰上，掛け替えのない財産をいう。何を宝物とするかは，その宗教法人の判断に委ねられている。
  ウ．什物は，宗教活動に使用される重要な道具類をいい，道具類のうち特別財産として扱うものは宗教活動に欠くことのできない信仰上重要なものである。
 ② 基本財産
  ア．基本財産は，宗教法人が宗教活動を行うために必要な財政的基礎となる財産であって，以下の財産などのうちから設定する。
    ・境内地，境内建物などの土地，建物その他不動産
    ・長期的に所有する公債，社債その他の有価証券で財産の保全が確実なもの
    ・長期的に所有する目的で積み立てた定期預金など
    ・基本財産として指定された寄附金品

イ．なお，基本財産はその総額が登記事項になっているので留意する必要がある。（法52条）

③ 普通財産

普通財産は，特別財産と基本財産以外の資産であり，宗教法人の通常の活動に要する支出に充当すべきものである。

(2) 特別財産と基本財産については，すべてのものが長期保有目的なので，固定資産となる。

普通財産については，その内容により固定資産と流動資産に区分することができる。

① 流動資産とは，現金若しくは短期間のうちに現金化できる資産であり，法人運営の日常業務や維持管理に必要な財産である。

具体的には，現金預金，一時的な資金運用としての有価証券，短期的な債権，貯蔵品等をいう。

② 普通財産のうちの固定資産とは，上記流動資産以外の資産であり，法人が長期にわたり保有するものである。

具体的には，建物，什器備品，特定の目的のための積立預金等をいう。

(3) 以上を図に示すと以下のとおりである。

③ **資産と負債の流動性と固定性の区分及び配列法**

(イ) 区分の必要性

この指針では資産のうち，「普通財産については固定資産と流動資産に，負債については固定負債と流動負債に区分して表示することができる。」としています。

宗教法人の財政状態を明瞭に表示するためには，貸借対照表をある程度区分表示をして，その法人の財政的特徴が判断できるようにした方がより明瞭であるといえるでしょう。しかし，指針では固定と流動の区分につき「表示することができる」規定になっており，その選択は法人の自由に任されています。なぜなら，固定と流動の区分基準が必ずしも明確なものばかりではないこと，宗教法人では会社のように投資という概念がなく，債権者もそれほど多くはないでしょうから，貸借対照表を詳しく分析する必要性も少ないと思われるからです。したがって，全ての法人が固定・流動の区分をすべきであるとの考え方をとらず，その区分を必要と認めた法人が自主的に区分表示をすることになります。

㈻　固定資産と流動資産，固定負債と流動負債

　特別財産や基本財産については，全てについて長期保有目的であり当然のごとく固定資産に該当する財産ですから，区分を云々する余地はありません。したがって，固定・流動の資産区分は普通財産の中での区分ということになります。

　流動資産とは，現金若しくは比較的短期間のうちに現金化できる資産であり，法人運営の日常業務や維持管理に必要な資産をいうのであって，現金預金や債権，貯蔵品などの物品，一時的な資金運用の有価証券などがあります。

　普通財産のうちで固定資産とは，流動資産以外の資産をいい，宗教法人が長期にわたり保有するものをいいます。したがって，固定資産とは，特別財産，基本財産のほか，普通財産のうち土地や建造物，什器備品，車両その他特定の目的のために積み立てた預金などのことになります。

　流動負債とは，比較的短期間に支払われる負債であり，それ以外を固定負債といいます。たとえば短期間に支払われる未払金は流動負債となります。

　固定・流動の判断基準としての，比較的短期間とはどのくらいかということですが，1年基準を使う場合が通例です。これは会計年度末から1年以内に現金化したり回収又は支払われる債権債務を短期とし，それを流動資産・流動負債にするというものです。会計年度は通常1年ですから，次年度以降

1年以内に資金化されない資産又は支払われない債務であることの表明になります。

(ハ) 配　列　法

配列方法については，流動性配列法と，固定性配列法があります。

流動性配列法は，現金及び現金に近い資産など流動性が高いものから順に並べていく方法で，固定性配列法はその逆です。

企業会計など，一般的には圧倒的に流動性配列法が多いですが，これは企業等の支払能力を表すことを重視する考え方から来ています。

宗教法人の場合は，配列順序の議論にそれほど重要な意義は見あたりませんが，宗教法人の性格上固定資産の保有が多く，かつ重要な資産を保有しているということから，固定性配列法の方が望ましいとする考え方が多いようです。本指針も固定性配列法に基づいています。

（3）　資産の貸借対照表価額
【指　針】

> 3.　資産の貸借対照表価額
> (1)　資産の貸借対照表価額は，取得価額とする。ただし，取得価額から相当の減価額を控除することができる。
> (2)　交換，受贈等により取得した資産の取得価額は，原則として，その取得時における公正な評価額によるものとするが，その評価が困難な資産については，備忘価額を付することができる。
> (3)　宝物などの特有な財産で，評価額などを付することが適当でないと法人が認めた場合には価額を付さないことができる。

① 取得原価主義

資産の貸借対照表価額は，帳簿に記載された金額が計上されますが，その帳簿価額は取得価額が原則であることを定めており，これを会計上では取得原価

主義といいます。取得価額とは，資産を取得したとき取得に要した費用をもって資産価額とする場合をいい，帳簿価額とは，その資産に対して法人の帳簿に記載した価額のことをいいます。

取得原価主義の下で資産を取得したとき，たとえば現金という資産が減少し同額の別の資産が増加することになります。したがって，取得価額は証拠力に優れ客観的，具体的であり，資産の存在や価値を表示するには最適な方法であるといえます。

具体的に取得価額とは，購入代価の額と付随費用の額の合計額（購入価額）のことです。

この取得価額を形態的に図示すると次のようになります。

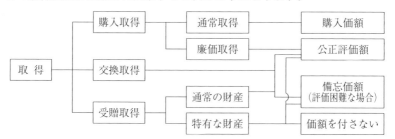

債権については，広い意味での取得原価主義が適用されているとみられますが，債権は資金の範囲内であるか又は資金に近い資産として，資金そのものと同様の金額が表示されます。したがって，本指針にはあえて債権についての評価の方法を定めることはしていません。しかし，債権特有の問題としては回収可能性を斟酌する必要があり，その場合，確実性の高い債権額を計上するか，取立不能見込額をあわせて計上するなどの配慮が必要な場合もあります。

取立不能見込額を計上する方法には直接控除法と間接控除法がありますが，宗教法人の場合，貸倒引当金を計上する間接控除法はなじまない面があります。収益事業を行っている場合には，法人税法で認めており計上することが一般的ですからいいのですが，そうでない場合は，確実性の高い債権金額のみを計上する直接控除法になると思われます。

宗教法人といえども，保有する債権金額を資産に計上することは当然です。

しかし宗教法人の本来の活動による寄付，布施，信施収入等は，一般の商取引上のように契約に基づく収入ではなく，未収だからといって強制的に取り立てられるものではありません。したがって，こうした債権については回収確実なものに限り計上する（直接控除法）という方法をとることになるでしょう。

② 減価償却

【指針解説】

> **減価償却**
>
> 　減価償却は，そもそも企業会計において適正な期間損益計算のために行う費用配分の手続である。企業会計では経営成績と呼ぶ効率性の測定のために行う計算手続の一つである。非営利法人のなかでも効率性の測定を行うことが適当である法人においては，減価償却は確かに有用にして必要な手続といえる。
>
> 　しかし，宗教法人の場合は，効率性の測定は必ずしも要請されないし，仮に要請されたとしても，これを計数化することには再び議論の余地があるところである。したがって，こうした費用配分の手続としての減価償却という考え方は宗教法人には基本的になじまないものと思われるが，期間の経過に伴って価値の減少していく資産を取得価額のまま表示しつづけることはかえって計算書類の利用者の判断を誤らせるおそれがあることも確かである。したがって，減価償却を行うかどうかは，それぞれの宗教法人の選択に委ねることにした。

　減価償却とは減価性資産（使用や時の経過，機能的，経済的な原因によって減価すると認められる資産）について，一定の計算方法によって固定資産に投じられた支出額を，その後の会計年度に分割して負担させ，固定資産の繰越金額を減少させていく会計手続です。

　この指針では，「資産の貸借対照表価額は，取得価額とする。ただし，取得価額から相当の減価額を控除することができる。」としており，宗教法人が建

物，自動車，備品などの減価性資産を取得した場合，減価償却をするか，しないかの会計方針は，その法人が選択することになるとしています。

　これに対し営利法人の企業会計では，減価償却を行うことについて，次の理由があるとされています。

　(イ)　費用配分の原則，費用収益対応の原則等の期間損益計算の見地から行う
　(ロ)　取得原価の減少の認識を通して所有資産の経済価値を認識するという財産計算の見地から行う

　しかし，宗教法人では，次のような理由により減価償却を実施しないケースが多いようです。それは，

　(イ)　期間損益的な考え方は原則として適当でない
　(ロ)　減価償却計算をすることに多少の専門的知識や事務能力を必要とすること
　(ハ)　資産を自己補塡的に取替更新をすることが必ずしも要求されておらず，必要なつど寄進等を募ることによって資金調達が行われたり，特別会計方式等によって取替更新の資金調達が予定されていることが多い
　(ニ)　これまで減価償却をしていなかった宗教法人にそれを強制すると，過去の未償却分をどうするかの問題も起こり，ここで一挙に未償却分の償却をするなら基本財産がゼロに近い状況に追い込まれたり，まれに正味財産がマイナスになったりすることも予想され，法人の存続にかかる問題もあり得ること
　(ホ)　基本財産の総額は宗教法人法により登記事項となっているため，基本財産である建物等が減価した場合その減少した基本財産の金額をどのようにするかの問題が残ること
　(ヘ)　宗教法人には，特別財産など宗教上重要な財産があり，価額的な測定ができない資産も多いという実情がある

　反面，会計上の考え方からすれば，所有している固定資産について当然発生している減価の事実を無視することは妥当でない，少なくとも貸借対照表では資産の減価を認識した方がよいという会計上の要請と，収益事業等のその他の

事業を行い減価償却を実施している場合との整合性から，減価償却を実施する方がよいとの意見もあります。したがって，減価償却は強制をせず，採用するか否かは法人の会計方針に任せることにしたのです。

なお，減価償却の方法は，一般の会計の場合と同じです。

③ 無償取得等の場合の取得価額

実務解説において寄贈を受けた場合の会計処理について，次のように説明しています。

【実務解説】

> 2. 寄贈の処理
>
> 　資金以外の資産の寄贈を受けた場合の処理であるが，本指針では，受贈により取得した資産の取得価額は，原則として取得時における公正な評価額によることになっている。したがって，その価額を貸借対照表に資産として計上するのと併せて，正味財産増減計算書に「受贈額」などの増加項目で表示することになる。資金の収入ではないので，収支計算書に「寄附金収入」と表示するのは正しい処理とはいえない。
>
> 　評価が困難な場合には備忘価額を付すが，そのときにはその旨と理由並びに評価の方法などを注記するのが適当である。

資産を交換や受贈で取得する場合があります。ここではこれらによる取得を無償取得等とします。

交換には，同種類資産の物々交換や種類の異なる他の資産との交換も含まれるでしょう。

受贈というのは，一般的に使われる用語で，"人からものを贈られること""寄贈されること"の意味があり，宗教法人の収入の多くが広い意味では受贈になると思われますが，ここでは金銭等資金以外の資産の提供を無償で受けた場合が想定されています。

これら無償取得等による資産の取得価額について指針では，「原則として，

その取得時における公正な評価額」としておりますが，これは取得時の時価により評価し，資産計上する必要があることを述べたものです。この時価とは，通常の概念では売買価額とすることが多いですが，宗教法人の場合は売る目的で資産を保有するのではなく，使用目的で保有することから価額決定の方法が難しく，保有資産の価値が測定可能で客観的でなければ価額決定ができない場合が多いかもしれません。

また，貸借対照表は資産負債の実態を示さなければなりませんから，過大に計上し誤った財政状態を示すことのないよう，財務の安全性，健全性を考慮した価額を付す必要があります（127ページ，「資産の無償取得と取得価額について」を参照）。

その価額決定は当該宗教法人の選択に任されるべきものですが，取得資産の中には価額評価が困難な場合もあり，無理に恣意的な価額を付すことも好ましくありません。しかし資産の存在を認識する必要があるとき，その資産については備忘価額をもってでも資産計上することになります。

備忘価額とは資産の存在を表す目的をもって適当な金額（たとえば最小単位では1円）を付すことです。

本指針の公表を機に，会計処理方法を変更し指針に基づいた方法に移行する場合，又はこれまで貸借対照表を作成していなかった法人が初めて作成する場合，それぞれの宗教法人の資産評価に関する会計方針を決定する必要がありますが，ここでいったん採用された会計処理の基準は，今後は理由なく，またみだりに変更すべきではないことになります。したがって，どのような会計方針にするか慎重に検討すべきでしょう。

④ 過去に取得した資産の評価について
【指針解説】

> **土地，建物等の資産**
> 宗教法人には，昔から所有している価額の付されていない土地や建物がある。貸借対照表に計上するに当たりこれらにどういう価額を付するかという問題がある。土地については，原則として備忘価額による方法や価額を付さない方法ではなく，専門家の鑑定価額等のほか，公示価額や路線価，固定資産税評価額等を基礎として算定された価額等の公正な評価額を算定して価額を付することが望ましい。建物については，その建物の性質に応じて，備忘価額による方法や価額を付さない方法などが認められる場合もあると思われる。

　無償取得資産について，今後評価額をもって取得価額とする会計方針に変更した場合，過去に取得した資産で，これまで財産目録には資産内容のみが記載され，金額は記載されていないなどの場合にどのようにするかの問題があります。財産目録と貸借対照表の金額は一致させるべきですから，貸借対照表価額が変更になれば財産目録も変更しなければならないからです。

　これまで資産価額の決定に一定の基準を持たなかった法人が，新たにこの指針に準拠しようとする場合でも，次の理由から資産を再評価して増額するようなことは，原則としてすべきでない，とする意見があります。

(イ)　資産の帳簿価額の記録は，あくまでも取得原価主義であり，評価替え等による資産の増額又は価額決定はしない

(ロ)　会計方針の変更は，来年度以降に関してのことであり過去に遡らないから過去の金額は変更しない

(ハ)　これまでの財産目録に記載の価額より大幅に変更になるのは，誤解が生じる原因となる

　しかし，これまで資産取得について評価の基準がなかったため，簿外資産や

価額ゼロ資産（主として土地）がある場合，貸借対照表や財産目録作成の際，資産を計上する必要がある法人もあるでしょう。また貸借対照表をこのたび新規に作成するにあたり，それまでの財産目録に資産価額が計上されていないため開始貸借対照表に資産が計上されないなど，むしろ実体にそぐわないと思われる場合もあるでしょう。そこでこの指針の公表を機に新たに法人内の会計規定等を作成又は変更し，その後この規定等に基づいた貸借対照表及び財産目録を作成するについて，移行時に限り，以前に取得した資産（土地等）についても再評価又は備忘価額を付して計上することができると思われます。

したがって新会計体系への移行時に１回限り財産価額の見直しを認め，価額ゼロの資産については再評価額又は備忘価額を付して，資産計上できるようにすることが現実的解決と考えられます。そのことを解説では述べています。

この場合は，その価額決定について必ず責任役員会等正規の機関決定を受けることが前提になります。

⑤　無償取得等の場合の注記

最初の貸借対照表を作成するとき及びこの基準によって宗教法人規則等の会計規定を変更して，資産の貸借対照表価額についての会計方針を定めてあるときは，次のような注記をしておくといいでしょう。

貸借対照表注記例

　〇〇年〇月，寄進により取得した土地（〇〇所在）〇〇㎡は，近隣の固定資産税評価額を参考にして評価し計上している。

上記の注記は，件数が１件の場合です。件数が少ない場合はよいのですが，多いときには貸借対照表に書ききれないこともあるでしょう。そのようなときは，財産目録の当該個々の資産の備考欄等に説明事項として記入し，貸借対照表にはまとめて注記することもできます。もちろん，財産台帳には詳細に記載することになります。

⑥ 特有な財産の取得価額
【指針解説】

> **宗教法人特有な資産の評価**
>   宗教法人は特有な財産を所有する場合が少なくない。すなわち、崇拝の対象となっている仏像、宝物、石碑等々である。これらに価額を付するのはいかにも難問である。これらの中には金額を付することが尊厳を害するようなものもある。また、信者より寄贈されたものにどのように価額を付するかという問題もある。
>   この指針ではこれらの特有な資産の価額について、第一に、まず、評価の可能な資産については評価額を算定して、価額を付することを求めることとしている。第二に、しかし、評価の困難な資産については、備忘価額を付することができるものとしている。そして、第三に、いずれも適当でないと法人が認めた場合には、金額を付さないこともできるとした。

　宝物や什物等の財産は、時価が全く不明であるか時価というものが存在せず評価できない場合が少なくありません。これらの財産は、宗教法人にとって信仰の内容を形で表したものであり、信仰の対象物又はシンボル的な存在ですし、このような宝物や什物等を金額をもって評価することや、備忘記録などを付することはできないという傾向があります。宝物等には古いものが多くこれまでも金額表示されていない現実を踏まえ、これらの財産を無償取得した場合に金額を付さないことはやむを得ないと思われます。したがって、評価するか、備忘価額を付すか、あるいは価額を一切付けないかは当該法人の判断によることになります。なお評価する場合は、その価額が測定可能で客観性があることが条件となるでしょう。

　このように法人によっては、宝物等で価額の付されたもの、付されなかったものがあるのはやむを得ないものとしても、この場合は資産台帳に財産の明細や特徴、取得の時期や経緯等、確実に記録しておくことが必要でしょう。また

財産目録には金額の記載がなくても資産の存在を示すため明細を記入しておくべきです。

具体的な評価の方法は財産目録に記載し，全般的な評価の方法は貸借対照表に注記するのが実務的です。

所有する宝物や什物等の全てに金額が付されていない場合であっても，資産の存在を明らかにするため，貸借対照表及び財産目録に当該科目を記載し，金額欄は「ハイフン」（-）をもって示すのがよいと思われます。また，財産目録の金額欄はハイフンの代わりに「不詳」と記すこともできます。

(4) 負　　　債
【指　針】

> 4．負債の計上
> 　負債は，発生事実に基づいてもれなく計上するものである。

この項目は，計上すべき負債が計上されないため，後日支出になるべき金額が隠されてしまうこと，また資産の受入れはあったが，収入処理をすべきでなく負債としておくべきものを収入としてしまうこと等により，財政状態が歪められないよう定めたものです。

負債をその性格により分類すれば，次のようになります。

① **法律上の確定債務**
　(イ)　すでに財貨の提供又は役務の給付を受けているので，後日確実に支出を要するもの（借入金，未払金等）
　(ロ)　金銭等の支払を受けているが，財貨の提供又は役務の給付をまだ行っていない債務（前受金）
　(ハ)　金銭を一時的に預け入れたが，後日これを支払うもの（預り金）

② **会計上の負債**
　(イ)　金銭等を受け入れたが，処理すべき内容又は金額が未確定のため，一時

(ロ)　将来の支出に備えるため引き当てておくもので，一定の規程等によりその支払が定められているため，将来，支出の確実性が高いもの（労働協約等によるものでは条件付き債務となる場合がある）（退職給付引当金）

　　(ハ)　(ロ)以外の引当金（修繕引当金，賞与引当金）

　　(ニ)　継続的な役務提供に合わせて経過的に計上するもの（前受収入，未払費用）

③　宗教法人が計上すべき負債

　上記のうち宗教法人が計上すべき負債については，宗教法人会計では，将来，資産の減少又は役務の給付を要するものは全て計上すべきであることから，法律上の確定債務は全て計上すべきです。また仮受金などのように，受け入れた資金で会計処理が未確定なものも，一時的に計上しておかざるを得ません。

　引当金については，債務が確定したものでないこと，又は確定債務ほどの支出の確実性がないこと，金額が未定であり見積もらなければならないこと，現実に引当金を計上している法人が少ないこと，などを踏まえその計上は任意にすることがよいと思われます。したがって，引当金を計上することについてはそれぞれの法人が経験に基づいて，収支計算の適正性及び財務の安全性から決定することになるでしょう。しかし，退職給付引当金で条件付債務としての条件が整っている場合は，計上するのが望ましいことです。現実に退職給付引当金を計上している法人も見受けられます。

　退職給付引当金を計上しないで，資金を退職基金に積立てるための特別会計に繰り入れたり，特定目的預金に繰り入れたりする会計手続も多いですが，これは負債としての退職給付引当金を認識したものではありませんが，将来の支出のために資金手当がなされているということで，それなりに有意義ですが，退職給付引当金を計上すると同時に，同額を引当て預金として積立てる方法が望ましい財務管理方法といえましょう。

　前受収益や未払費用のように経過的に計上されるものは，どちらかというと企業会計において期間損益計算に伴って計上されるもので，宗教法人会計のように収入・支出の事実に重点がおかれる場合は，それほど厳密に考えなくても

よいように思われます。したがって，各法人の自主性に任せ，任意的計上項目とするのがよいでしょう。

(5) 正味財産
【指　針】

> 5.　正味財産
> 　正味財産は，総資産の額から総負債の額を控除した額をいう。

① 正味財産とは

　宗教法人における正味財産とは，会計年度末における総資産金額から総負債金額を控除した額をいい，会計一般でいうところの純資産と同じです。

　正味財産の性格を，会社の資本（自己資本）と同様であるとの考え方もありますが，本指針では，宗教法人固有の見地から，正味財産に積極的な役割があるとする考え方はとっていません。なぜなら，会計上資本とは二つのものから成っており，所有者の持分である払込資本としての意味と，配分の源泉である留保利益としての意味があるとされますが，宗教法人には，そのいずれの意味もないものであると思われるからです。いずれにしても正味財産について積極的に論評することの意義も見あたらないことから，むしろ資産と負債の差額であるということに意義を止めておいた方がよいとする考え方によります。

(6) 貸借対照表の様式

様式3-1

貸借対照表
平成　年　月　日現在

科　目	金　額		
Ⅰ　資産の部			
1.　特別財産			
宝　　　物	× × ×		
什　　　物	× × ×		
特別財産合計		× × ×	
2.　基本財産			
土　　　地	× × ×		
建　　　物	× × ×		
定　期　預　金	× × ×		
基本財産合計		× × ×	
3.　普通財産			
土　　　地	× × ×		
建　　　物	× × ×		
特定（特別）預金	× × ×		
現　金　預　金	× × ×		
未　収　金	× × ×		
貸　付　金	× × ×		
普通財産合計		× × ×	
資産合計			× × ×
Ⅱ　負債の部			
長　期　借　入　金	× × ×		
短　期　借　入　金	× × ×		
未　払　金	× × ×		
預　り　金	× × ×		
負債合計		× × ×	× × ×
Ⅲ　正味財産の部			
正　味　財　産			× × ×
負債及び正味財産合計			× × ×

【指針解説】

> **貸借対照表（様式3－1）**
>
> 　貸借対照表はまず，資産の部，負債の部及び正味財産の部に区分する。
>
> 　さらに，資産の部は，特別財産，基本財産及び普通財産に区分し，資産合計を記載する。
>
> 　負債の部の合計である負債合計に正味財産の部の金額を加えて負債及び正味財産合計を記載する。
>
> 　資産合計＝負債及び正味財産合計となる。

様式3-2

貸借対照表
平成　年　月　日現在

科　目	金　額		
Ⅰ　資産の部			
1.　特別財産			
宝　　　物	× × ×		
什　　　物	× × ×		
特別財産合計		× × ×	
2.　基本財産			
土　　　地	× × ×		
建　　　物	× × ×		
定　期　預　金	× × ×		
基本財産合計		× × ×	
3.　普通財産			
(1)　固定資産			
土　　　地	× × ×		
建　　　物	× × ×		
特定（特別）預金	× × ×		
固定資産合計	× × ×		
(2)　流動資産			
現　金　預　金	× × ×		
未　収　金	× × ×		
貸　付　金	× × ×		
流動資産合計	× × ×		
普通財産合計		× × ×	
資産合計			× × ×
Ⅱ　負債の部			
(1)　固定負債			
長期借入金	× × ×		
………………	× × ×		
固定負債合計		× × ×	
(2)　流動負債			
短期借入金	× × ×		
未　払　金	× × ×		
預　り　金	× × ×		
流動負債合計		× × ×	
負債合計			× × ×
Ⅲ　正味財産の部			
正　味　財　産			× × ×
負債及び正味財産合計			× × ×

【指針解説】

> **貸借対照表（様式3－2）**
> この様式は，上記貸借対照表（様式3－1）の資産の部の普通財産を固定資産と流動資産に，又，負債の部を固定負債と流動負債にそれぞれ区分して記載する。

　様式3－1は，貸借対照表の区分（63ページ）を(1)の方法によって表示したものであり，様式3－2は，(2)により普通財産及び負債の部を固定・流動に区分して表示する方法です。この様式は表の形式を参考のために定めたものですから，科目の追加，変更は各法人の特徴によりそれぞれの法人が決定することになります。

6　財 産 目 録

（1）　財産目録の内容
【指　針】

> 第6　財産目録（様式4）
> 1.　財産目録の内容
> 　財産目録は，当会計年度末におけるすべての資産及び負債の名称，数量，価額などを詳細に表示するものである。なお，宝物などの特有な財産で価額が付されていない資産についても名称，数量などを記載するものとする。

　宗教法人においては，旧宗教法人法以来財産目録を作成し，宗教法人の事務所に備え付けることを義務付けています。備え付けることの理由は，「信者が宗教法人の資産状況等を知ることができ，また宗教法人が取引をする場合，相手方の便益に資するため」としており，また財産の執行の任にあたる役員個人

の財産と法人の財産との混同を防ぎ，内部責任を明らかにするためともいわれています。なお，公益事業以外の事業を行っていない宗教法人で，年間の収入の額が8,000万円以下の法人については，当分の間収支計算書の作成義務は免除されていますが，財産目録については免除されず，全ての宗教法人が必ず作成しなければならないものとされています。

　財産目録は，棚卸法によって作成されるものであるといわれてきました。棚卸法とは，毎会計年度末に資産及び負債を実査や実地棚卸の方法により，帳簿を離れても作成できるものです。まだその方法も残っていますが，今日では，組織的，継続的な帳簿記録から作成されることが望ましいとされています。

　宝物等の保有財産のうち，金額が付されていない(財産台帳には金額表示がない場合であってもその資産の詳細は記録されている)場合の記入方法は，金額以外は全て同様に記入され，金額欄は「ハイフン」か「不詳」として資産の存在を明らかにしておく必要があります。

　ところで，宗教法人が境内建物を所有している場合は財産目録に記載されますが，賃借契約などによる場合は財産目録に記載されません。

　財産目録に記載されていない境内建物がある場合には，「境内建物に関する書類」を事務所に備え付けることとされていますので，財産目録に境内建物を記載するときは敷地を異にする境内建物ごとに，その所在地，用途等を記載することが必要になります。

　これは，宗教法人の所轄庁の区分が，他の都道府県内に境内建物があるかどうかによって決まることと関連しています。

（2） 財産目録の価額
【指　針】

> 2. 財産目録の価額
>   財産目録の価額は，貸借対照表記載の価額と同一とする。

　財産目録の作成については，旧宗教法人法において唯一その作成が必須とされていましたが，現実には多くの宗教法人において収支計算書も作成されていました。しかし，収支計算書は任意であって，法律で義務付けられたものではなかったので，財産目録と収支計算書の間では，特に連係して作成されたものではない場合が多かったと思われます。

　しかしながら，宗教法人法が平成7年に改正され，収支計算書の作成も必須とされるようになりましたので，両者は無関係というわけにはいかなくなりました。

　まず，収支計算書が作成され，正味財産増減計算書によって会計年度末の資産・負債金額の増減が導き出され，誘導的に貸借対照表が作成されます。したがって貸借対照表は完全に収支計算書と連係しており，会計年度ごとに資産・負債額の変化後の金額が，それぞれの科目の合計額にて貸借対照表に計上されます。

　貸借対照表作成にあたり，一部資産において現金等の実査や貯蔵品等の実地棚卸の結果，年度末の金額を修正する場合であっても，それは，真実な財政状態をもとに会計報告をするための修正であって，誘導法そのものを否定するものではありません。

　財産目録については，取引を個々に継続記録された総勘定元帳や財産台帳に基づき計上されますから，財産目録に計上された各科目の合計額は，貸借対照表の金額と一致することになります。

　このような理由から財産目録は，貸借対照表をより詳細に作成したところの明細表である，ということもできます。

同一の宗教法人の，一の資産・負債から二の金額が表示されてしまうことは，会計報告の信頼を無にすることになり，あってはならないことです。会計年度末における財産目録の作成については，会計年度中における資産・負債の変化に十分注意を払い，両計算書の各科目はそれぞれの金額を一致させるべきものです。

（3） 財産目録の区分
【指　針】

> 3. 財産目録の区分
>   財産目録は，資産の部と負債の部に区分し，その差額を正味財産とする。

　財産目録の区分は，原則的に貸借対照表の区分に準ずればよいのですが，貸借対照表は財産を体系的に表示し，その宗教法人の財政状態を報告する目的があるのに対し，財産目録は財産の個別的な明細を示す目的をもっているため，財産目録は全体的・体系的というより個別的・具体的に作成するという面での違いがあるといえます。

（4） 財産目録の様式

様式4

財　産　目　録
平成　　年　　月　　日現在

区分・種別		数　量	金　額	備　考
\[資産の部\]				
特別財産	1. 宝　物		××	
	(1) ○○○像		不詳	○○より寄贈　○○作
	(2) ○○○○	○○点	××	
	2. 什　物		××	
	(1) ○○○○	○○点	××	

	特 別 財 産 合 計		××	
基本財産	1. 土　　地		××	
	（1）境内地		××	
	○市○町○番地	○筆合計○○㎡		
	2. 建　　物		××	
	（1）境内建物			
	① 本殿　木造	延○○㎡	××	所在地，用途
	② ○○　○棟	延○○㎡	××	所在地，用途
	3. 定期預金		××	
	（1）定期預金		××	
	○○銀行	○○口		
	（2）金銭信託		××	
	○○信託銀行	○○口		
	基 本 財 産 合 計		××	
普通財産	1. 土　　地		××	
	（1）宅地		××	
	○市○町○番地	○○㎡		
	2. 建　　物		××	
	（1）木造職員宿舎		××	
	○市○町○番地	延○○㎡		所在地，用途
	3. 什器備品		××	
	（1）○○○	○○点	××	
	4. 車　　両		××	
	（1）○○○	○○台	××	
	5. 図　　書		××	
	（1）○○○	○○冊	××	○○より寄贈
	6. 特定（特別）預金		××	
	（1）定期預金		××	
	○○銀行	○○口		
	7. 現金預金		××	
	（1）普通預金		××	
	○○銀行	○○口		
	（2）定期預金		××	
	○○銀行	○○口		
	（3）現　　金		××	
	8. 未 収 金		××	
	（1）○○○		××	
	9. 貸 付 金		××	

	(1) ○○○		××	
	普 通 財 産 合 計		××	
資 産 合 計			××	
負 債 の 部				
負債	1. 長期借入金		××	
	○○銀行		××	
	2. 短期借入金		××	
	○○銀行		××	
	3. 未払金		××	
	(1) ○○他○○代	○○件	××	
	4. 預り金		××	
	(1) 源泉所得税		××	
負 債 合 計			××	
正 味 財 産			××	

　財産目録は，概ね様式4のようになりますが，それぞれの法人によって所有する財産の内容が異なるものを，個別的な明細に作成するのですから統一することは困難です。したがって，この様式を参考に各法人が工夫して作成することになります。

第 4 章

計算書類の記載例

1 開始財産目録と開始貸借対照表

　収支計算書の作成は，原則的には複式簿記の原則に基づいて行います。

　その前提として，年度当初の開始貸借対照表を作成する必要があります。

　しかし，通常の営利企業，社団法人はその設立当初から複式簿記で会計処理されていますから，開始貸借対照表は自動的に作成されます。

（例1）　一般企業の開始貸借対照表

　資本金1,000万円で会社を設立した。この時の開始貸借対照表は，下記のようになる。

開始貸借対照表

借方科目	金額	貸方科目	金額
預金	1,000万円	資本金	1,000万円
合計	1,000万円	合計	1,000万円

（例2）　資本金の払込みの代わりに現物出資をした場合の開始貸借対照表

　土地100坪を会社設立時に現物出資した。その土地の価格は不動産鑑定評価をした結果3,500万円だった。

開始貸借対照表

借方科目	金額	貸方科目	金額
土地	3,500万円	資本金	3,500万円
合計	3,500万円	合計	3,500万円

　現存の宗教法人の場合，すでに貸借対照表が作成されていればそれを使用することになりますが，ない場合には，新たに作成する必要があります。この場合は下記の手続が必要になってきます。

　①　年度当初の全ての財産・債務を調査します。

　②　その結果について，それぞれを金額で評価します。

　結果的には，開始財産目録を作成し，金額評価のできるものについては，その分を抜き出して，開始貸借対照表を作成します。

それでは，開始財産目録の作成について順を追って説明していきましょう。

（1） 開始財産目録の作成

(例) 仏教系の単立宗教法人で，財産調査を平成××年12月から平成×1年3月にかけて行い，平成×1年4月1日現在の財産目録を作成した。

開 始 財 産 目 録
平成×1年4月1日現在

区　分・種　別	数　　量	金　　額	備　　考
資　産　の　部			
特別財産 1　宝物			
(1)　仏像	3体	―	評価せず
2　什物			
(1)　仏具及び什器	20点	―	評価せず
特　別　財　産　計		―	
基本財産 1　土地			
(1)　境内地			
○○市○○町○番地	1筆　330㎡	99,000,000	固定資産税評価額
(2)　墓地			
○○市○○町○番地	3筆　1,650㎡	49,500,000	
2　建物			
(1)　本堂　木造2階建	延　396㎡	―	○△市○○町
(2)　庫裏　集会場	延　330㎡	50,000,000	○○番地
鉄筋コンクリート造2階建			
3　基本財産預金			
(1)　定期預金			
○○銀行○○支店	2口	20,000,000	
○○銀行○○支店	1口	10,000,000	
(2)　貸付信託			
○○信託銀行○○支店	5口	5,000,000	
基　本　財　産　計		233,500,000	
普通財産 1　土地			
(1)　貸地			
○○市○○町○番地	264㎡	31,680,000	固定資産税評価額
2　建物			
(1)　木造職員宿舎			
○○市○○町○番地	99㎡	13,000,000	

普通財産	3 什器備品				
	(1) 応接セット他	40点	3,200,000		
	4 車両				
	(1) ○○○○	1台	4,000,000		
	5 図書				
	(1) 教典他	100冊	—	評価せず	
	6 施設改修積立預金				
	(1) 定期預金 ○○銀行○○支店		50,000,000		
	7 預金				
	(1) 普通預金 ○○銀行○○支店		15,000,000		
	8 現金		500,000		
	9 未収金				
	(1) 檀信徒年会費		300,000		
	10 貸付金				
	(1) 厚生貸付金		500,000		
	普 通 財 産 計		118,180,000		
	資 産 合 計 (A)		351,680,000		
負 債 の 部					
負債	1 長期借入金				
	(1) ○○銀行○○支店		15,000,000		
	2 未払金				
	(1) 印刷代他		850,000		
	3 預り金				
	(1) 源泉所得税		440,000		
	(2) 住民税		200,000		
	(3) 社会保険料		160,000		
	負 債 合 計 (B)		16,650,000		
	正 味 財 産 (A) - (B)		335,030,000		

〈記載要領〉

(特別財産)

宝 物

　当山開祖当時の300年前から存在する仏像3体。これについては当寺の本尊として敬い，宗教儀式の対象になっている。金額の査定は不謹慎であるし，また，不可能につき点数のみで表した。

什　物

　本堂に本尊を奉っているが，その本堂内部の各種仏具什器を調査した。点数については数え方により差がでるが，主だった品物の点数のみを表示した。なお，今回調査した仏具什器について，別に仏具什器管理台帳を作成し，現物管理を，今後徹底していくことにした。

（基本財産）

土　地

・境内地

　当宗教法人は本堂，庫裏を含め境内地として330㎡を有する。この土地の所有は開祖以来300年続いているものと推測されるが，取得価額は不明である。

　隣接地の固定資産税評価額で評価した結果，1㎡当たり30万円で総額9,900万円と計算されたので，この金額を財産目録に記載した。

・墓　地

　20年前まで境内地の横にあったが，都市化から近隣地の要望もあって，境内地より車で約20分の郊外に市役所の斡旋で墓地用地を1,650㎡取得した。取得価額は当時の金額で4,950万円だった。墓地については，取得価額で記載した。

建　物

・本　堂

　本堂は関東大震災で大きな被害を受け翌年に改築した。当時の金額は不明なので，構造と面積のみを表示し，金額は記載しなかった。

・庫裏集会場

　昭和60年度に庫裏集会場を改築した。この時の工事代金で記載した。

基本財産預金

　宗教法人設立時に規則で決めた金額を基本財産預金として記載した。

（普通財産）

土　地

　以前墓地として使用していた土地を，土産物屋に貸した。直接，宗教活動と関係ないので普通財産として区分した。なお，この貸地についても100年以上

当寺が所有しているが，取得価額は不明なので固定資産税評価額の貸地評価で記載した。

建　物

・木造職員宿舎

境内地の横に職員宿舎を10年前に建築し，取得価額で記載した。

什器備品

庫裏集会場にある什器備品の点数をその取得価額で記載した。なお，什器備品台帳を作成し，この調査を基に今後は減価償却を行っていくつもりである。

車　両

宗教活動のための交通手段として所有していて，取得価額で記載した。

図　書

古くから教典等の書物があるが，大変古いもので評価はできないので，点数のみを記載した。

施設改修積立預金（特定目的の積立預金）

寺院の改修は一般の建物の改修とは比べものにならないくらい費用がかかる。普段からそのための準備をしておく必要があり，毎年2,000万円を目安に積み立てている。この預金について，特定目的のための積立預金としての名称を付し，各年度の運営資金とは区別して管理している。

預　金

各年度の法人運営上の預金で，金融機関の残高証明書を入手し，その残高金額で記載した。

現　金

現金出納帳を普段から記帳しているので，その残高で記載した。

未収金

年度末には本来入金となっているべき各種の収入（たとえば檀信徒年会費，法事料等）があるが，信徒側の理由で未入金になっている残高を記載した。

貸付金

職員に厚生貸付金として貸し付けている残高を記載した。

（負　債）

長期借入金

　10年前に改築した庫裏集会場の建築費用のうち3,000万円を地元金融機関から借り入れた。その現在残高を記載した。借入期間は20年で金利2.5％の固定金利で，庫裏集会場の建物を担保にした。担保の状況については，貸借対照表の注記で明らかにした。

未払金

　ある一定時点で財産調査をすると，すでに役務の提供を受けているが，支払が翌月以降になる各種費用（警備会社と契約している警備費用，電気，ガス，水道代，印刷代，修理代金等）があるが，それらを集計し記載した。

預り金

　給与については宗教法人の役員報酬と従業員給与があるが，それらに係わる源泉所得税の本人からの預り分，住民税の預り分，各種社会保険料の本人負担の預り分を集計し記載した。

正味財産

　資産合計（A）から負債合計（B）を差し引いた金額を正味財産として表示し，財産目録を完成させた。

（2） 開始貸借対照表の作成

　上記開始財産目録により宗教法人の資産負債内容が把握できたので，これを基に開始貸借対照表を作成した。

資産の部
特別財産

　大体は金額で評価できないのがほとんどと推測されるが，その重要性から存在の有無を明らかにするため科目名を記載し，金額欄にハイフンを付した。

基本財産

　財産目録のうち金額で評価した財産を科目ごとに区分して記載した。科目の配列については固定性配列法によった。

普通財産

　固定資産と流動資産に分類表示した。

　科目配列は，固定性配列法によった。

　財産目録のうち，金額で評価したものを科目ごとに区分計上した。

　特別財産，基本財産，普通財産を合計して資産合計を出した。

負債の部

　通常，負債金額は明らかになっているから，その残高を全て計上した。

　配列は，固定性配列法によった。

　そして，負債合計を出した。

正味財産の部

　資産合計から負債合計を差し引いて正味財産合計を出した。

　負債合計と正味財産合計の金額が資産合計と一致していることを確かめ，一致していれば正しく作成されたことになります。

　これで開始貸借対照表と開始財産目録が作成されたことになります。

開 始 貸 借 対 照 表

平成×1年4月1日現在　　　　　　　　　　（単位：円）

科　　目	金	額
資　産　の　部		
特　別　財　産	—	
基　本　財　産		
土　　　　地	148,500,000	
建　　　　物	50,000,000	
基本財産預金	35,000,000	
基本財産合計		233,500,000
普　通　財　産		
（固定資産）		
土　　　　地	31,680,000	
建　　　　物	13,000,000	
什　器　備　品	3,200,000	
車　　　　両	4,000,000	
図　　　　書	—	
施設改修積立預金	50,000,000	
（固定資産合計）	(101,880,000)	
（流動資産）		
現　金　預　金	15,500,000	
未　　収　　金	300,000	
貸　　付　　金	500,000	
（流動資産合計）	(16,300,000)	
普通財産合計		118,180,000
資　産　合　計		351,680,000
負　債　の　部		
長　期　借　入　金	15,000,000	
未　　払　　金	850,000	
預　　り　　金	800,000	
負　債　合　計		16,650,000
正味財産の部		
正　味　財　産		335,030,000
負債及び正味財産合計		351,680,000

2 収支計算書

(1) 様式 1-1

これに基づき1年間の収支計算書を作成します。

(様式1-1)

収 支 計 算 書
自平成×1年4月1日
至平成×2年3月31日

(収入の部)

科　　目	予算額	決算額	差　異	備考
1. 宗教活動収入	85,000,000	84,200,000	800,000	
宗教活動収入	85,000,000	84,200,000	800,000	
2. 資産管理収入	1,500,000	1,500,000	0	
資産運用収入	1,500,000	1,500,000	0	預金利子
3. 雑収入	50,000	20,000	30,000	
雑収入	50,000	20,000	30,000	
4. 繰入金収入	800,000	1,000,000	△ 200,000	
収益事業会計繰入金収入	800,000	1,000,000	△ 200,000	
5. 貸付金回収収入	100,000	100,000	0	
貸付金回収収入	100,000	100,000	0	
6. 借入金収入	10,000,000	10,000,000	0	
長期借入金収入	10,000,000	10,000,000	0	
7. 特定預金取崩収入	5,000,000	5,000,000	0	
施設改修預金取崩収入	5,000,000	5,000,000	0	
当年度収入合計（A）	102,450,000	101,820,000	630,000	
前年度繰越収支差額	14,150,000	14,150,000	0	
収入合計（B）	116,600,000	115,970,000	630,000	

(支出の部)

科　　目	予算額	決算額	差　異	備考
1．宗 教 活 動 支 出	26,500,000	25,820,000	680,000	
（1）　宗教活動費	(12,500,000)	(12,300,000)	(200,000)	
儀式，行事費	3,500,000	3,300,000	200,000	
出版刊行費	3,500,000	3,400,000	100,000	
養成費	2,500,000	2,300,000	200,000	
宗務諸費	3,000,000	3,300,000	△ 300,000	
（2）　管理費	(14,000,000)	(13,520,000)	(480,000)	
維持管理支出	5,000,000	4,470,000	530,000	
事務費	9,000,000	9,050,000	△ 50,000	
2．人　件　費	35,300,000	35,148,000	152,000	
給料手当	30,000,000	29,800,000	200,000	
福利厚生費	5,300,000	5,348,000	△ 48,000	
3．資産取得支出	20,000,000	19,200,000	800,000	
車両取得支出	5,000,000	4,200,000	800,000	
集会場増築工事	15,000,000	15,000,000	0	
4．借入金返済支出	2,300,000	2,200,000	100,000	
借入金返済支出	1,500,000	1,500,000	0	
支払利息支出	800,000	700,000	100,000	
5．特定預金積立支出	20,000,000	20,000,000	0	
施設改修預金積立支出	20,000,000	20,000,000	0	
6．そ の 他 支 出	100,000	100,000	0	
雑支出	100,000	100,000	0	
7．予　備　費	500,000	－	500,000	
当年度支出合計（C）	104,700,000	102,468,000	2,232,000	
次年度繰越収支差額（B－C）	11,900,000	13,502,000	△ 1,602,000	
支　出　合　計	116,600,000	115,970,000	630,000	
当年度収支差額（A－C）	△ 2,250,000	△ 648,000	△ 1,602,000	

〈記載要領〉

収支計算書（様式1－1）について解説していく。

収入の部

科目，予算額，決算額，差異，備考欄をそれぞれ設ける。

科目は，大科目と中科目により文化庁雛形に添って記載していった。場合によっては小科目を使う必要もある。

予算額欄については役員会，檀家総会等宗教法人規則で決められた方法に従って承認を受けた金額を記載する。

年度当初の予算額と大幅に決算額が変わる場合は，臨時の役員会，檀家総会等を開いて予算の変更の承認を受ける。この場合は，変更後の金額を記載する。決算額欄は本年度の実績額を記載する。

差異欄は予算額から決算額を差し引いた金額を記載する。この場合，マイナス金額が出た場合には金額の先頭に△マークを付けて表示する。これは，予算額より決算額が超過していることを表している。

備考欄は特異事項を記載する。

・宗教活動収入

宗教法人にとって，最も基本となる収入である。中科目名は性格を表す科目名を設定し，必要に応じてさらに細分化していく。

・資産管理収入

これは，直接的な宗教活動による収入ではなく，各種財産の運用によって発生する収入である。代表的な収入は預貯金利息収入，配当金収入，習字教室等の境内地の建物等を貸し付けたことによる収入等。

・雑収入

上記までに分類できない経常的な諸々の収入をこの科目で処理する。

・繰入金収入

たとえば，大々的に駐車場経営をしている場合，本来の宗教法人会計とは別会計で会計処理し，最終の収支尻のみをこの科目で調整する。

土産物屋に対する貸付収入を計上した。なお，別会計で処理しているので，

貸付けに係わる費用支出分を差し引いた純額で計上してある。

・借入金収入

　収支計算書（様式１－２）の経常外取引の代表的なもので，一般には財務取引ともいわれているもので，宗教活動等による収入だけでは，ある目的遂行のための資金が不足する場合，これを補うため外部資金を導入する場合がある。一般的には市中金融機関からの借入のために使用される。

・特定預金取崩収入

　特定目的のために積み立てている預金を，その目的のために一部ないし全額取り崩す場合に，この科目で処理する。

・当年度収入合計（Ａ）

　今までの科目の合計を出して記載する。この金額が本年度の外部からの収入総額になる。

・前年度繰越収支差額

　後述する重要な会計方針の中の「次年度繰越収支差額の内容」のうち前年度末残高欄の差引繰越収支差額の金額を移記する。

・収入の部収入合計（Ｂ）

　当年度収入合計（Ａ）と前年度繰越収支差額を合計し記載する。

支出の部

・宗教活動支出

　中科目はそれぞれの宗教法人が活動を通して発生する各種費用について，最も内容に合う科目名を設定し，それに基づき集計し記載する。

・人件費支出

　科目の重要性等から大科目にする。

・繰入金支出

　収入の部の繰入金収入の逆のケースで，収益事業の最終の収支尻がマイナスになった場合は，この科目で調整する。

・資産取得支出

　建物の新築，改築，境内地の新たな構造物の建造，車両の購入，什器備品の

購入等宗教活動に必要な一定金額以上の支出については，この科目で計上する。

当該科目への計上は各宗教法人の任意であるが，金額的には10万円以上，1年以上使用見込みのある物は税法では資産取引として資産計上を要求している。宗教法人が計上基準を定める場合の参考になる。

・借入金返済支出

収入の部に出てきた借入金収入の反対取引で，借入金収入が発生すると，通常は翌年以降に借入金返済支出（元本返済分）が出る。

・特定預金積立支出

ある目的のため計画的に積立ないし預金を毎年の運用資金から分離して管理する必要がある。ある目的とは，将来の大きな修繕工事，あるいは新築計画，○○年法要等の大きな支出に備えるための特定目的の積立金である。

・その他支出

上記までに分類できない諸々の支出をこの科目で処理する。

・予備費

予算作成の段階でどの科目にも帰属させないで，相当額を予備費に計上する。年度内で各科目の予算がなくなってしまった場合，あるいは，不足のおそれが出てきた場合，この予備費を使って補塡することが可能になる。予算の弾力的運用には効果があるが，予備費が必要以上に多くなると，一部役員の恣意的支出に使用されるおそれがあるため，その取扱いは慎重を要する。

・当年度支出合計（C）

今までの支出金額を合計して記載する。この金額は本年度の総支出を表すことになる。

・次年度繰越収支差額

収入の部収入合計（B）から当年度支出合計（C）を差し引いた金額である。この金額が来年度以降に繰り越される。

・支出の部支出合計

収入の部収入合計と一致するはずである。

当年度収支差額（A）－（C）

当年度中の収入額から支出額を差し引いた金額で,プラスの場合は後述する正味財産増減計算書の増減の部の資産増加欄に,マイナスの場合には減少の部の資産減少欄に記入される。

(2) 様 式 1-2

次に収支計算書(様式1-2)を作成すると,下記のようになります。
(様式1-2)

収 支 計 算 書
自平成×1年4月1日
至平成×2年3月31日

科 目	予 算 額	決 算 額	差 異	備 考
Ⅰ. 経常収支				
1. 経常収入				
宗教活動収入	85,000,000	84,200,000	800,000	
宗教活動収入	85,000,000	84,200,000	800,000	
資産管理収入	1,500,000	1,500,000	0	
資産運用収入	1,500,000	1,500,000	0	預金利子
雑収入	50,000	20,000	30,000	
雑　収　入	50,000	20,000	30,000	
繰入金収入	800,000	1,000,000	△ 200,000	
収入事業会計繰入金収入	800,000	1,000,000	△ 200,000	
収入合計	(87,350,000)	(86,720,000)	(630,000)	
2. 経常支出				
宗教活動支出	26,500,000	25,820,000	680,000	
(1) 宗教活動費	(12,500,000)	(12,300,000)	(200,000)	
儀式,行事費	3,500,000	3,300,000	200,000	
出版刊行費	3,500,000	3,400,000	100,000	
養成費	2,500,000	2,300,000	200,000	
宗務諸費	3,000,000	3,300,000	△ 300,000	
(2) 管理費	(14,000,000)	(13,520,000)	(480,000)	
維持管理支出	5,000,000	4,470,000	530,000	
事務費	9,000,000	9,050,000	△ 50,000	
人件費	35,300,000	35,148,000	152,000	
給料手当	30,000,000	29,800,000	200,000	
福利厚生費	5,300,000	5,348,000	△ 48,000	
その他支出	100,000	100,000	0	
雑支出	100,000	100,000	0	
支出合計	(61,900,000)	(61,068,000)	(832,000)	
経常収支差額 (A)	25,450,000	25,652,000	△ 202,000	

Ⅱ．経常外収支			
1．経常外収入			
貸付金回収収入	100,000	100,000	0
貸付金回収収入	100,000	100,000	0
借入金収入	10,000,000	10,000,000	0
長期借入金収入	10,000,000	10,000,000	0
特定預金取崩収入	5,000,000	5,000,000	0
施設改修預金取崩収入	5,000,000	5,000,000	0
収入合計	(15,100,000)	(15,100,000)	(0)
2．経常外支出			
資産取得支出	20,000,000	19,200,000	800,000
車両取得支出	5,000,000	4,200,000	800,000
集会場増築工事	15,000,000	15,000,000	0
借入金返済支出	2,300,000	2,200,000	100,000
借入金返済支出	1,500,000	1,500,000	0
支払利息支出	800,000	700,000	100,000
特定預金積立支出	20,000,000	20,000,000	0
施設改修預金積立支出	20,000,000	20,000,000	0
予備費	500,000	—	500,000
支出合計	(42,800,000)	(41,400,000)	(1,400,000)
経常外収支差額 （B）	△ 27,700,000	△ 26,300,000	△ 1,400,000
当年度収支差額(A)+(B)	△ 2,250,000	△ 648,000	△ 1,602,000
前年度繰越収支差額	14,150,000	14,150,000	0
次年度繰越収支差額	11,900,000	13,502,000	△ 1,602,000

　収支計算書（様式1－1）と大きく違う点は，経常取引と経常外取引を区分して表示していることです。後述する正味財産増減計算書を作成する場合は，わかりやすくなります。

3　正味財産増減計算書

　収支計算書と貸借対照表を結び付ける役割をしています。すなわち，収支計算書には資金範囲外の資産・負債の増減取引も含んでおり，そのことを明確にするために作成します。

増加の部
　正味財産が増加する要因となる項目と金額を示す。
・資産増加

資産科目の増加を記載する。

収支計算書の当期収支差額がプラスになった場合，この場所に記載する。

・負債減少

負債科目の減少を記載する。

借入金元金の返済額はここに記入される。

減少の部

正味財産が減少する要因となる項目，金額を示す。

・資産減少

資産科目の減少を記載する。

固定資産の減価償却を実施した場合の償却額や，固定資産を売却又は除却したときの直前の帳簿価額を記載する。

・負債増加

負債科目の増加を記載する。

借入金増加が代表的な科目である。

・当年度正味財産増加額（又は減少額）

前述の増加の部から減少の部を差し引いて出した金額である。マイナスの場合，金額の先頭に△マークで表示する。

・前年度繰越正味財産額

開始貸借対照表の金額を移記する。

・当年度末正味財産額

当年度正味財産増加額（又は減少額）と前年度繰越正味財産額を加減して算出する。貸借対照表の正味財産額と一致するはずである。

正 味 財 産 増 減 計 算 書

自平成×1年4月1日
至平成×2年3月31日　　　（単位：円）

科　　目	金　　額	
Ⅰ　増加の部		
1．資産増加額		
普通財産増加額		
集会場増築工事	15,000,000	
車両取得	4,200,000	
施設改修積立預金増加額	20,000,000	39,200,000
2．負債減少額		
長期借入金返済額	1,500,000	1,500,000
増加額合計		40,700,000
Ⅱ　減少の部		
1．資産減少額		
当年度収支差額	648,000	
普通財産減少額		
貸付金回収額	100,000	
施設改修積立預金減少額	5,000,000	
減価償却額	1,500,000	
車両除却額	4,000,000	11,248,000
2．負債増加額		
借入金増加額	10,000,000	10,000,000
減少額合計		21,248,000
当年度正味財産増加額		19,452,000
前年度繰越正味財産額		335,030,000
当年度末正味財産額		354,482,000

4　貸借対照表（年度末）

1年間の宗教活動の結果，年度末貸借対照表は，次のように変化しました。各科目の記載要領，金額の記載は開始貸借対照表の作成に準じます。

現金預金は，「重要な会計方針」に記載されている「次年度繰越収支差額の内容」の金額と一致していることを確かめます。

正味財産の部は，正味財産増減計算書の当年度末正味財産額と一致している

ことを確かめます。

貸 借 対 照 表
平成×2年3月31日現在　　　　　　（単位：円）

科　　　　目	金	額
資 産 の 部		
特 別 財 産		－
基 本 財 産		
土　　　　地	148,500,000	
建　　　　物	50,000,000	
基 本 財 産 預 金	35,000,000	
基本財産合計		233,500,000
普 通 財 産		
（固定資産）		
土　　　　地	31,680,000	
建　　　　物	26,800,000	
什 器 備 品	2,900,000	
車　　　　両	4,200,000	
図　　　　書	－	
施設改修積立預金	65,000,000	
（固定資産合計）	(130,580,000)	
（流動資産）		
現 金 預 金	12,622,000	
一時所有価証券	2,000,000	
未 　収 　金	280,000	
貸 　付 　金	400,000	
（流動資産合計）	(15,302,000)	
普通財産合計		145,882,000
資 産 合 計		379,382,000
負 債 の 部		
長 期 借 入 金	23,500,000	
未 　払 　金	800,000	
預 　り 　金	600,000	
負 債 合 計		24,900,000
正味財産の部		
正味財産		354,482,000
負債及び正味財産合計		379,382,000

5 計算書類の注記

重要な会計方針

資金の範囲

　資金の範囲を現金預金，一時的な資金運用目的の有価証券，短期未収金，短期未払金及び短期預り金とした。

固定資産の減価償却の方法

　建物，工作物　　法人税法による耐用年数を使用し，定額法により償却する。

　什器備品　　　　法人税法による耐用年数を使用し，定率法により償却する。

引当金の計上基準（計上したときの例）

　退職給付引当金　期末要支給額を計上する。

特別財産及び基本財産の増減とその残高

（単位：円）

項　目	前年度末残高	当年度末残高	増　減	備　考
特別財産	－	－	－	
基本財産	233,500,000	233,500,000	0	
計	233,500,000	233,500,000	0	

次年度繰越収支差額の内容

（単位：円）

科　目	前年度末残高	当年度末残高	備　考
現金	500,000	450,000	
普通預金	15,000,000	12,172,000	
一時所有価証券	0	2,000,000	
未収金	300,000	280,000	
計	15,800,000	14,902,000	
未払金	850,000	800,000	
預り金	800,000	600,000	
計	1,650,000	1,400,000	
差引繰越収支差額	14,150,000	13,502,000	

担保に供している資産及び保証債務の内容
　庫裏集会場（鉄筋コンクリート造2階建，面積330㎡）は長期借入金2,350万円の担保に供している。
保証債務　　該当なし

〈記載要領〉
・資金の範囲
　資金の範囲を決める理由は，現在の複雑化した社会で宗教活動をしていく場合に現金預金取引だけで収支計算書を作成することは必ずしも当該年度の活動結果を適正に表すとはいい難いケースがある。より適切に表すには，現金預金取引に準じた短期債権債務取引も含めた方がよいとする考え方のためである。そのため，資金に含める範囲を明示することが必要になってくる。
・資産評価の方法
　資産は原則として取得価額で計上することが適正な会計処理として認められている。しかしながら，特別財産，基本財産等は取得価額が不明な場合が多く，別の評価方法で行わなければならない。この場合は，その評価方法を明示する必要がある。また，資産の評価方法については，何通りかの方法が慣行化され，かつ，適正なものとして認められているので，その選択した方法を明示する必要もある。
・固定資産の減価償却の方法
　固定資産について減価償却を実施する方法によった。減価償却についても何通りかの方法が認められているから，採用した方法を明示する必要がある。
　なお，減価償却実施額は正味財産増減計算書の資産減少欄に記載され，正味財産額の減少要因になる。
・引当金の計上基準
　資金の支出は伴わないが，将来一時的に多額な支出が予想される場合は，当該対応年度にその支払相当額を計上することが，より適切な会計処理と認められている。この場合も，引当内容及び方法を明示する必要がある。

・特別財産及び基本財産の増減額とその残高

　特別財産及び基本財産は，宗教法人の根幹をなす重要な財産であり，その内容及び増減は利害関係者にとって最も重要な情報なので注記する。

・次年度繰越収支差額の内容

　前述の資金の範囲で決めた科目の残高内訳を，前年度と当年度と比較し明示することは，明瞭性の原則から好ましい方法である。

・担保に供している資産及び保証債務の内容

　特別財産，基本財産等の取得には自己資金だけでは間に合わない場合がある。この場合には金融機関等から借入れをして建設することになる。金融機関は当然にその物件等の担保提供を要請してくる。その内容を明示することは，利害関係者にとって重要な情報となる。保証の内容についても同様である。

第 5 章

「宗教法人会計の指針」の周辺問題

1 計算書類の注記について

日本公認会計士協会においては,「宗教法人会計の指針」解説のほか,「宗教法人会計の指針」実務解説(以下,実務解説という)を実務の参考として,次のように説明しています。

【実務解説】

注記の方法

計算書類の内容を補充したり,説明する情報を付け加える場合には,会計では一般に注記という方法が用いられる。注記の記載方法にはそれぞれの計算書類の本文の後に関連する事項を脚注する方法と,すべての計算書類の後にまとめて記載する方法などがある。

宗教法人の計算書類についての注記事項の具体例を,後者の方法で次に示してみる。

<u>計算書類についての注記</u>

1. 重要な会計方針
   (1) 有価証券の評価基準及び評価方法について
   ------
   (2) 固定資産の減価償却について
   ------
   (3) 引当金の計上基準について
   ------
   (4) 資金の範囲について
      資金の範囲には,現金・預金,未収金・未払金,_____・_____及び_____・_____を含めている。なお,前年度末及び当年度末残高は,下記5に記載するとおりである。

(5) ....

2. ＿＿＿＿＿（資産）××××円は，＿＿＿＿＿による評価方法によっている。

3. 特別財産及び基本財産の増減額とその残高は次のとおりである。

科　　　目	前年度末残高	当年度増加額	当年度減少額	当年度末残高
....				
合　　　計				

4. ＿＿＿＿＿（資産）××××円（帳簿価額）は，長期借入金×××××円の担保に供している。

5. 次年度繰越収支差額の内容は，次のとおりである。

科　　　　目	前年度末残高	当年度末残高
現金預金 未収金 .... 　　合　　計		
未払金 .... 　　合　　計		
次年度繰越収支差額		

6. 固定資産の取得価額，減価償却累計額及び当年度末残高は次のとおりである（直接法により減価償却を行っている場合）。

科　　　目	取得価額	減価償却累計額	当年度末残高
建　　　物			
合　　　計			

> 7. 保証債務
>   ○○○に対する保証債務は，×××円である。
> 8. 正味財産増減計算書は………………………のために作成を省略している（正味財産増減計算書を省略する場合）。

　以上のほかにも，必要と認められる事項があれば注記します。

　宗教法人において作成される計算書類は，収支及び財産の状況を明瞭に表示する方がよいわけですから，計算書類作成の会計方針，数値だけではわかりにくい場合，言葉による説明や補足事項，又は説明しておいた方が理解しやすいと思われるときは，注記という方法が用いられることが一般的に行われることになります。

2　計算書類の科目例示

(1)　予算・収支科目

　本指針では，勘定科目については具体的に示してありません。それは，宗教法人の勘定科目はそれぞれの宗教法人の考えによって定めればよいとの考え方からで，一般的な科目の例示は，次のように実務解説に掲載されています。

【実務解説】

> **収支計算書の科目例**
>
> 　収支計算書の表示項目（科目）は，本指針の解説にもあるように，予算との関連で自ずから定まってくるものであるといえるが，参考のために文化庁のガイドブックに掲げられているものを参考にした科目例を次に示しておくこととする。宗教法人の特性に応じて科目名を変更したり，いくつかの科目を統合して示したりすることはもちろん差し支えない。

収入の部

科		目	説　明
1. 宗教活動収入			主として法人本来の活動による収入
	(1)	宗教活動収入	宗教活動に対して、信者の自由な意思によってなされる収入・社入金・布施収入・献金収入・御供収入など
	(2)	会費収入	法人の運営のため信者から徴収する会費等の収入。維持会費・護持会費・月定献金など
	(3)	寄附金収入	法人の運営のために寄附された(1),(2)以外の収入
	(4)	補助金収入	法人の運営のための包括宗教団体等からの補助金, 助成金
	(5)	○ ○ ○ ○ ○	
2. 資産管理収入			資産の運用及び売却に伴う収入
	(1)	資産運用収入	預金, 有価証券から生じる利子・配当金, 不動産の一時貸付料等の収入
	(2)	○ ○ 売却収入	
3. 雑収入			1, 2以外の収入
4. 繰入金収入			特別会計からの繰入金
	(1)	○○特別会計繰入金収入	
	(2)	○ ○ ○ ○ ○	
5. 貸付金回収収入			金銭の貸付の返済による収入
		貸付金回収収入	
6. 借入金収入			法人の外部からの借入金による収入
		借入金収入	
7. 特別預金取崩収入			一定の目的で積み立てられた預金を取崩して使用する場合
	(1)	基本財産預金取崩収入	基本財産として設定された預金を取り崩して使用する場合
	(2)	○○積立預金取崩収入	
	(3)	○ ○ ○ ○ ○	

支出の部

科　　　　目			説　　明
1. 宗教活動支出			法人本来の活動に要する支出
	(1) 宗 教 活 動 費		宗教活動に直接要する費用
		① 儀 式, 行 事 費	宗教上の儀式, 行事を行うための什器備品費, 消耗品費など一切の経費, 祭典費, 儀式費, 法要費, 礼典費, 祭務費など
		② 教 化, 布 教 費	教義を広め, 信者を教化育成するための旅費, 交通費, 通信費, 図書購入費, 印刷費, 宗教者の研修費など一切の経費
		③ 信 者 接 待 費	①, ②以外の信者接待費（茶菓, 飲食費等）, 信者との交際費（慶弔費）
		④ 教 師 養 成 費	教師を養成するための宗教的育成の経費
		⑤ 寄 附 金	災害復旧等寄附金
		⑥ 雑 費	①〜⑤以外の宗教活動に要する経費
	(2) 管 理 費(維 持 費)		法人の管理, 運営, 維持に必要な経費
		① 会 議 費	責任役員会その他の機関の会議に要する経費
		② 事 務 費	事務用消耗品, 什器備品, 通信運搬費, 水道光熱費等の事務諸経費
		③ 旅 費 交 通 費	「宗教活動費」以外の法人事務のために要する旅費交通費
		④ 負 担 金	法人が包括宗教団体等へ支払う諸負担金（個人分は除く）
		⑤ 諸 会 費	④以外の加入諸団体への会費, 他の宗教団体との交際費
		⑥ 修 繕 費	建物, 什器備品, 車両等の修繕費用
		⑦ 火 災 保 険 料	法人所有建物等の火災保険料
		⑧ 公 租 公 課	法人が負担すべき諸税（固定資産税・自動車税等）
		⑨ 雑 費	

第5章 「宗教法人会計の指針」の周辺問題　117

2. 人件費		
	(1) 給料手当	
	(2) 福利厚生費	社会保険料の事業主負担分及び職員に対する慶弔費等
	(3) 退職金	
3. 繰入金支出		特別会計の資金補てんのための支出
	(1) ○○特別会計繰入金支出	
	(2) ○　○　○　○　○	
4. 資産取得支出		資産の取得に要する支出
	(1) ○○財産○○取得支出	基本財産又は普通財産である土地, 建物, 有価証券取得に要する支出
	(2) ○○財産○○○○○○	
5. 貸付金支出		
	貸付金支出	
6. 借入金返済支出		
	(1) 借入金返済支出	
	(2) 支払利息支出	
7. 特別預金支出		
	(1) 基本財産預金繰入額	
	(2) ○○○積立預金支出	一定の目的のための積立預金への支出
8. 予備費		他の科目の予算不足に充当するための予備費（予算書上の科目）

　上記は，予算書も同じ科目を使います。なお，支出科目の最後に予備費がありますが，これは予算科目であって収支計算書では金額は記載されません。

(2)　正味財産増減科目

　正味財産増減計算書は，収支計算と貸借対照表との橋渡し役を果たすものです。この科目は，資産及び負債の増加と減少の事実を表す科目となります。
　次に主な科目を示します。

(1) 正味財産増加の部

1	資産増加額	当年度収支差額	収支計算書の当年度中の収入と支出の差額
		○○○取得額	土地，建物，備品，車輌などの取得
		減価償却引当資産増加額	
		○○○積立預金増加額	
		○○寄贈額	
		長期貸付金増加額	
		短期貸付金増加額	
2	負債減少額		
		長期借入金減少額	
		短期借入金減少額	
		退職給付引当金取崩額	退職金の支給に伴う取崩額

(2) 正味財産減少の部

1	資産減少額	当年度収支差額	マイナスの場合に記入
		○○○売却額	固定資産などの売却に伴う帳簿価額
		○○○除却額	固定資産などの除却に伴う帳簿価額
		減価償却額	減価償却を実施している場合に記入
		長期貸付金減少額	
		短期貸付金減少額	
		○○○特別預金（資産）減少額	
2	負債増加額		
		長期借入金増加額	
		短期借入金増加額	
		長期未払金増加額	
		退職給付引当金繰入額	

(3) 貸借対照表科目

概ね次のようになりますが，これも参考例です。
(1) 資産科目
① 特別財産

1　特　別　財　産		宝物及び什物は次のものをいう。 ①　宗教法人が，宝物及び什物として取り扱っているもの。 　(例)　神体，仏像，聖像，神宝，寺宝 ②　国又は地方公共団体において国宝，重要文化財等として指定されているもの。 ③　前2項に準ずるものとして宗教法人が指定したもの。
	(1)　宝　　　　　　物 (2)　什　　　　　　物	

② 基本財産

2　基　本　財　産		
	(1)　土　　　　　　地	境内地として法人の所有であるもの。
	(2)　建　　　　　　物	境内建物として法人の所有であるもの。 構築物が建物と別にあれば当該科目を設ける。構築物とは，土地に定着する工作物又は土木設備をいう。ただし，宝物に該当するものを除く。 　(例)　庭園，塀，道路，井戸，橋，鳥居，灯籠
	(3)　有　価　証　券	有価証券は，基本財産たる公社債，貸付信託などをいう。
	(4)　預　　　　　　金	基本財産として法人が永続的に所有する預金をいい，他の基本財産に転用しない限り保有するもの。
	(5)　そ　　の　　他	基本財産たる建物，構築物について減価償却を行った場合，減価償却部分を留保するため「減価償却引当預金」を設けるのがよい（公益法人会計基準）。ただし，減価

| | | 償却を行うかどうかは任意である。また，特別預金を設けることも任意であるが，留保することが望ましい。その他，例外として基本財産に組み入れた「借地権」もある。 |

③ 普 通 財 産

(普通財産) 1 固 定 資 産		
	(1) 土　　　　　地	
	(2) 建　　　　　物	
	①境　内　建　物	
	②建　　　　　物	
	(3) 什　器　備　品	1個又は1組の取得価額が一定以上の金額のものをいう。
	(4) 車　　　　　輛	乗用車や貨物車
	(5) 図　　　　　書	所定の規程によって，管理費と処理せず，資産取得支出として保有するもの。
	(6) 建　設　仮　勘　定	建物などの固定資産取得のため支出した手付金若しくは前渡金等をいう。
	(7) 減価償却引当預金 　　（又は資産）	建物，備品，車輛などについて減価償却を選定した場合に，その減少部分を留保した場合の預金等をいう。
	(8) 借　　地　　権	借地権とは，有償又は受贈により取得した賃借権及び地上権等をいう。
	(9) 電　話　加　入　権	電話を架設するために要した費用をいう。
	(10) 有　価　証　券	公社債，受益証券，金銭信託及び出資証券等をいう。
	(11) 長　期　貸　付　金	職員その他に対する貸付金のうち，会計期間末日の翌日から1年を超えた日以後に弁済期限の到来する貸付金をいう。

		⑿ ○○引当積立預金	特定の目的のために引き当てた預金をいう。有価証券を引き当てた場合は,「積立資産」とする。 （例）　退職給付積立預金,建物新築（再建,修繕）積立預金,記念事業積立預金
2　流　動　資　産			
		⑴　現　　　　　金	通貨,受取小切手,郵便為替証書及び振替貯金証書等をいう。ただし未渡小切手は預金として処理するものとする。
		⑵　預　　　　　金	金融機関に対する預金,貯金及び掛金郵便貯金,振替貯金をいう。
		⑶　未　　収　　金	全ての取引により発生した未収債権をいう。
		⑷　貯　　蔵　　品	宗教活動において支出した科目のうち,会計期間末日における未使用の物品をいう。 （例）　祭器具,線香,ローソク,絵はがき,案内書,ポスター,守札,護符,出版物など
		⑸　短　期　貸　付　金	職員その他に対する貸付金のうち,会計期間末日の翌日から1年以内に弁済期限の到来する貸付金をいう。
		⑹　立　　替　　金	職員その他に対する一時的な立替金をいう。
		⑺　仮　　払　　金	旅費,交通費その他の経費の未精算額をいう。
		⑻　そ　　の　　他	

(2)　負　債　科　目

1　固　定　負　債		
	⑴　長　期　借　入　金	金融機関その他からの借入金で会計期間末日の翌日から1年を超えた日以後に弁済期限の到来する借入金をいう。

2 流動負債	(2) 退職給付引当金		法人が負担すべき職員等の退職給付金の引当額をいう。
	(1) 未　払　金		収益事業以外の全ての取引により発生した未払債務をいう。
	(2) 短期借入金		金融機関その他からの借入金で，会計期間末日の翌日から1年以内に弁済期限の到来する借入金をいう。
	(3) 預　り　金		職員その他からの一時的な預り金及び源泉徴収税，社会保険料等の預り金をいう。
	(4) 仮　受　金		職員その他からの仮受の未精算額をいう。
	(5) そ　の　他		

(3) 正味財産科目

正　味　財　産	正　味　財　産	資産から負債を差引いた額をいう。

3　資金範囲の決定について

(1) 資金範囲とは

　資金の範囲というのは，日頃意識していないことが多くわかりにくい用語です。

　次のように理解すればよいかと思います。

①　たとえば，年度末近くに立替金が発生したとします。

　　立　替　金　100　／　現　　　金　100

　この場合立替金の年度末までに返還がない場合は，収支計算書支出の部に（立替金）の支出を計上しなければなりません。しかし，立替金を資金の範囲であることにしておけば，現金から立替金へという資金同士の移動ですから，貸借対照表上，現金という資金が減少し，立替金という資金が増加したということになり，「立替金支出」という予算上設定していないような収支

項目は生じない，ということです。収入項目で，預り金なども資金項目（マイナスの資金）とすれば同様に「預り金収入」が収支計算書に計上されません。
② 次に，未払金があった場合も同様です。

　　給与支出　150　　／　　現　　金　100
　　　　　　　　　　／　　未　払　金　 50

　期末に資金繰りの都合で給与のうち50を来月払いにしたとします。本来当年度中に支払うべき金額は，150ですから収支計算書には当該金額が計上されなければならないのに，現金だけが資金範囲とすると給与支出は100になってしまいます。未払金を資金項目（マイナスの資金）にすれば給与支出は150になります。貸借対照表上では現金が減少しており，未払金という負債項目が生じています。資金は現金のマイナス100と，未払金の発生50ということで，資金が150減少していることになり整合します。

（2）　資金範囲決定の留意点

宗教法人が資金範囲を決定する場合の留意点について述べてみます。
① 宗教法人の予算管理に際してどのような収入，支出を計上することが必要であるかを考慮し，また宗教法人の活動状況，規模及び事務の能力等を勘案して資金の範囲を決定する必要があります。
② 収支計算は予算と対比して表示することにより，予算執行状況を明らかにする必要がありますから，予算表示になじまない項目（たとえば一時的に発生する立替金，預り金，仮払金，仮受金など）は，資金範囲に含めることにより，収入項目，支出項目として計上しない方がよいでしょう。
③ 資金とは，支払に充当できる資産すなわち支払資金を意味するものですから，資金範囲をあまり広げすぎるのは，支払に充当できる資金の有高を歪めてしまうおそれがあり妥当ではありません。たとえば，長期の債権で直ちに解約できないなどのようなものは，支払に充てることができる現金預金になるまでには時間がかかるということから，資金範囲に入れることは不適当でしょう。

④ 現金預金についても，固定的に留保された預金等については資金範囲に馴染みません。いつでも引き出し可能な範囲にする方がよいでしょう。
⑤ 現金預金以外の項目を資金の範囲に含めることとした場合，その項目が資金にふさわしいかどうかを判断するのに相応の知識が必要になります。したがって，宗教法人の会計処理能力等をも考慮して，資金範囲を決定する必要があります。

ただし，もし現金預金のみを資金範囲とした場合，資金範囲に含まないことにした科目でも仮払金や預り金のように一時的に発生するようなものは，収入，支出両建てする必要もないので収支計算書には差引額で，仮払金支出，預り金収入などと表示することになります。

(3) 資金範囲の例示

考え方として，次の範囲を例示的に掲げることにします。
① 流動性ある現金，預金（通貨代用物や郵便貯金，金銭信託等を含む）
② 流動性ある現金預金及び未収金，未払金等で権利義務の確定した債権債務のみを含む（現金預金，未収金，未払金）
③ 流動性ある現金預金及び短期金銭債権債務（貸付金，借入金は除く）及びこれに準ずるもの（②のほか，一時的に発生する立替金，預り金，前払金，前受金，仮払金，仮受金）

上記3段階で例示しましたが，概ねこの範囲内で法人が適当と認める選択の仕方には，このほかにも組み合わせがあるでしょう。この場合，資金に含まれる範囲には具体的な科目に明示することが望ましいといえます。しかしいずれの場合も貸付金，借入金は資金範囲から除外すべきでしょう。貸付金，借入金はしかるべき決議をもって行われるべきものですから，当然予算書にも表示されるものだからです。

本指針の実務解説では上記③の方法を提案しています。

また一度採用された資金の範囲に関する会計方針はみだりに変更してはならないものです。

(4) 各項目の具体的検討

上記③の方法を採用した場合の各項目を具体的に検討してみます。

① 現金預金

(イ) 現　　　金

通貨及び通貨の代用物(他人振出小切手や郵便為替等一時的に所有される換金自由な金券・証券)をいいます。

(ロ) 預　　　金

預金には銀行預金のほか郵便貯金・郵便振替及び金銭信託等も含みます。

流動性ある預金(当座預金や普通預金など)は、原則的には資金の範囲です。しかし、特定目的のために保有している預金(特定目的預金)は、一般の支払資金と別途のものですから資金の範囲に含めません。

定期預金等で満期日が1年超のものであっても、それが特定目的預金でない通常預金(担保に供されている預金を除く)として保有しており、かつ、いつでも解約できる場合には、資金の範囲に含めることができるでしょう。この場合、貸借対照表の資産の部を固定、流動に分けているときは、その預金は流動資産として表示することになりましょう。

② 有価証券

有価証券すなわち投資目的の株式、投資信託、貸付信託、公社債等は原則として資金の範囲に含めるべきではありません(支払資金のうち一時的な資金運用として保有する換金自由なものは除く)。

③ 短期金銭債権債務及びこれに準ずるもの(短期金銭債権債務等を資金範囲に含める場合。以下同じ)

(イ) 未収金・未払金

経常的に発生する宗教活動収入、会費収入等の事業上の未収金及び事業費等の未払金は、資金の範囲に含めることになります。

臨時的あるいは特別に発生する収支(たとえば不動産の売却収入や取得支出)は収支計算書にその旨を明示することが必要であり、またこれらの未収金や未払金はたとえ短期的なものであっても資金の範囲に含めるべきでない、とい

う意見があります。しかし，むしろ煩雑になることから，短期的なものである限り資金範囲に含める方がよいと思われます。

　仮に資金に含めないとするなら，通常の資金範囲の未収金，未払金と区別するため，特別な科目であるとして○○未収金，○○未払金と表示するべきでしょう。

　長期の未収金，未払金（回収や支払の最終期日が1年を超えるもの）であっても，宗教活動上の通常の収支であり，かつ会計年度末から1年以内に回収され支払われる部分については資金の範囲に含めることが望ましいでしょう。

(ロ)　立替金・預り金

　立替金，預り金は，一時的に発生するものですから，これらの収入・支出は収支計算書に計上しない方がわかりやすいし，予算の執行を明らかにするという目的のある収支計算書に計上する意味がないと思われます。したがって，立替金，預り金は資金の範囲に含めてしまい，その収支を表示しない方がよいでしょう。しかし，もし資金範囲に含めないで収支を表示する方法を採用するのなら，収入と支出の差額をもっていずれか一方に計上するようにすべきでしょう。

(ハ)　前払金・前受金

　予算の執行状況に照らし収支計算を厳密に捉えるならば，当年度に受け入れた額，支払った額のうち翌年度以降の各会計年度に帰属すべき収入や支出もあるでしょう。その場合それらは前払金又は前受金として計上することが必要であると思われます。これらの資産・負債は，各会計年度の予算計上時期と現実の支払時期とのずれから生じるものであり，経過的に計上されるものです。したがって，これらの項目は短期金銭債権債務に準ずる項目として扱われることになります。

　前払金，前受金が1年超の場合の考え方は，未収金，未払金の場合と同様です。

(ニ)　仮払金・仮受金

　仮払金，仮受金は本来の科目が設定されるまでの一時的な仮科目ですから，

本来の科目により収支計算書に計上されるまで，資金範囲に含めておく方が都合がよいでしょう。

(ホ) 貸　付　金

　貸付金の支出・回収は重要事項であり，宗教法人にとっても関係者等にとっても関心事項です。したがって，その状況を明らかにするため資金の範囲に含めないで，収支計算書上の収支として表示することが適切です。たとえ短期の貸付金であっても資金の範囲に含めないようにするのが望ましいことです。

　しかし，1会計年度内の一時的，少額の貸付金であって，貸し付けた会計年度内に回収し年度末には残高として残らないものについては，収支計算書上収入・支出として計上しないことができると考えられます。

(ヘ) 借　入　金

　借入金の借入れ・返済は，貸付金の場合と同様の理由により，また宗教法人法で借入金は公告を要する，と定められているように重要な事項ですので，予算書及び収支計算書にはその収支を表示することになります。したがって，資金の範囲には含めません。

　しかし，1会計年度内に収入と支出のずれを埋めるためなど一時的で少額な借入れをし，借り入れた会計年度に返済し年度末には残高が残らないものについては，貸付金の場合と同様に収支計算書上収入・支出として計上しないことができると思われます。

4　資産の無償取得と取得価額について

(1)　無償取得資産の資産計上

①　資産の寄進を受けたときの会計処理

　宗教法人において，信者等が金銭をもって喜捨した場合と不動産や物品を寄進した場合とで会計処理はどのように異なるのでしょうか。その法人の資産が増加したことには変わりがないのですが，金銭の場合は資産の増加として会計

処理をし，金銭以外の資産の場合は資産増加の会計処理をしないというのではバランスがとれません。資産が増加した場合には，全て同様に会計処理を行わなければならないといえます。したがって金銭以外の資産を無償取得した場合であっても，その資産が重要であるならば，原則的には何らかの評価の基準をもって資産増加の会計処理をすべきであるということになります。しかし，実務解説での説明のとおり，資金の収支ではないので，収支計算書に「寄附金収入」としないで，正味財産増減計算書に「受贈額」などの増加項目で表示することになります。

② 宗教法人における資産評価

宗教上の資産は貨幣的評価になじまないものがあります。たとえば，「神せん田」は宗教的に意義があるのであり，通常の田圃のように一反歩いくらと評価できるものではないし，宝物等たとえば古い「五重塔」はその寺院にあって由緒，象徴的存在であり，門外不出の美や芸術としての価値も有していますから，昔の製作コストを計算しても意味のないことかもしれません。宗教法人特有の財産の価値観は，会計が前提とする世界とは異なる面があり，貨幣で評価できない場合が多いこともあります。また，宗教法人の財産目録に金額が記載されていれば信仰に対する信頼度も大きくなるというものではないことから，資産を金額的に評価することがその宗教法人にとってどの程度意味のあるものなのか，疑問な面もあります。

したがって，資産を無償取得したときの評価について，特に宝物・什物など宗教法人特有の資産については，いくつかの評価方法の中で，法人の判断に任せることがよいと思われます。

（2） 指針における無償取得資産の取得価額について

宗教法人会計の指針では，無償取得資産の取得価額を「取得時における公正な時価」によるものとしています。信者等からいったん金銭で受け入れ，その後当該物品を購入したと同様の結果であるとするなら，購入価額＝時価の計算式が成り立つからです。したがって，取得時の価額は一般的には時価が客観的

で最適であるといえます。

しかし，この公正な時価というものをどのように評価して決定したらよいかが問題です。

貸借対照表の資産に計上する価額は，過大であると宗教法人の関係者に誤解を与えるおそれがあり，測定できない要素については評価すべきではないと思われます。客観性があり測定可能であってもできるだけ低めの評価（これを保守主義といい，会計主体の実体を過大に表し過ぎないというものです）にする配慮が必要かもしれません。

たとえば，土地の場合，専門家に鑑定依頼をするとき，一般経済社会では需要・供給のあり方で大きく左右されますが，現実には売買できないという条件を付けて評価するなどの配慮が必要でしょう。また他の方法としては，公示価格，国税の路線価格，又は近隣の「固定資産評価額」などによる方法があり得ます。

土地以外の他の資産があるとすれば，資金化できるものであるならばその最低の価額が妥当かと思われます。もちろん前述のごとく評価の任意性からすれば，資産の無償取得の場合に原則的には時価評価するにしても，法人の選択によって備忘価額を付することができると思われますし，宝物等は価額を全く付さないことができるとしています。

（3） 無償取得の形態

資産を無償取得する方法にもいろいろありますが，この指針では交換と受贈の場合が例示されており，それぞれ次のような価額決定が考えられています。

① 交換の場合

交換の場合の取得価額決定には，(イ)交換提供資産の適正な帳簿価額，(ロ)交換提供資産の時価，(ハ)交換取得資産の時価，とする考え方がありますが，会計理論，商法，税法などの考え方はまちまちです。

資産を譲渡してその譲渡対価をもって他の資産を購入したとの考え方をすれば，新たな取得価額を付したとのと類似した結果になり，(ロ)若しくは(ハ)に近い

金額になります。

② **受贈の場合**

　受贈の場合を例にあげていますが，受贈というのは一般的に使われる用語であって，"人からものを贈られること""寄贈されること"の意味があり，宗教法人の収入の多くが広い意味での受贈になると思われます。宗教法人が資産を譲り受けることを，寄贈又は寄進されるともいわれます。ここでは資金以外の資産（少額でないもの）の提供を無償で受けた場合が想定されています。

　たとえば，信者等から土地の寄進を受けた場合には，(イ)当事者の認識価額，(ロ)鑑定価額，(ハ)その土地若しくは近隣の固定資産税評価額などを参考にして，できるだけ客観性のある評価額を計上することになりましょう。

（4）　評価不能の場合

　取得資産の中には，全く評価不可能なものも少なくありません。たとえば，その宗教法人にとって必要な資産であっても，一般には価値の判定をしようがなく金額的に測定できないもの又は換金不能なものなどは，付けるとしても備忘価額になるでしょう。備忘価額とは，たとえば１円でもよく，反対にあまり高額を付するのは不適当であって，要するに金額的記録をすることだけを目的とする方法です。

（5）　貸借対照表を最初に作成するときの価額

　これまでに貸借対照表を作成していなかった法人が，ここで新たに作成するときはどのようにするかですが，その考え方には，次のものがあります。
① 　ここで会計処理方法等を変更して貸借対照表を作成することにしたのであるから，過去に取得したものはすでに処理済みということで，財産目録の価額を変更せず，貸借対照表も過年度から引継いだ財産目録の価額をもって計上する。
② 　これまでは無償取得資産について評価の認識がなかった状態である会計体系から初めて理論的な貸借対照表を作成するのであるから，過去の財産価額

を見直して計上する。

②の考え方による場合，全く異なる会計の基準に基づき最初に貸借対照表を作成する場合について，一回限り過去の取得資産についても資産計上能力を認めて財産目録の価額を評価替えし，その財産目録の価額をもって貸借対照表の価額とするというものです。

ただし，その場合は，当該法人の責任役員会など正規の承認は必ず受けることが価額変更（決定）の場合の条件でしょう（最初の評価については，学校法人会計基準の実施の際の取扱いが参考になると思われるので参照してください）。

学校法人会計基準の実施について（報告）（抄）

昭和45年12月1日　学校法人財務基準調査研究会

（前略）

3. 資産の評価

基準日現在の財産目録に記載する資産の評価は，次による。

(1) 土地

① 土地の評価は，取得価額による。

② 昭和40年度以前に取得した土地の評価は，当該土地の隣接地もしくは近隣地の基準日現在の固定資産税課税標準額を基礎として評価した価額（当該土地に課税標準額の定めがある場合は当該課税標準額）または昭和27年度の資産再評価額によることができる。

③ 借地権については，有償取得の場合にかぎり前2項に準ずる。

(2) 償却資産

① 私立学校法の施行にともない，学校法人に組織変更した財団法人が変更前に取得した償却資産の評価は，変更の認可を申請した際の財産目録に記載された評価額による。

② 上記法人が組織変更後に取得した償却資産の評価は，取得価額（取得価額が不明の場合はその推定額）による。

③ 私立学校法施行後に設立された学校法人が取得した資産は，取得価額（取得価額が不明の場合はその推定額）による。

④ ①から③までによる評価額を基礎とする未償却残高によって償却資産の評価をすることができる。

(3) 図書その他の資産の評価は，取得価額またはその推定額による。

（後略）

実務解説では，移行時の会計処理の留意点として次のように説明しています。

【実務解説】

1. 移行上の留意点

本指針に基づく会計への移行に伴い，特に「資金範囲の変更」や「資産価額の計上」を必要とする場合には，次のような点に留意して行うこととなる。

(1) 資金範囲の変更と収支計算書の表示

資金範囲の変更を行うと，前年度からの繰越資金残高の額がそもそも違ってくることになる。しかし，その場合，前年度からの連続性を重視して，収支計算書上の「前年度繰越収支差額」は変更せず，その次の項目として「前年度繰越収支差額調整額」を設けて，資金範囲の組替えによる調整を表示するのが適当である。

(2) 資産価額の計上と正味財産増減計算書の表示

昔から所有している財産について，特に価額の付されていないものもある。この指針への移行によって，これらの資産を貸借対照表に計上する場合には，各資産の評価額を正味財産増減計算書に「○○財産評価額」などの増加項目で表示するのが適当と思われる。

5 用語について

(1) 収入と支出，歳入と歳出

本指針では，収入，支出の用語を使用しています。これは収支会計の一般用語であり，宗教法人はもとより公益法人等で広く使用されています。宗教法人の中には，収入を歳入と，支出を歳出としている法人もありますが，本指針では収入，支出に統一してあります。

実務解説においても次のように説明しています。

【実務解説】

> 7. 歳計剰余金の取扱い
>
> 　宗教法人規則の中には，国や地方公共団体に倣って収入を「歳入」，支出を「歳出」という呼び方をしているものが少なくない。厳密にいうと「歳入」は当年度収入に前年度繰越金を含めた一切の収入である。これに対して，「歳出」は当年度の支出のみで次年度繰越金を含まない。予算では歳入と歳出は原則として同額であるが，決算では通常いくらかの残額(剰余)を生じる。この剰余を「歳計剰余金」という。
>
> 　このように「歳計剰余金」は，一会計年度内の歳入額から歳出額を差し引いた残額を意味するので，本指針でいえば収支計算書の「次年度繰越収支差額」を指すことになる。
>
> 　なお，多くの宗教法人規則では，こうした歳計剰余金を翌年度の歳入に繰り入れるか，責任役員会等の議決を経て一部若しくは全部を「基本財産」に編入することができるとしている。これを剰余金の処分に当たるとして剰余金処分計算書を作成しているところも多く見受けられるが，この指針ではこうした歳計剰余金の処分は次年度の予算編成の一環であると解することにした。したがって，歳計剰余金を基本財産に編入する場合には翌年度の予算に「基本財産への繰入」等を計上しておく必要がある。

　この解説では，歳入は当年度収入に前年度繰越金を含むとしていますので，そのように解釈します。

（2）　収支差額と剰余金

　多くの宗教法人で会計年度の収支の差額を，剰余金又は歳計剰余金という用語を使用しています。これまでの宗教法人の会計では，資金概念が曖昧なところがあることや，収支計算書と貸借対照表の関連性についてもあいまいな部分があることもあり，この剰余金の用語が収支のどの差額を指すのか明らかでは

ありませんでした。

　「剰余」というのは，余ったり残ったりしたときに用いる言葉です。剰余金は，会社等の営利法人では，自己資本額から法定資本金額を控除した残額のことをいいます。ここでは歳計剰余金は，「次年度繰越収支差額」と同義とすることにします。したがって，資金の範囲によって剰余金の額も異なることになりますが，現金預金のみを資金としていれば，当年度末現金預金残高が剰余金となり，短期金銭債権債務まで資金に含めれば，その剰余金の場合も同様に含まれていることになります。

　なお貸借対照表，正味財産増減計算書及び財産目録には剰余金という用語は使用されることはありません。

(3)　「業務」と「事業」

　一般的には特に区分していないようですが，宗教法人法では次のように使い分けられています。

　「業務」とは，宗教法人法1条の規定に使用されている用語で，宗教団体の主たる目的である宗教上の本来的活動である，「教義をひろめ，儀式を行い，信者を強化育成する」(宗法1，2参照)等の活動及びそれに伴う直接間接の事務をいうものとされています。

　「事業」とは，宗教法人法1条及び6条の規定に使用されている用語で，内容は「公益事業」と「公益事業以外の事業」です。公益事業以外の他の事業は，「宗教法人の目的に反しない限り行うことができる。」(宗法6参照)ものとされています。

(4)　備忘価額

　資産の帳簿価額算定において，帳簿価額がなくならないよう，あえて価額（たとえば1円）を付し，その資産の存在を帳簿上残す価額のことをいいます。

(5) 注　　記

　計算書類の内容を補足したり，説明したり情報を付け加える場合に用いられる方法です。注記の記載方法は，それぞれの計算書類の後に続けてその計算書類の関連事項を記載（脚注という）する方法と，全ての計算書類の後にまとめて一括記載する方法があります。

第 6 章

会計処理の実務

1　会計帳簿の種類と記帳

　会計帳簿の記帳の方法としては，複式簿記による方法と単式簿記による方法があります。

　複式簿記による記帳方法とは，広く一般の企業で採用されており，一つの取引を二面的に捉えて借方と貸方に同時に記帳してゆく方法です。これに対して，単式簿記は単純な資金の入出金を記帳することを主としており，一取引について借方記帳と貸方記帳を同時に行うような方式ではありません。したがって，単式簿記は資金の収支を表示することを主眼としているといえましょう。

　しかし，会計の目的としては，資金の収支を表示するのみでは不十分であり，よりその事業の活動業績や財政の状態を表示するものでなければなりません。そのため，現在では営利事業を行う一般企業の会計はもちろんそれ以外の多くの事業の会計でも複式簿記を採用して帳簿を作成しています。

　非営利事業を行う非営利法人の中で，公益社団法人等は「公益法人会計基準」に基づく会計を複式簿記で行わなければなりませんし，「学校法人会計基準」に基づく学校法人，「社会福祉法人会計基準」に基づく社会福祉法人の会計も同様です。また，NPO法人や一般社団法人等も通常は複式簿記が採用されています。

　宗教法人もこれらの公益法人等と同じく複式簿記による記帳の方が望ましいでしょう。

　宗教法人等が収益事業を行っている場合には法人税法上，記帳義務と帳簿の保存義務が課せられており（法法150の2），そのうえ収益事業につき青色申告書の提出承認を受けている場合には，複式簿記の原則に従い，整然と，かつ，明瞭に記録し，その記録に基づいて決算を行わなければなりません（法規53）。

　このように，現在の会計は主として複式簿記を採用することを前提としているので，これから説明する会計帳簿についても複式簿記を前提として説明することにします。

なお，伝票，帳簿等の種類及び一連の流れ及び記帳方法など簿記の基本については，文化庁による「宗教法人の管理運営の手引」及び一般に市販されている簿記書を参考にして下さい。

(1) 会計伝票の種類と様式

会計伝票の種類として，一般的に使われているのは，次の３種類です。
① 入金伝票
② 出金伝票
③ 振替伝票

① **入 金 伝 票**

入金伝票の様式と記入の方法は，次のとおりです。

(㊀現金)・ 普通預金				No.				
入金伝票 平成×年4月5日	承認印		責任者		起票者			
科目	会 費 収 入	入金先		×	×	×	様	
適　　　　要			金　　　額					
維持会費	平成××年度分			1	0	0	0	0
合　　　計				1	0	0	0	0

（注）入金伝票は入金のあったつど記入する。

入金伝票は現金又は預金の入金があった場合に最初に記入するものです。
つまり，宗教法人に現金又は預金の入金があったら直ちに，いつ，誰から，何のお金を，いくら入金になったかを簡潔に要領よく書かなければなりません。このことは他の全ての会計伝票に共通することです。特に現金伝票はお金の入金のつど記入しないといけません。なぜなら，後になると誰からいくら入金が

あったか忘れてしまうことが多いので，帳簿作成が困難となってしまうからです。宗教法人の場合には一般の法人と違い請求書等を作成しないでお金が入金されることが多いと思われます。このような場合には，後日，入金伝票以外の帳簿等から入金の内容や金額を探し出すことは非常にむずかしくなります。したがって，面倒でも必ず入金のつど入金伝票を作成することが肝要です。

なお，入金伝票は必ずしも現金入金のみを使うのでなく，預金の入金に使う方法もあります。その場合には，入金伝票に預金であるか現金であるかを区別して表示するようにしなければなりません。

その入金伝票の記入例は，次のとおりです。

（現金 ・ 普通預金）			No.	
入金伝票 平成×年4月2日	承認印	責任者	起票者	
科目	寄附金収入	入金先	××× 様	
適要		金額		
信者寄附金	本堂建設寄附	100,000		
合計		100,000		

しかし，一般的には入金伝票は現金の入金のみを記入して，預金に関しては振替伝票を利用することが多いようです。その理由は現金取引の件数が少なく，預金も一口座のみであれば良いですが，現金取引の件数も多くあり，預金もいくつもの銀行に当座預金や普通預金の口座を有している場合には，かえって誤りの原因になるからです。

② 出金伝票

出金伝票の様式は，次のとおりです。

記入の方法は現金の支払があった場合に最初に記入するものです。それは入

第6章 会計処理の実務

(⦿現金 ・ 普通預金)　　　　　　No.

出金伝票
平成×年4月6日

承認印	責任者	起票者

科目	宗教活動費	支払先		× × × 様

適要		金額
儀式行事費	××代	5 0 0 0
合計		5 0 0 0

（注）出金伝票は支払のあったつど，請求書又は領収証等の証憑に基づいて記入する。

金伝票の場合と同様に現金の支払のつど，その支払の前に誰に，何のために，いくら支払うかを簡潔に記入した後，現金を支払うようにすべきです。現金支払の場合にも入金の場合と同様に請求書，領収証等の証拠資料のないものがあります。

　このようなものの支払は，出金伝票が記入されていなければ後日その支払の事実や内容がわからなくなってしまいます。したがって，入金伝票と同様，現金支払のつど出金伝票を作成することが必要です。

　なお，出金伝票を利用して預金の支払にも使うことができるのは入金伝票の場合と同様です。その出金伝票の記入例は，次頁のとおりです。

　このように，出金伝票を預金の支払にも利用する場合には，必ず入金伝票も預金の入金に利用するようにすべきであり，どちらか一方のみに利用する等の使い方は，伝票が混乱し間違いの原因になるのでしない方がよいでしょう。

　現金の入金出金を広く解釈し預金の入出金も入金伝票・出金伝票を利用する方法は，振替伝票の作成をなるべく少なくすることができるのでその点のメリットはありますが，慣れないと現金と預金を混同して転記や集計をしてしま

（現金　・普通預金）　　　　　　　No.

出金伝票

平成×年4月6日

| 承認印 | 責任者 | 起票者 |

| 科目 | 借入金返済支出 | 支払先 | ×××銀行様 |

適要		金額
借入金返済支出	借入金返済4月分	50,000
支払利息支出	借入金利息4月分	3,000
合計		53,000

うおそれがありますので注意が必要です。

③ 振替伝票

　振替伝票の様式と記入の方法は，次頁のとおりです。

　振替伝票は現金の入金，出金以外の全ての取引を記入するものです。その主なものは預金貯金の入金や支払，固定資産の取得や売却，借入金の実行や返済，利息の収入や支払等です。振替伝票は，入金出金伝票と違い単一取引ばかりでなく，複合取引も記入し仕訳ができます。このほか，振替伝票は非資金取引すなわち資産・負債増減の振替等や決算整理仕訳（引当金の計上取崩，減価償却の実施等の仕訳）を行います。

振替伝票

平成×年4月25日

金額	借方科目	摘要	貸方科目	金額
46,000	給料手当	4月分給料源泉所得税	預り金	35,000
		〃 住民税	〃	11,000
		4月分給料より控除分を計上		
46,000	合計		計	46,000

(2) 会計帳簿の種類と様式
① 主 要 簿

会計帳簿には，主要簿と補助簿があります。

主要簿は全ての宗教法人が必ず作成しなければならない帳簿です。それには，次のものがあります。

① 総勘定元帳（勘定記入帳）

② 会計伝票（入金伝票，出金伝票，振替伝票）又は仕訳帳

仕訳帳は，現在あまり使われておらずほとんどが会計伝票を利用しています。

総勘定元帳は，入金伝票・出金伝票・振替伝票より各勘定科目ごとに転記されます。この場合，転記もれのないように，また正確に行われなければなりません。なお，現金出納帳及び預金出納帳を作成している場合には，これらの補助簿の月次集計額を一括転記することができます。総勘定元帳の様式と記入例は，次のとおりです（金額は故意に小さくしてある）。

総勘定元帳

（科目）会費収入

××年 月	日	相手科目	摘　　　要	借方	貸方	残高
4	5	現　金	××様維持会費平成××年分		100	100
			～～～～～～～～			
			4月分　計		1,600	1,600

補助簿は，必要に応じて作成するもので，宗教法人によっては，作成を省略することもあります。多くの一般の宗教法人にとって必要な補助簿には，次のものがあります。

① 現金出納帳

② 預金出納帳
③ 収入予算管理簿
④ 支出予算管理簿
⑤ 財産管理簿（財産台帳，物品出納簿）

　これらの補助簿の記帳は，主として会計伝票の記入をした後転記されます。現金出納帳，預金出納帳，収入予算管理簿，支出予算管理簿の様式と記入例は，次のとおりです。

現金出納帳

現金出納帳　　　　　　　　　　　No. 1

××年 月 日		科　　目	摘　　　　　要	予算簿	財産簿	収　入	支　出	残　高
4	1		前年度より繰越					2,000
4	5	会費収入	×××様維持会費平成××年度分			100		2,100
	6	宗教活動費	儀式行事費××商店××代				80	2,020
			4月分　計			15,100	14,500	2,600

預金出納帳

預金出納帳

××銀行（種類）普通預金　　口座番号　×××　　　No. 1

××年 月 日		科　目	摘　　　要	予算簿	財産簿	収　入	支　出	残　高
			前年度より繰越					15,000
4	2	寄付金収入	信者寄付金××様			1,000		16,000
	6	借入金返済支出	××銀行借入金返済4月分				500	
	6	〃	〃　借入金利息4月分				300	15,470
～～	～～	～～～～	～～～～～～～～～～	～～	～～	～～～～	～～～～	～～～～
			4月分　計			26,100	25,700	15,400

収入予算管理簿

（科　目）寄付金収入　　　　　　　　No. 1

××年 月 日		摘　　要	現金出納簿 預　金	予　算　額	収　入　額	予算残高
4	1	当初予算		15,000		15,000
4	2	信者寄付金××様	普通預金1頁		1,000	14,000

支出予算管理簿

（科　目）宗教活動費　　　　　　　　No. 1

××年 月 日		摘　　要	現金出納簿 預　金	予　算　額	支　出　額	予算残高
4	1	当初予算		5,500		5,500
4	6	儀式行事費××商店××代	現金1頁		80	5,420

前頁までの主要簿及び補助簿を集計することにより試算表を作成し，収支決算書，貸借対照表，財産目録を作成します。この方法は複式簿記のやり方です。なお簡単に財産目録を作成するためには財産台帳を作成すればよいでしょう。その様式と記載例は，次のとおりです（出典「改正宗教法人法」文化庁文化部宗務課内宗教法人研究会編著…一部変更してある）。この財産台帳を正確に記入することにより各科目の残高を転記して財産目録を作成することができます（148～158頁）。

財産台帳

(1) 特別財産

A 宝物（本尊、神像等礼拝の対象となる物件）
（財産の区分）　（種別）特別財産　宝物

No.

番号	取得（設定）年月日	品目	数量	品質、形状、寸法	金額	処分		備考
						年月日	数量	

B 什物（宗教行事専用の器具）
（財産の区分）　（種別）什物

No.

番号	取得（設定）年月日	品目	数量	品質、形状、寸法	金額	処分		備考
						年月日	数量	

※記入上の注意

1 「取得（設定）年月日」の欄には、その財産の取得又は特別財産として設定した年月日を記入する。
2 「品質、形状、寸法」の欄は、できるだけ具体的に記入する。
3 「取得（設定）年月日」及び「金額」が、わからない場合には、「不明」とか「不詳」と記入する。
4 「処分年月日」欄には、何らかの事情でその財産を売却等処分した場合に、段を下げてその年月日を記入する。処分した品目の各欄は横線で抹消する。
5 「備考」欄には、その財産の作者、由来などや、それだけにある特徴、処分した理由などを記入する。
6 什物などで取得（設定）年月日、品目、品質、形状、寸法、金額が同じものは、その点数をまとめて記入してもよい。

(2) 基本財産
A 土 地
(財産の区分)　基本財産　(種別)　土地

No.____

番号	取得年月日 登記年月日	所 在 地	地 目	用 途	地 積	金 額	処分年月日	備 考
(例) 1	昭××.4.1 昭××.4.10	○○市○○町○番○	境内地	境内建物敷地	○○○㎡	00,000,000		○○より購入 予算簿○頁 預金出納簿○頁
(例) 2	昭××.4.1 昭××.4.10	○○市○○町○番○	境内地	参道	○○○㎡	00,000,000		○○より寄付

※記入上の注意
1　1筆ごとに記入する。
2　「所在地」は、住居表示ではなく、登記簿の所在、番地による。
3　「備考」欄には、取得の原因、他の関連帳簿の記帳頁などを記入する。

B　建　物
（財産の区分）　基本財産　（種別）　建物

番号	取得年月日 登記年月日	所在地	構造	種類	用途	床面積	金額	処分年月日	備考
(例) 1	昭××.3.29 昭××.4.12	○○○○○○	木造 瓦ぶき 平屋	境内建物 （本殿） （本堂） （教会堂）		○○○㎡	00,000,000		昭××～××建築 昭××，××特別会計より
(例) 2	昭××.12.3 昭××.12.13	○○○○○○	木造 瓦ぶき 平屋	境内建物 （社務所） （庫裏・教職師館・教職舎）		○○○㎡	00,000,000		昭××建築 予算簿○頁 預金出納簿○頁

※記入上の注意
1　1棟ごとに記入する。
2　「所在地」欄は住居表示ではなく、登記簿の所在、地番による。
3　「備考」欄には、取得の原因、他の関連帳簿の記帳頁などを記入する。

第6章 会計処理の実務　151

C　有価証券
（財産の区分）　基本財産　　（種別）　有価証券

No._____

番号	取得(設定)年月日 (償還年月日)	銘柄	数量	記号番号	額面	利率	金額(購入時の価格)	処分 年月日	処分 数量	備考
(例) 1	平××.10.10 (平××.9.30)	第○回国債		○○○〜○○○	500,000		500,000	××.7.1		平××購入 予算簿○頁、現金出納簿○頁、利払日○月○日
									250,000	予算簿○頁、現金出納簿○頁
2										
1-2	平××.10.1 (平××.9.30)	第○回国債		○○○〜○○○	250,000		250,000			利払日○月○日 ××.7.1売却残

※記入上の注意
1　「処分」の欄は国債などの償還期が到来したとき、何らかの事情でその有価証券を処分したとき、その有価証券の各欄は横線で抹消する。一部処分の場合は例のように処理し、残は枝番号を付して記入する。
2　「備考」欄には、関連帳簿の記帳頁や、利払月、配当月などを記入する。

D 預 金
(財産の区分) 基本財産　(種別) 預金

番号	預入(設定)年月日(満期年月日)	預金先, 種別	証書等記号番号	利率	金額	払出年月日	備考
(例) 1	平××.10.1 (平××.9.30)	○○銀行○○支店 ○○定期預金	○○○○	○○%	300,000	平××.9.30	満期
(例) 1-2	平××.10.1 (平××.9.30)	○○銀行○○支店 ○○定期預金	○○○○	○○%	300,000		

※記入上の注意
1 「払出年月日」の欄には、定期預金の満期日が到来したとき、何らかの事情でその預金を引き出すときに、一段下げて記入し、その預金の各欄は、横線で抹消する。満期日が到来し継続するときは、例のように枝番号を付けて、再度同じ内容を記入する。
2 「備考」欄には関連帳簿の記帳頁などを表示しておく。

第6章　会計処理の実務

(3) 普通財産
A　什器備品　　　（種別）　什器備品
（財産の区分）

番号	取得年月日	品目	数量	品質・形状・寸法	単価	総額	処分年月日	備考
(例) 1	平××.12.5	両袖机	2	スチール 縦1m 横2m高さ70cm	40,000	80,000		平××予算簿○頁 現金出納簿○頁

No.＿＿＿＿

B　車両　　　（種別）　車両
（財産の区分）

番号	取得年月日	品目	数量	単価	総額	処分年月日	備考
(例) 1	平××.4.1	自動車	1	1,000,000	1,000,000		○○自動車 1,000cc 平××予算簿○頁 預金出納簿○頁

No.＿＿＿＿

C 図　書
(財産の区分)　普通財産　(種別)　図書

No.＿＿＿

番号	取得年月日	図書名	数量	金額	処分年月日	備考
(例) 1	昭××.8.10	宗教大辞典	1	70,000		昭××予算簿○頁　現金出納簿○頁

D 貸付金
(財産の区分)　普通財産　(種別)　貸付金

No.＿＿＿

番号	相手先	貸付年月日	貸付金額	返			済			備考
				年月日	金額	残高	年月日	金額	残高	
(例) 1	○○○○	平××.3.2	50,000	平××.4.2	25,000	25,000	平××.5.2	25,000	0	平××現金出納簿○頁 平××　〃　○頁, ○頁

※記入上の注意
貸付金の期限及び利息については, 備考欄に記入する。

第6章　会計処理の実務

(4) 負　債
A　借入金
(財産の区分)　負　債　(種別)　借入金

借入年月日	目的・使途	借入先	返済期限	利率	金　額	返済年月日	返済額	現在高	備　考
平××.4.1	○○新築工事資金	○○銀行	平××.4.1	2.5%	10,000,000	平××.4.1	1,000,000	9,000,000	担保○○敷地○㎡ 平×× 予算簿○頁 預金出納簿○頁 平×× 予算簿○頁 預金出納簿○頁

No.

※記入上の注意
利息の支払は、ここには記入せず、通常の支出として処理する。

物品出納簿
(1) 物品受払簿

品　目　ろうそく

月　日	摘　要	受入数量	払出数量	現在高
4. 1	平××年度から繰越			100 (本)
4.15	甲野家法要		10	90

No.

(2) 供物整理簿

品目　米

No._____

月日	受		入		払		出		残高	備考
	摘要	数量		祭典用	信者用	事務所用	○○自家用	その他		
4.1	平××年度から繰越								1.5kg	
4.15	○○家より	15kg							16.5kg	
4.25	○○自家用						10kg		6.5kg	

※記入上の注意
「備考」欄には、売却したような場合に、収入予算管理簿、現金出納簿の頁数などを記入する。

宗教法人が作成する帳簿類には，このほか次のものがあります。

⑥　境内建物に関する書類
⑦　固定資産台帳
⑧　会費台帳
⑨　寄附金受入台帳

　このうち境内建物に関する書類は，宗教法人法の大幅改正により新たに作成し事務所に備え付けなければならなくなったものです（宗法25②四）。これは宗教法人に財産目録に記載されていない境内建物がある場合のみ作成するものです。宗教活動にとって境内建物は必要不可欠なものであり，その存在によって宗教法人の活動状況や範囲が明確になります。この宗教法人法の改正により他の都道府県内に境内建物を備えている宗教法人はその所轄庁が都道府県知事から文部科学大臣に変更されました（宗法5②一）。このため，境内建物に関する書類を作成し事務所に備え付けなければならなくなったのです。

　しかし，境内建物の内容が財産目録に全て記載されていれば，これらの書類を作成する必要はありません。ただし財産目録に記載されるものは宗教法人に所有権のあるもののみです。他人から賃借した建物を境内建物として使用している場合には記載されません。このように，他人から賃借したり無償による貸付けを受けた建物を境内建物として使用している場合には，境内建物の名称，所在地，面積，用途などを記載した境内建物に関する書類を作成しなければならなくなっています。その様式と記入例は，次のとおりです（出典「改正宗教法人法」文化庁文化部宗務課内宗教法人研究会編著）。

　なお，境内建物とは宗教法人が宗教の教義を広め，儀式行事を行い，信者を教化育成する目的のため必要な当該宗教法人に固有の建物及び工作物とされています（宗法3）。

境内建物（財産目録に記載されているものを除く）に関する書類

(平成　年　月　日現在)

境内建物の名称	所　在　地	面　積	備　　考
□□□　外○棟	○県○市○町○－○	○○○㎡	用途（例：礼拝用）賃貸借
□□□　外○棟	△県△市△区△△－△	△△△㎡	用途（例：修行用）使用貸借

※　境内建物の名称欄は，同一敷地内ごとにひとまとめにして，その主な境内建物の名称を，それ以外の境内建物は棟数で記載し，面積は合計の延面積を記載する。また，備考欄に主な境内建物の用途及び貸借関係を記載する。

（3）　帳簿の記帳と計算書の作成

　会計伝票と会計帳簿の様式と記入例は前記(1)と(2)のとおりです。ここでは，帳簿等の記帳から計算書作成までの一連の流れを説明します。それを図で示すと次頁のとおりです。それには複式簿記の原理によったものと，簡易な単式簿記に準じたものとがあります。

　これらの帳簿の記帳の手順は，複式簿記に準じた方法について説明すると，次のとおりです。なお，簡易な単式簿記に準じた方法の場合には，試算表の代わりに収支集計表を作成するのが異なるのみで，その他の手順は，複式簿記に準じた方法と同じであるので省略します。

① 　入金出金伝票（現金・預金）の作成

　入金伝票は，領収証発行控などに基づき現金預金の入金の事実があったつど記入します。出金伝票は請求書や領収証などに基づき現金預金の出金の事実が

第6章　会計処理の実務　159

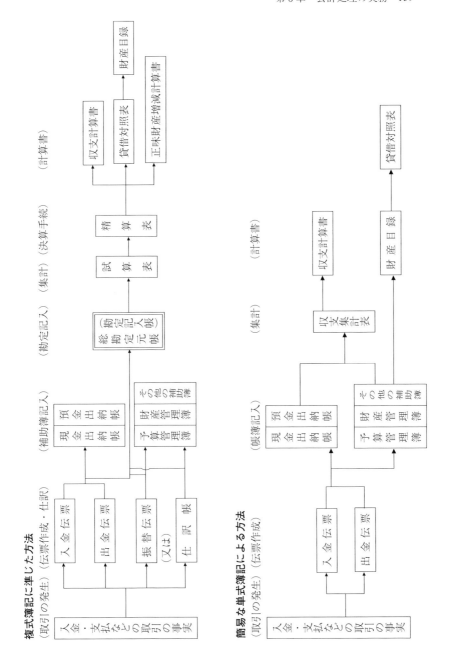

あったつど記入します。

② 振替伝票又は仕訳帳

　振替伝票は，入金伝票又は出金伝票に記載されない取引が発生すれば，それらの取引に関する証憑に基づいて必ず作成しなければなりません。仕訳帳についても同様です。

③ 現金出納帳・預金出納帳

　現金出納帳・預金出納帳は入金伝票又は出金伝票から毎日転記し，前日残高に当日の入金額・出金額を加減し，当日残高を計算し残高欄に記入します。この残高が，現金預金の有り高に一致していることを，毎日確かめておくことが必要です。特に現金については後日帳簿残高と現金の実在高についての差異が発生してもその原因が不明となってしまう場合があるので，必ず毎日の帳簿残高を実際の現金有り高と合わせるようにすべきです。そして毎月末にはその月の入金と出金の額を集計し月次の締切記入を行います。

④ 予算管理簿

　予算管理簿は，予算を消化した場合，入金伝票，出金伝票又は振替伝票よりそれぞれの科目ごとの予算管理簿に転記します。そしてそれぞれの科目ごとの予算残高がいくらあるかを記入します。この予算残高の記入は毎日行う必要はなく月次で行えばよいでしょう。

⑤ 財産管理簿（財産台帳・物品管理簿）

　財産台帳は，宗教法人の財産を管理するための帳簿です。したがって，宗教法人の資産負債を増減するような取引があった場合に，入金伝票，出金伝票又は振替伝票からそれぞれの科目ごとに転記します。現金及び預金については，別に現金出納帳及び預金出納帳を作成している場合は作成する必要はありません。もし預金の中に定期預金等の預金出納帳を作成していないものがあれば，財産台帳に転記してその項目の財産台帳を作成する必要があります。

　物品管理簿は，貯蔵品等の宗教法人が使用したり販売したりする物品や，供物等を管理するための受払簿です。これらの貯蔵品を購入したり使用又は売却した場合や，御供物の提供を受けたり使用した場合に記入します。

財産管理簿が正しく記入されていれば，財産目録は簡単に作成できます。

⑥　その他の補助簿

その他の補助簿としての会計帳簿は，固定資産台帳，会費台帳，寄附金受入台帳等が考えられます。

固定資産台帳は，財産台帳と重複するのではないかと思われるかも知れませんが，財産台帳には減価償却費を記入する欄はありませんが，固定資産台帳にはこれがある点が違います。したがって減価償却を実施している法人は，固定資産台帳に毎年度減価償却額を記入し毎年度末簿価を記入します。そのため固定資産台帳には償却方法・耐用年数・償却率の記入欄が設けられています。

会費台帳は，信者等の年会費の入金状況を管理するための帳簿です。

寄附金受入台帳は，いつ誰からいくらの寄付があったかを明らかにするためのものです。

なお，このほかその宗教法人の必要に応じて適宜補助簿を作成することは可能です。

⑦　総勘定元帳（勘定記入帳）

総勘定元帳は全ての勘定科目についてそれぞれの科目ごとに入金伝票，出金伝票又は振替伝票より転記します。この転記が正確に行われず，転記もれや転記違いがあると試算表の貸借が一致しない等により決算作業ができなくなるので，正確に転記をしなければなりません。また，現金出納帳及び預金出納帳に記入した科目については，月次合計額を一括転記するのが一般的です。

⑧　試　算　表

試算表は，総勘定元帳の各勘定科目ごとに借方貸方を集計し一表に表示したものです。総勘定元帳の記入が正しく行われていれば，試算表の借方合計と貸方合計は必ず一致します。

試算表には合計試算表，残高試算表，合計残高試算表があります。合計試算表は，月単位又は年単位で各勘定科目の借方合計額と貸方合計額を記入したもので，残高試算表は，各勘定科目ごとに前年度又は前月残に借方又は貸方を加算・減算した額を，それぞれの勘定科目の残高として記入したものです。残高

試算表は総勘定元帳の各科目ごとの残高に一致します。

　試算表は，原則として総勘定元帳の記入が終わってから毎月作成します。これによって総勘定元帳をはじめとする各帳簿が，正しく記入されているかどうかが検証されます。

　合計残高試算表の様式と記入例は，次のとおりです。

合計残高試算表
平成××年4月30日

借　方		元丁	科　　目	貸　方	
残　高	合　計			合　計	残　高
2,600	15,100	1	現　　　　金	14,500	
15,400	26,100	2	普　通　預　金	25,700	
151,640	278,350		合　　　　計	278,350	151,640

⑨　精　算　表

　精算表は，合計残高試算表から作成した残高試算表をもとにして作成されます。まず，残高試算表を一番左の欄に記入し，次に整理記入欄，収支計算欄，正味財産増減計算書欄，貸借対照表欄をそれぞれ設け，各項目とも借方，貸方の記入欄があるので普通は10桁の記入欄が設けられています。このように精算表は残高試算表をもとにして，決算整理事項等の修正事項を記入して決算書類を作成する上において非常に大切な一覧表といえます。この精算表が正しく作成できなければ正しい決算はできなくなります。

　精算表の様式と記入例は，次のとおりです。

精　算　表

自平成××年4月1日　至平成××年3月31日

科　目	残高試算表 借方	残高試算表 貸方	整理記入 借方	整理記入 貸方	収支計算書 借方	収支計算書 貸方	正味財産増減計算書 借方	正味財産増減計算書 貸方	貸借対照表 借方	貸借対照表 貸方
現　　　金	1,600								1,600	
普 通 預 金	2,600								2,600	
〜〜〜	〜〜〜	〜〜〜	〜〜〜	〜〜〜	〜〜〜	〜〜〜	〜〜〜	〜〜〜	〜〜〜	〜〜〜
前年度繰越正味財産額		51,200								51,200
当年度収支差額					9,550			9,550		
当年度正味財産増加額							15,320			15,320
合　　　計	151,640	151,640	21,800	21,800	112,300	112,300	36,450	36,450	98,510	98,510

2　決算と計算書類の作成

　宗教法人の収支計算における会計処理は，取引のつど，必要な全ての仕訳を行うのが原則です。しかしながら，一般企業の会計と異なり，取引によっては，収支計算と正味財産計算の2通りの仕訳を起こさなければならないケースも出てくるため，慣れないとなかなか煩雑です。そこで会計年度内の期中処理では，正味財産計算の仕訳を省略して，会計年度末にまとめて決算整理事項として処理を行う便法も考えられます。この便法は，言い換えれば期中は企業会計と全く同じ方法，すなわち損益計算的思考で処理しておき，年度末に収支計算及び正味財産計算に変換する方法です。

　設例を用いて，原則法と便法の具体例を以下に示します（便宜上，1年間分の取引を合計した仕訳とします）。

　この設例を，比較的低価額の市販会計ソフトを使用し会計処理をしました。作成された計算書類は，出力データを基にエクセル表にて再整理してあります。

［設　例］
　※　将来の支出に備えるための資金管理を行う会計を特別会計としています。

Ⅰ 期首貸借対照表

（一般会計）

貸 借 対 照 表
平成00年3月31日現在

資産の部		負債・正味財産の部	
1 特別財産		負債	
宝物	50	借入金	15,500
什物	50	預り金	450
2 基本財産			
土地	10,000		
建物	15,000		
定期預金	5,000	負債合計	15,950
3 普通財産			
土地	12,000	正味財産	
建物	13,000		
什器備品	4,000	前年度正味財産額	54,850
車両	1,000		
貸付金	600		
普通預金	10,000		
現金	100		
資産合計	70,800	負債・正味財産合計	70,800

（建物取得維持特別会計）

貸 借 対 照 表
平成00年3月31日現在

資産の部		負債・正味財産の部	
普通財産		正味財産	
定期預金	16,000	前年度正味財産額	16,000
資産合計	16,000	負債・正味財産合計	16,000

Ⅱ 会計期間中の取引

（一般会計）

00年4月1日〜01年3月31日の取引例（原則法）

期中取引仕訳

① 宗教活動収入（信施収入）として，55,000を受け取った。

　　　（現　　　金）55,000　／　（宗教活動収入）55,000

② 会費収入（護持会収入）として，11,000を受け取った。なお未収金が400ある。

　　　（現　　　金）11,000　／　（会　費　収　入）11,400
　　　（未　収　金）　　400　／

③ 預金利息100を受け取った。

　　　（普　通　預　金）　　100　／　（預金利息収入）　　100

④ 特別会計の預金から15,000を一般会計に繰入れた。

　　　（普　通　預　金）15,000　／　（繰　入　金　収　入）15,000

⑤ 特別会計へ一般会計から4,500繰入れた。

　　　（繰　入　金　支　出）4,500　／　（普　通　預　金）4,500

⑥ 宗教活動支出（儀式行事費）として，30,200を支払った。なお未払金が300ある。

　　　（宗　教　活　動　支　出）30,500　／　（現　　　金）30,200
　　　　　　　　　　　　　　　　　　　　　（未　払　金）　　300

⑦ 職員給与として，24,000を，源泉所得税を1,800差引いて支払った。

　　　（人　件　費）24,000　／　（現　　　金）22,200
　　　　　　　　　　　　　　　　（預　　り　　金）1,800

⑧ 源泉所得税1,800を納付した。

　　　（預　　り　　金）1,800　／　（現　　　金）1,800

⑨ 事務費2,000を支払った。

　　　（事　務　費　支　出）2,000　／　（現　　　金）2,000

⑩ 貸付金のうち100を回収した。

　　　（現　　　金）　　100　／　（貸付金回収収入）　　100
　　　（貸　付　金　返　済　額）　　100　／　（貸　付　金）　　100
　　　「正味財産減少」

⑪ 宿坊を建て引渡しを受けた。建築価額は15,000。

　　　（固定資産取得支出）15,000　／　（預　　　金）15,000
　　　（建　　　物）15,000　／　（建物増加額）15,000
　　　　　　　　　　　　　　　　「正味財産増加」

⑫　借入金を500返済した。

　　　（借入金返済支出）　　500　／　（預　　　　金）　　500
　　　（借　入　金）　　　　500　／　（借入金減少額）　　500
　　　「正味財産増加」

⑬　当年度の普通預金預入合計9,800。

　　　（普　通　預　金）　9,800　／　（現　　　　金）　9,800

上記を便法にて仕訳した場合

(1)　期中の資金収支取引仕訳（期中は一般（たとえば企業会計）の仕訳と同じ方法で行う）

①　上記⑩の仕訳
　　（現　　　　金）　　100　／　（貸　付　金）　　100

②　上記⑪の仕訳
　　（建　　　　物）　15,000　／　（預　　　　金）　15,000

③　上記⑫の仕訳
　　（借　入　金）　　500　／　（現　　　　金）　　500

（※他の仕訳は同じです。）

(2)　年度末の収支計算調整仕訳

①　（貸付金返済額）　　100　／　（貸付金回収収入）　100
　　「正味財産減少」　　　　　　　「収　支」

②　（固定資産取得支出）15,000　／　（建物増加額）　15,000
　　「収　支」　　　　　　　　　　「正味財産増加」

③　（借入金返済支出）　500　／　（借入金減少額）　　500
　　「収　支」　　　　　　　　　　「正味財産増加」

(特別会計)

① 建物取得目的のため一般会計に繰入支出をした。

（一般会計繰入支出）15,000 ／ （預　　　金）15,000

② 一般会計より繰入収入があった。

（預　　　金）4,500 ／ （一般会計繰入収入）4,500

収 支 計 算 書
平成00年4月1日から平成01年3月31日まで

一般会計

科 目	予 算 額	決 算 額	差 異
【収入の部】			
宗教活動収入	66,000	66,400	△ 400
宗教活動収入	54,000	55,000	△ 1,000
会費収入	12,000	11,400	600
資産管理収入	120	100	20
受取利息収入	120	100	20
貸付金回収収入	100	100	0
貸付金回収収入	100	100	0
繰入金収入	15,000	15,000	0
建物取得維持特別会計	15,000	15,000	0
当年度収入合計(A)	81,220	81,600	△ 380
前年度繰越収支差額	9,650	9,650	0
収入合計(B)	90,870	91,250	△ 380
【支出の部】			
宗教活動支出	33,300	32,500	800
宗教活動費	(31,000)	(30,500)	(500)
儀式・行事費	31,000	30,500	500
管理費	(2,300)	(2,000)	(300)
事務費	2,300	2,000	300
人件費	24,700	24,000	700
給料手当	24,700	24,000	700
繰入金支出	4,500	4,500	0
建物取得維持特別会計	4,500	4,500	0
資産取得支出	15,500	15,000	500
建物取得支出	15,500	15,000	500
借入金返済支出	500	500	0
長期借入金返済支出	500	500	0
予備費	2,720	——	2,720
当年度支出合計(C)	81,220	76,500	4,720
次年度繰越収支差額(B)−(C)	9,650	14,750	△ 5,100
支出合計	90,870	91,250	△ 380
当年度収支差額(A)−(C)	0	5,100	△ 5,100

正味財産増減計算書
平成00年４月１日から平成01年３月31日まで

一般会計

科　　目	金　　額		
【増加の部】			
資産増加額			
当年度収支差額	5,100		
建物増加額	15,000	20,100	
負債減少額			
長期借入金返済額	500	500	
増加額合計			20,600
【減少の部】			
資産減少額			
貸付金回収額	100	100	
負債増加額		0	
減少額合計			100
当年度正味財産増加額			20,500
前年度繰越正味財産額			54,850
当年度末正味財産合計額			75,350

貸 借 対 照 表
平成01年3月31日現在

一般会計

科　　　　目	金　　　額		
【資産の部】			
特別財産			
宝　　　　物	50		
什　　　　物	50		
特別財産合計		100	
基本財産			
土　　　　地	10,000		
建　　　　物	15,000		
定　期　預　金	5,000		
基本財産合計		30,000	
普通財産			
（固定資産）	(45,500)		
土　　　　地	12,000		
建　　　　物	28,000		
車　　　　両	1,000		
什　器　備　品	4,000		
長　期　貸　付　金	500		
（流動資産）	(15,500)		
現　　　　金	200		
普　通　預　金	14,900		
未　　収　　金	400		
普通財産合計		61,000	
資産合計			91,100
【負債の部】			
（固定負債）			
長　期　借　入　金	15,000		
（流動負債）			
未　　払　　金	300		
預　　り　　金	450		
負債合計		15,750	15,750
【正味財産の部】			
正味財産			75,350
負債・正味財産合計			91,100

収 支 計 算 書
平成00年4月1日から平成01年3月31日まで

建物取得維持特別会計

科　　目	予 算 額	決 算 額	差　　異
【収入の部】			
一般会計繰入収入	4,500	4,500	0
当年度収入合計(A)	4,500	4,500	0
前年度繰越収支差額	16,000	16,000	0
収入合計(B)	20,500	20,500	0
【支出の部】			
一般会計繰入収入	15,000	15,000	0
当年度支出合計(C)	15,000	15,000	0
次年度繰越収支差額(B)−(C)	5,500	5,500	0
支出合計	20,500	20,500	0
当年度収支差額(A)−(C)	△ 10,500	△ 10,500	0

貸 借 対 照 表
平成01年3月31日現在

建物取得維持特別会計

科　　目	金　　額		
【資産の部】			
普通財産			
定 期 預 金	5,500		
普通財産合計		5,500	
資産合計			5,500
【正味財産の部】			
正味財産			5,500
正味財産合計			5,500

3　コンピュータ利用の会計

(1)　コンピュータ会計の概要

　宗教法人会計は，日々の取引記録（伝票，仕訳）から計算書類（収支計算書，貸借対照表，財産目録及び正味財産増減計算書）を作成します。

　この作成作業には，伝票の起票－金銭出納帳の記帳──預金出納帳の記帳──合計残高試算表の作成──総勘定元帳の記帳──計算書類の作成等の手続が必要ですがこれらを手作業で行うと一つの取引ごとに起票，記帳，集計等の作業を繰返し行う必要があり，かつ，その間に計算誤りや誤記入が発生しやすく，面倒であるものです。

　これらの作業をコンピュータ利用によって行うようにすると伝票の起票及びその入力だけでその後の作業はコンピュータが自動的に速く正確に行ってくれます。現在は，パソコン（ＰＣ）を利用しますが，安価で手に入れることができきます。

　さらに，小規模法人においては伝票の起票を省略して入金資料や支払の領収書等から直接取引記録をコンピュータに入力することも可能です。

　また，一度入力したデータを検索し修正することも簡単にできますし，過去の会計データをそのままコンピュータのハードディスク等に保存しておくことにより，数年前の会計データも容易に検索閲覧することが可能となります。

(2) 市販されている会計ソフトの利用

① 市販会計ソフトの選択

　宗教法人会計用ソフトにも種類があります。

　宗教法人会計専用に作成されたソフトであれば，あまり修正しないで使用できますが，宗教法人会計が他分野の会計に比して未成熟であったことと，他の会計ソフトに比べ需要が少ないなど，市販されている宗教法人専用会計ソフトは現在のところ種類が少ないと思われます。また，会計ソフトのベースとなる会計方式も，文化庁が示す方式のように，単純に現金預金による収支計算書を作成するものから，宗教法人会計指針にある程度対応でき，貸借対照表までを誘導的に作成できるものまであります。

　また各法人独自の専用ソフトの作成も考えられますが，導入費用が非常に高額となるため，特別な処理を必要とする大規模法人を除き一般的ではありません。

② 市販の宗教法人会計ソフトの試し利用

　インターネットにより宗教法人会計ソフトを検索してみましたが，やはり会計ソフトの実績のある会社では宗教法人専用ソフトは見かけませんでした。特に「宗教法人会計指針」に準拠しているものはなかなか見当りません。

　それでも，あるソフトメーカーの宗教法人会計ソフト（年間使用料2万円程度の）をテストしたところ，あまり複雑な会計処理を必要としない法人には，ほぼ使えるのではないかと思われました。この場合でも，計算書類の形式を変更するには，エクセルに移して計算書類形式を整えることも可能でした。

　筆者がマニュアルを見ながら，簡単な資料を入力してみたところ，次のような計算書類が作成されましたのでご紹介します。

(一般会計)

収 支 計 算 書
平成 X1年4月1日から平成 X2年3月31日まで

科 目 名	予 算	決 算	差 異
Ⅰ．経常収支の部			
1．経常収入			
宗教活動収入	54,000	55,000	-1,000
信施収入	54,000	55,000	-1,000
会費負担金収入	12,000	11,400	600
護持会費収入	12,000	11,400	600
資産管理収入	120	100	20
預金利息収入	120	100	20
経常収入合計①	66,120	66,500	-380
2．経常支出			
宗教活動支出	31,000	30,500	500
儀式行事費	31,000	30,500	500
人件費支出	24,700	24,000	700
職員俸給支出	24,700	24,000	700
管理費支出	2,300	2,000	300
事務費支出	2,300	2,000	300
経常支出合計②	58,000	56,500	1,500
経常収支差額(A)	8,120	10,000	-1,880
Ⅱ．経常外収支の部			
1．経常外収入			
貸付金回収収入	100	100	
特別会計繰入金収入	15,000	15,000	
経常外収入	15,100	15,100	
2．経常外支出			
長期借入金返済支出	500	500	
固定資産取得支出	15,500	15,000	500
特別会計繰入金支出	4,500	4,500	
予備費	2,720	-	2,720
経常外支出	23,220	20,000	3,220
経常外収支差額(B)	-8,120	-4,900	-3,220

当年度収支差額(1)=(A)+(B)	0	5,100	-5,100
前年度繰越収支差額(2)	9,650	9,650	
次年度繰越収支差額(3)=(1)+(2)	9,650	14,750	-5,100

(一般会計)

正味財産増減計算書
平成X1年4月1日から平成X2年3月31日まで

科　目　名	金　　額		
1　増加の部			
(1)　資産増加額			
当期収支差額	5,100		
建　　　物	15,000		
資産増加額合計		20,100	
(2)　負債減少額			
長期借入金	500		
負債減少額合計		500	
増　加　額　合　計			20,600
2　減少の部			
(1)　資産減少額			
長期貸付金	100		
資産減少額合計		100	
(2)　負債増加額			
負債増加額合計			
減　少　額　合　計		0	100
当期正味財産増減額			20,500
前期繰越正味財産額			54,850
期末正味財産合計額			75,350

(一般会計)

貸借対照表
平成X2年3月31日現在

科目名	当年度末	前年度末	増減
Ⅰ．資産の部			
1．特別財産	100	100	
宝　　物	50	50	
什　　物	50	50	
2．基本財産	30,000	30,000	
土　　地	10,000	10,000	
建　　物	15,000	15,000	
定期預金	5,000	5,000	
3．普通財産	61,000	40,700	20,300
(1)　固定資産	45,500	30,600	14,900
土　　地	12,000	12,000	
建　　物	28,000	13,000	15,000
什器備品	4,000	4,000	
車　　両	1,000	1,000	
長期貸付金	500	600	-100
(2)　流動資産	15,500	10,100	5,400
現金預金	15,100	10,100	5,000
現　　金	200	100	100
普通預金	14,900	10,000	4,900
未収金	400		400
資産合計	91,100	70,800	20,300
Ⅱ．負債の部			
1．固定負債	15,000	15,500	-500
長期借入金	15,000	15,500	-500
2．流動負債	750	450	300
未払金	300		300
預り金	450	450	
預り金・所得税	450	450	
負債合計	15,750	15,950	-200
Ⅲ．正味財産の部			
正味財産合計	75,350	54,850	20,500
負債及び正味財産の部合計	91,100	70,800	20,300

③ 他分野の会計ソフトを利用

次に宗教法人会計ソフトの代案として，企業会計ソフトや公益法人会計用ソフトを利用することも考えられますが，計算書類の形態の違い，科目の違い，会計処理方法の違いなどがあるため，大幅な変更が必要となります。宗教法人会計以外の会計方法との違いを理解した上で利用するならば，数値の集計をする，各種帳簿の作成，エクセルなど表計算ソフトを利用し計算書類を作成するなどにより，十分対応でき，手作業にくらべ事務能力がアップされることは間違いありません。

④ 市販の企業会計用のソフトの利用

市販の安価なソフトにより試してみました。複式簿記の会計処理になりますが，それでも次のような注意が必要でした。

(イ) 決算フォームの違い

企業会計では，決算書として作成されるのは貸借対照表（ＢＳとする），損益計算書（損益とする）ですが，損益計算書（損益）を収支計算書（収支）ベースに直す必要があります。

(ロ) 勘定科目の違い

ＢＳ科目は，分類を特別財産，基本財産，普通財産，負債，正味財産にする必要があります。配列については決算終了後に変更することになりましょう。この場合，資産の部，負債の部，純資産の部，収益の部，費用の部にそれぞれ科目設定をします。

「収支」には，「損益」にない科目が出てきますので，適宜追加しておく必要があります（たとえば，固定資産取得支出・売却収入，借入金収入などです）。

ほとんどの場合，科目の追加，変更を取引入力開始前にすることになります。

(ハ) 補助科目の利用

どのソフトにも，勘定科目のほか補助科目を設定できるようになっておりますので，適宜利用します。

㈂　「ＢＳ」科目の整理

　企業会計では正味財産増減計算書は作成されませんので，あらかじめ純資産の部に「正味財産」科目を設定しておきます。

　一般的な損益科目にはない収支で，たとえば什器備品を購入した場合には，ＢＳ上の資産勘定を増加させる必要があります。その場合次のような仕訳を入力する必要があります。

　　　（什　器　備　品）　××　／　（正　味　財　産）　××

㈄　総勘定元帳は入力結果をそのまま使えると思われます。

㈅　科目配列修正

　企業会計で作成される残高試算表，決算書は企業会計のルールによって分類，配列が決まっており，出力した残高試算表やＢＳ，損益を宗教法人用に変える必要がありますが，要は金額の整合ができればよいという位のつもりで，とりあえず出力した金額を，あらかじめエクセル等で作成した宗教法人用のフォームに，金額を貼り付ける用にすることでどうでしょうか。

㈆　予算の関係

　収支予算は別途エクセル等で作成しておき，決算後の収支計算と整合させます。

ソフトによって多少の違いはありますが，それでも役に立つと思われます。

4 証憑書類の整備，帳簿等の保管

(1) 証憑書類の整備，帳簿等の保管の必要性

　収支計算書等の計算書類を作成するための基礎資料である証憑書類や伝票，帳簿は，事後における計算書類の内容調査や質問に対する答弁のためにも証拠資料として役立つよう整理保存する必要があります。

　宗教法人の管理運営については，その公益性に鑑み，民主的でかつ透明性を高めることが社会的に要請されています。特に財務会計面については，宗教法人の責任者たる役員に固有の責務としてアカウンタビリティ（説明責任）がありますので，宗教活動上の取引──証憑書類──伝票──帳簿──計算書類の関係が，系統的に跡づけられて事後的チェックにも耐え得るようにしておくことが求められています。

(2) 証憑書類の整備と保管

　証憑書類とは，宗教活動上の取引の事実関係を明らかにし得る書類の総称であり，具体的には，契約書，見積書，納品書，請求書，領収証等です。その多くは，取引の相手方が作成した書類ですが，決裁書や旅費の精算書等，宗教法人内部の者の作成した書類も含まれます。

　次のような区分に基づき整理保管することが考えられます。

① **経常的収支にかかる書類**

　日常的な宗教活動上の取引にかかる証憑書類は，Ａ４判かＢ４判の台紙に日付順に貼付し，月単位にまとめておくと，それ以後の取扱いが便利です。

② **金融機関との取引書類**

　銀行預金や借入金にかかる書類は，上記とは別に区分して保管した方がわかりやすいでしょう。

③ 税務署等関連書類

区分	計算書類	提出(備置)先	提出期限	内容
宗教活動関連	財産目録 収支計算書 貸借対照表 (作成している場合)	宗教法人事務所	3カ月以内	・信者その他の利害関係人による閲覧（宗法25③）が認められているので、当然、質問が予想される。 ・ただし年間収入が8,000万円以下の場合は、収支計算書の作成が免除されている。
宗教活動関連	財産目録 収支計算書 貸借対照表 (作成している場合)	所轄庁	4カ月以内	・所轄庁による報告及び質問（宗法78の2） ・ただし年間収入が8,000万円以下の場合は、収支計算書の作成が免除されている。
宗教活動関連	収支計算書	税務署	4カ月以内	・年間収入が8,000万円を超える場合は、収支計算書を提出する。 （措法68の6、措令39の37②） この収支計算書の内容につき税務調査が行われるかどうかは不明である。当面はともかく、将来的にはあり得るので、準備が必要と考えられる。
収益事業があり申告している場合	宗教活動にかかる計算書類 (収支計算書) (貸借対照表)	税務署	2カ月以内	・収益事業を行い、法人税の申告を行っている場合は宗教活動にかかる計算書類を確定申告書に添付する。 （法基通15-2-14） ・収益活動にかかる税務調査に際し、計算書類の内容チェックが行われることは、十分に予想される。

　宗教活動に関連して納めるべき税金は、あまり多くないと考えられますが、主なものに、源泉所得税があります。源泉徴収の対象となる所得、徴収税額計算書、納付書等については、年末調整の書類等とともに区分して保管すること

が便利です。

④ 不動産関連書類

　土地，建物等の取得，売却にかかる書類は，臨時的なものであり，経費支出とは一線を画して別途保管する必要があります。

　なお，上記書類の保存期限については特別な定めはありません。税務署に収支計算書を提出している場合もあるので，上記の①～③は，7年間の保存が妥当であると考えられます。④の書類は，当該不動産が存在する限り保存する必要があるので，考え方としては永久保存が妥当です。

（3）　帳簿等の保管

　宗教法人で作成される帳簿は，どのような管理体制，処理方法を採用するかにより，その種類，様式も異なってきます。財務会計上の処理プロセスを機能的に区分して考えると次のようになります。

① 　金銭管理のための帳簿
② 　計算書類作成上の科目分類のための書類
　入出金伝票，振替伝票の科目仕訳がこの機能を担っています。この総合的な集計として総勘定元帳があります。
③ 　未収金等の回収，未払金や借入金弁済のための残高管理用帳簿
　各種の補助簿が考えられます。
④ 　財産管理帳簿
　一件ごと財産の内訳明細が必要なものの管理簿であり，いわゆる「台帳」と呼ばれるものです。

　上記帳簿等の保存期間は，証憑書類に準じて，①～③は7年間，④は永久保存が妥当であると考えられます。

第 7 章

財務運営適正性の監査

1　監査の必要性

　宗教法人法では,「監事」のような監査機関の設置は,宗教法人の自主性に委ねられています。他の非営利法人では行政上監事を置くべきであるとの指導がなされることが多く,ほとんどの法人がそれに従っています。
　言うまでもなく宗教法人も公益法人などと同じく公益を目的とする法人ですし,また,宗教法人の財政は信者からの寄進によって支えられていることを考えると,監事のような監査機関を設けるのがよいのではないかと思われます。現実には,包括宗教法人や予算規模の大きな宗教法人には監査機関が置かれ,法人の財務の執行状況などを監督する権限が与えられているようです。
　しかし,比較的規模の小さい宗教法人にあっては,総代や信者総会などが実質上内部監査的な職務を行っている例がみられ,このような場合にまで別に監査機関を設ける必要もないでのではないかと思われます。

2　監査の役割

　監査の目的は宗教法人の健全運営と不正発生の予防にあります。
　特に宗教法人の財産は一般と比べて価値のあるものが多く,財産管理の監査に多くの注意を払う必要があります。また,財産処分とか借入については宗教法人法上の制約が加えられていますので,公告等の手続に遺漏がなかったかどうか,それから予算の実施状況についての監査も重要です。
　監査機関が十分な知識をもって誠実に監査を実施すれば,対外的にも信頼を得ることができますし,監査機関の設置は税務上にも大きな影響があります。個人が宗教法人に贈与（死因贈与又は遺贈を含みます）又は低額譲渡したとき時価で譲渡したものとみなされ譲渡所得税が課せられますが,そのとき租税特別措置法第40条に基づいて譲渡所得の非課税の申請を行うことにより国税庁長官から承認される制度があり,監査機関についても規則的に必要であることが定

められています（措令25の17，40条通18参照）。

3　文化庁の監査についての考え方

　文化庁の「宗教法人の管理運営の手引き」には次のように述べられています。
「宗教法人の適正な財務運営を図るため，会計処理の妥当性を客観的に判定し，必要があれば執行機関に助言をあたえる機構を整備しておくことが望まれます。特に信者の寄進に基づく浄財によって維持されている場合は，一層要請されるところです。一般には総代会や宗会などが実質的にその役割を果たしている場合も多いと思いますが，監事のような独立した監査機関を設けることが望まれます。特に予算規模が大きい場合，事業を行う場合や包括宗教法人の場合には，原則として設置するべきでしょう。」

4　規則例の内容

　宗教法人の監査に関する規則例は，概ね，次のようになっています。
員数　　　　２人～６人
任期　　　　２～４年
資格　　　　信徒のうち，また代議員のうち，宗務経歴10年以上の教師のうち，学識経験者
選任　　　　役員会の選挙，代議員の互選等
監査機関　　監事，会計監査会，監査委員会
監査事項　　決算，出納状況，一般の宗務，財産管理等
権限　　　　役員会に監査報告し意見を述べること，及び役職員より監査上必要な報告及び説明を求めることができます。

5 規則例

次のような例示をしましたが，いずれの規則例でも監査機関を監事とし，役員又は役員に準じた立場に置かれています。しかし，このほかにも内部監査の職員であったり外部の公認会計士等の専門家であったりすることも考えられ，宗教法人の法律に基づくものではないことから任意に設置できるものと考えられます。

(1) 文化庁の文例

第7節　監事

（監事）

第23条　この法人に，監事〇人を置く。

2　監事は，〇〇者のうちから，責任役員及び総代〔宗会議員〕以外の者について，総代会〔宗会〕において選任する。

3　監事の任期は，〇年とする。ただし，再任を妨げない。

4　監事は，任期満了後でも，後任者が就任する時まで，なおその職務を行うものとする。

5　監事には，責任役員又は総代の配偶者及び利害関係を有する者が含まれることになってはならない。

6　監事は，この規則に定める職務を行うほか，この法人の財産状況（及び業務の執行）を監査し，必要に応じ，責任役員会及び総代会（宗会）に報告するものとする。

7　監事が第16条（代表役員の解任の条項）各号の一に該当するときは，総代会（宗会）において定数の3分の2以上の議決により，当該監事を解任することができる。この場合において，同条第3号中「代表役員」と

あるのは「監事」と読み替えるものとする。

（2） 宗教法人Aの規則例

第6条　この法人に，次の役員を置く。
　(1)　責任役員　10人
　(2)　監　　事　3人
2　役員のうちには，各役員について，その配偶者又は三親等以内の親族が役員の定数の3分の1をこえて含まれることになってはならない。
（役員の選任）
第7条　責任役員は次の各号に掲げるものとする
　(1)　この法人の住職の職にあるもの
　(2)　責任役員は評議員会において評議員のうちから選任された者　9人
　(3)　監事は評議員会において評議員のうちから選任された者　3人
2　前項第1号及び第2号並びに第3号の役員は住職又は評議員の職を退いた場合は，その職を失うものとする。
（監事の選任及び職務）
第8条　監事は，この法人の責任役員以外の者のうちから評議員会において選任する。
2　監事は，次の各号に掲げる職務を行う。
　(1)　この法人の財産の状況を監査すること。
　(2)　責任役員の業務執行の状況を監査すること。
　(3)　この法人の財産の状況又は責任役員の業務執行の状況について監査した結果不整の点のあることを発見したとき，これを責任役員会又は評議員会に報告すること。
　(4)　前号の報告をするために必要があるときは，責任役員会及び評議員会を招集し又は信者並びに利害関係者に通知すること。

(5) この法人の財産の状況又は責任役員の業務執行の状況について責任役員会又は評議員会に意見を述べること。
(決算の作成)
第41条　決算は，毎会計年度終了後1月以内に作成し，監事の監査を得て評議員会に報告するものとする。

(3) 宗教法人Bの規則例

第6節　監　事
(監事)
第20条　この法人に，監事1人を置く。
2　監事は，教会員のうちから，責任役員以外の者を，教会総会において選任する。
3　監事の任期は，2年とする。ただし，再任を妨げない。
4　監事は，任期満了後でも，後任者が就任するときまで，なおその職務を行うものとする。
5　監事には，責任役員若しくはその親族その他特殊の関係がある者又はこの教会の職員が含まれてはならない。
6　監事は，相互に親族その他特殊の関係がある者であってはならない。
7　監事は，この法人の財産状況を監査し，責任役員会及び教会総会に報告しなければならない。
8　監事が，第16条各号の一に該当するときは，責任役員会において定数の3分の2以上の議決及び教会総会において議員総数の3分の2以上が出席し，出席者の3分の2以上の議決を経て，代表役員は当該監事を解任することができる。この場合において，同条第2号中「代表役員」とあるのは「監事」と読み替えるものとする。

6　監査の範囲

監査は内部監査の領域に属し，通常次の監査範囲があるとされています。
① 　会計監査……金銭出納監査，財産管理状況の監査，決算監査，
② 　業務監査……宗務状況，業務状況
　しかし，適正な財務運営を図るということからほとんどが財務に関する監査すなわち予算執行状況と日常の収支，会計結果の監査が行われているようです。

7　会計監査の内容

　会計監査とは，他人が作成した会計記録や会計処理について，その正否を検査することです。監査を行うに当たって用いる手続には次のようなものがあります。
　(イ)　証憑突合せ
　　証憑書類を吟味し，それを補助簿や元帳と突合せし，その適正性を確かめる。
　(ロ)　計算突合せ
　　帳簿や計算書類の金額の合計その他の計算の適否を調べる。
　(ハ)　帳簿突合せ
　　伝票から元帳への転記，補助元帳の合計と総勘定元帳の突合せなど記入の正否を確かめる。
　(ニ)　実査・立会い
　　監査人自らが資産の現物を直接調べたり，またはその調べに立ち会うこと。
　(ホ)　そ　の　他
　　手続手法として質問，預け先への確認などを行う。
　しかし，宗教法人の特殊性，知識・専門性，全体のボリウムと時間との兼ね合い，実施効果などの問題から，簡素化した手続を取ることが多いようです。

8 監査の報告

監査報告書の目的は，監査結果の文書化ということです。

宗教法人の監査は，法人の構成員たる信者，会員に対して財務の内容を報告するものですから，信者等が知りたいと思うところに，応えなければなりません。

したがって，宗教法人会計の監査報告書には，一定の監査手続にもとづいて知り得たところによって，当該宗教法人の諸活動の予算執行の結果が，会計的にどのような実績を実らせたか，その宗教法人財産の状態がどのように変化し，現在どのようであるかについて言及するほか，監査実施中に知り得た問題点で，信者等に周知徹底した方がよいと思われる事項を指摘し，勧告する，等のことを含むべきだと考えます。

監査報告書に盛り込むべき事項については，

① 監査報告書には，作成の日付が記載され，監事等の署名捺印がなされるべきです。
② 監査報告書は，監査対象となった計算書類と，会計期間及び実施された監査範囲において妥当な監査がなされたかどうかについて記載するのが原則でしょう。
③ 監査報告書は，監査対象となった計算書類（収支計算書，貸借対照表，財産目録）が，一定のルールにしたがって，適正に作成されたかどうかを認定する意見を表示するのが原則です。
④ 文言については，専門家でなければ理解できないような特殊な用語はなるべく避け，全ての信者等が容易に理解できるように努めたいものです。

もっとも簡易で，財務の監査に限定された監査報告書の文例を示してみます。

【監査報告書例】

監査報告書

××××年×月××日
　　○○教総代会御中

　　　　　　　　　　　　　　　　宗教法人○○教
　　　　　　　　　　　　　　　監事　　○○○○　○印
　　　　　　　　　　　　　　　監事　　○○○○　○印

　わたしたちは，当教会の××××年3月31日現在の財産目録，貸借対照表および同日に終わる年度の収支計算書を監査しました。
　わたしたちの意見によれば，監査年度のこれら計算書類は，××××年3月31日現在の当教会の財政状態，及び同日に終わる予算執行実績を適正に示しているものと認めます。
　金銭出納，予算管理，証憑書類の整備，固定資産の管理など，会計業務全般の適正な処理のため，熱心かつ誠実にご精励いただいた会計担当者各位に対し，深く感謝いたします。

　　　　　　　　　　　　　　　　　　　　　　　　　　　（以上）

　　　　　　　　　所見　（以下，略）

9　外部監査の利用

　監査機関は，どちらかというと法人内部の監査機構です。監査のうち会計部分は専門的知識を要するため，公認会計士等外部の専門家に別途，指導を兼ねて会計監査を依頼する場合があります。法令や規則には特に定めがありませんが，法人と利害関係のない者の監査であるため，信頼が増すと思います。

第 8 章

税務処理の実務

1　宗教法人にかかる税金

(1)　国　　税
①　法　人　税

　宗教法人は法人税法上「公益法人等」として扱われ，宗教法人の所得に対する税法上の取扱いの原則は，本来の宗教活動であっても，法人税法上の収益事業に該当する事業を行う場合には，その事業から生ずる所得については法人税が課税されます（法基通15－1－1）。

　なお，地域間の税源の偏在性を是正し，財政力格差の縮小を図ることを目的として，法人住民税法人税割の税率の引下げにあわせて，地方交付税の財源を確保するため，平成26年3月31日に公布された「地方法人税法（平成26年法律第11号）」により地方法人税が創設されました。平成26年10月1日以後に開始する事業年度から，法人税の納税義務のある法人は，地方法人税の納税義務者となり，地方法人税確定申告書の提出が必要となっています。地方法人税の額は，課税標準法人税額に4.4％（消費税率引上げ時期の変更に伴う税制上の措置として，平成31年10月1日以降開始する事業年度から，法人住民税法人税割の税率の引下げにあわせて，10.3％に引き上げられます）の税率を乗じた金額となります。

②　不動産取引に対する取扱い

　宗教法人が取得し，又は保有する不動産や宗教法人が行う不動産取引については，次のように取り扱われています。

　①　宗教法人が物品等(土地や有価証券を除く)の購入をする場合には，消費税が課税されます。

　②　宗教法人が作成する土地・建物等の譲渡又は賃貸権の設定に関する契約書等には印紙税が課税されます。

　③　宗教法人が財産の贈与又は遺贈を受けた場合，原則として非課税ですが，財産を贈与又は遺贈することにより，贈与者又は遺贈者の相続人その他これらの者の特殊関係者の贈与税，相続税の負担が不当に減少する結果とな

るときは，宗教法人に贈与税，相続税が課税されます。

③ 国税の概要

公益法人等に関係のあると思われる国税で法人税及び地方法人税以外のものの概要及び公益法人等に対する特例は，概ね次のとおりです（平成29年8月現在）。

税目	課 税 の 内 容	公益法人等に対する特例
①所得税	所得税は，本来，個人の利子所得や配当所得，給与所得，事業所得などに対して課税されますが，内国法人が支払を受ける次の所得については，その支払の際，次の税率により所得税（源泉所得税）が課税されます（所法174，175，措法9の3，41の12）。 (1) 利子等（15％） (2) 配当等（20％，平成26年1月1日以降に支払を受けるべき上場株式等の配当は15％） (3) 定期積金の給付補てん金や抵当証券の利息など（15％） (4) 匿名組合契約に基づく利益の分配（20％） (5) 割引債の償還差益（18％又は16％） なお，平成25年1月1日から平成49年12月31日までの間に生じる所得については，所得税額の2.1％相当額が復興特別所得税として課税されます（復興財源確保法27）。	公益法人等が支払を受ける利子等，配当等，給付補てん金等，利益の分配については，所得税（源泉所得税）は課税されません（所法11）。 なお，割引債の償還差益については，その発行の際に18％又は16％の税率で源泉徴収をされますが公益法人等については，その償還の時に還付されます（措法41の12⑥）。 (注) 法人税法上公益法人等に含まれる非営利型法人に該当する一般社団法人等は，所得税法上は公共法人等には含まれないので，所得税が課税されます（法法別表第二，所法別表第一）。
②相続税（贈与税）	相続や遺贈又は贈与により財産を取得した個人については，相続税又は贈与税が課税されます（相法1の3，1の4）。	公益法人等に対し財産の贈与又は遺贈があった場合（法人税が課税される場合を除く）で，贈与者又は遺贈者の親族等の相続税又は贈与税の負担が不当に減少する結果となると認められるときは，その公益法人等を個人とみなして相続税又は贈与税が課税されます（相法66④）。
③登録免許税	不動産について，所有権の移転などの登記等を受ける者については，一定の税率による登録免許税が課税されます（登法3，同法別表第一）。 この登録免許税は原則として現金で	学校法人が校舎の登記を行う場合，宗教法人が境内建物及び境内地の登記を行う場合のように特定の公益法人等が行う特定の登記等については，登録免許税は課税されません（登法4②，同法別表第

	納付しますが，税額が3万円以下である場合等には印紙による納付ができます（同法21，22）。	三）。
④消費税	次の非課税取引を除き，全ての国内取引と輸入貨物に対して課税されます（非課税取引，消法6，同法別表第一）。 (1) 土地等の譲渡及び貸付 (2) 住宅の貸付 (3) 有価証券等の譲渡 (4) 利子，保険料 (5) 郵便切手類，物品切手 (6) 公的医療，社会福祉事業 (7) 埋葬料，火葬料 (8) 学校教育など	左の非課税取引は，全ての者に適用され，宗教法人としての特例はありません。
⑤印紙税	契約書，約束手形，領収書等の課税文書の作成者については，その作成した文書について印紙税が課税されます（印法3①）。	次の文書については，印紙税は課税されません。 (1) 公益法人等が作成する定款，受取書等非課税物件とされるもの（印基通別表第一第17号文書22） (2) 特別の法律により設立された非課税法人（印法別表第二）が作成した文書（同法5二） (3) 社会福祉法人が作成する生活困難者に対する貸付金に関する文書等非課税文書とされるもの（同法5三，同法別表第三）
⑥関税	貨物を輸入する者については，輸入貨物について関税が課税されます（関税法3，6）。	公益法人等が経営する博物館，研究所等で陳列し又は使用する標本，学術研究用品，これらの施設に寄贈された学術研究又は教育のための物品，社会福祉事業を行う施設に寄贈された社会福祉の用に供される物品，宗教団体に寄贈された儀式又は礼拝の用に直接供される物品等特定用途物品の輸入については，関税は課税されません（関税定率法15）。

(2) 地 方 税

① 事 業 税

　事業税は法人の行う事業に対し，所得又は収入金額を課税標準として課税する道府県税です。宗教法人の取扱いは法人税における取扱いと同様で，収益事

業を行うときのみ課税(所得割額)されることになっており(地税法72の5①)，収益事業の範囲も法人税と同様です。

なお，資本金が1億円を超える普通法人に適用される外形標準課税(付加価値割額，資本割額及び所得割額の合算額)は，宗教法人には適用されません。

また，地方法人特別税の廃止及びそれに伴う法人事業税への復元は，平成31年10月1日以後に開始する事業年度から実施されます。

② 住 民 税

収益事業を営む宗教法人には原則として住民税(道府県民税，市町村民税，都民税)の均等割税額及び法人税割税額が課せられることとなっています。収益事業を行わない宗教法人は非課税で，均等割税額も課せられません(地税法25①)。

法人住民税の均等割税額は，一般に法人の資本金額又は出資金額に資本積立金額等を加えた額から欠損の塡補又は損失の塡補に充てた金額を控除した金額などの規模によって区分されますが，宗教法人の場合は一律に最低の税率によって課せられることになっており，道府県民税においては標準税率年額20,000円，市町村民税においては標準税率年額50,000円(制限税率60,000円)が課税されます。

法人住民税の法人税割税額は，平成31年10月1日以降開始する事業年度から，地方法人税の税率の引上げにあわせて，税率が引き下げられます。

③ 不動産取得税

不動産取得税は，不動産(土地，家屋)を取得した場合，不動産の価格を課税標準として4％(平成30年3月31日までの一定の取得には3％などの軽減措置がある)の税率により課税される道府県税ですが，公益上の理由に基づき非課税措置が設けられており，宗教法人が取得する特定の不動産については非課税扱いとされています(地税法73の4①二・三)。

その非課税扱いの概要は次のとおりです。

① 宗教法人がもっぱらその本来の用に供する宗教法人法3条に規定する境内建物及び境内地(旧宗教法人令の規定による宗教法人のこれに相当する建物及

び土地を含む）
② 宗教法人がその設置する幼稚園において直接保有の用に供する不動産
③ 宗教法人がその設置する博物館法2条1項の博物館において直接その用に供する不動産

④ **固定資産税**

　固定資産税は，固定資産（土地，建物及び償却資産）について，毎年1月1日（賦課期日）現在において，固定資産課税台帳に所有者として登録されている者に対し，原則として固定資産の価格に基づく課税標準に対し1.4％の税率により課せられる市町村税ですが，墓地及び前記の不動産取得税における①～③に該当する固定資産について非課税扱いとされています（地税法348②三・四・九）。

　なお，これらの非課税固定資産を有料で借り受けた者が，その目的に該当する固定資産として使用する場合においては，その固定資産の所有者に固定資産税を課税することができるとされています。また，これらの非課税固定資産をそれぞれの目的以外に使用する場合には，固定資産税が課税されることになります。

⑤ **都市計画税**

　都市計画税は，市街化区域内又は市街化調整区域のうち市町村の条例で定める区域内に所在する土地及び家屋に対し，その価格を課税標準として課税される市町村目的税で，制限税率は0.3％ですが，宗教法人に対する非課税扱いは，固定資産税と同様です（地税法702の2②）。

⑥ **事 業 所 税**

　事業所税は，指定都市等が事業所床面積及び従業者給与総額を課税標準として課する市町村目的税ですが，非収益事業に係る部分については課税されず，収益事業分についてのみ課税されます（地税法701の34②）。

第8章　税務処理の実務　199

2　収益事業課税制度

(1)　公益法人等と収益事業課税

　宗教法人など法人税法上の公益法人等（法法2六、同法別表第二）に対しては、収益事業の所得について法人税が課税されます。

　公益法人等が、収益事業を営む場合は、その収益事業に限って法人税が課されます（法法4）。また、公益法人等は、収益事業から生じた所得以外の所得は非課税と明記されています（法法7）。つまり、公益法人等については、収益事業を営む場合に限って、その収益事業から生じた各事業年度の所得についてのみ法人税が課税されるということです。そして、このように課税所得が制限されていることから、収益事業を営む公益法人等については、収益事業から生ずる所得に関する経理と収益事業以外の事業（その法人の本来的事業等）から生ずる所得に関する経理を区分して行うことが要求されています。

　なお、外国法人（法法2四）である公益法人等については、各事業年度の国内源泉所得であれば収益事業から生じた所得についても法人税が課税されます（法法4③、9①）。ただし、外国法人である人格のない社団等については、国内源泉所得のうち収益事業から生じた所得についてのみ法人税が課税されます（法法9②）。

(2)　公益法人等に課税する趣旨

　公益法人の中には、一般の企業と何ら変わらない事業を営んでいる場合もあります。そこで、一般企業との課税の均衡をはかるため公益法人等が行う事業のうち一般企業が行う事業と競合する事業（収益事業）を課税の対象とすることとしたものです。

　従来営利的事業を行わず、もっぱら一般の寄附金等によって事業を行っていた公益法人等も新たに営利的事業を行うようになり、営利的事業を従前から行っていた場合は拡張する傾向が顕著になっています。元来公益法人が営利的

事業を行うのは、その本来の目的たる公益事業を遂行する上のやむを得ない手段であるべきですから、公益法人の行う営利事業の収益が本来の事業遂行のための経費を賄ってなお余りあるという段階に至ると、それは公益法人の行う営利的事業としては行き過ぎであるともいえます。そして、一般の営利法人の行う事業との間に、一方は法人税が非課税であり、一方は課税されるという関係から著しい不権衡を生ずることになります。そこで、公益法人等に対しても、収益事業から生ずる所得にのみ法人税を課税することとされました。

(3) 現行制度の概要

公益法人制度は、明治31年に施行された旧民法から始まり、民間の公営活動の担い手として大きな役割を果たしてきました。公益法人は、旧民法34条に基づき、主務官庁の許可を得て設立され、各種税制上の恩恵を受けていました。しかしながら、公益法人制度が制定されてから110年以上が経過し、多様化する社会のニーズに応え、民間非営利部門の活動の健全な発展を促進し民による公益の増進に寄与するとともに、主務官庁の裁量権に基づく許可の不明瞭性等の従来の公益法人制度の問題点を解決するために、平成20年12月1日に新公益法人制度として公益三法が施行されました。公益三法とは、一般社団法人及び一般財団法人に関する法律（以下、「一般法人法」）、公益社団法人及び公益財団法人の認定等に関する法律（以下、「認定法」）、一般社団法人及び一般財団法人に関する法律及び公益社団法人及び公益財団法人の認定等に関する法律の施行に伴う関係法律の整備等に関する法律（以下、「整備法」）です。

新公益法人制度では、旧制度における主務官庁制が廃止され、法人の設立と公益性の判断が分離されました。法人は一般法人と公益法人に分けられますが、これらのうち一般法人は登記のみで設立することが可能（一般法人法22，163）となり、一般法人が公益法人を目指す際には、認定法に定められた公益認定基準を満たしていると行政庁である内閣総理大臣又は都道府県知事に認定されることが必要となりました（認定法5）。

従来の社団法人・財団法人は、新公益法人制度では「特例民法法人」として

従来の法人制度が維持され（整備法40，42），公益三法の施行日から5年間を移行期間として，公益社団法人・公益財団法人への移行の認定申請又は一般社団法人・一般財団法人への移行の認可申請を行うことができます（整備法44，45）。なお，移行申請の期限である平成25年11月30日までに移行申請を行わなかった又は当該期限までに移行申請を行ったが，移行期間の終了後に認定又は認可が得られなかった特例民法法人は，原則として移行期間の満了日に解散したものとみなされます（整備法46）。

法人税法上は，公益三法の施行により，従来の社団法人・財団法人は，公益社団法人・公益財団法人，一般社団法人・一般財団法人に区分されました。公益社団法人・公益財団法人，一般社団法人・一般財団法人のうち非営利型法人は公益法人等として扱われます。非営利型の一般社団法人・一般財団法人とは，一定の要件を満たした非営利性が徹底された法人又は共益的活動を目的とする法人です（法法2九の二）。なお，要件を満たさない非営利型以外の一般社団法人・一般財団法人は，普通法人として扱われることとなりました。

宗教法人を含む公益法人等も法人である以上，普通法人と同様に法人税が課税されますが，その特殊性から次のような特例が定められています。

① **課税所得の範囲**

公益法人等については，収益事業から生じた所得についてだけ法人税が課税されます。

② **寄附金の損金算入限度額**

法人が支出する寄附金の額のうち一定の損金算入限度額を超える部分の金額は，各事業年度の所得の金額の計算上損金の額に算入されません（法法37①）が，この損金算入限度額（所得金額基準）は，普通法人の100分の2.5に対して，非営利型の一般社団法人・一般財団法人を除いた公益法人等のうち，公益社団法人・公益財団法人は100分の50，一定の学校法人，社会福祉法人，更生保護法人及び社会医療法人は100分の50又は200万円のいずれか多い額，宗教法人等その他の法人は100分の20と有利になっています（法令73①三）。また，非営利型の一般社団法人・一般財団法人を除いた公益法人等につき，収益事業に属する資

産を収益事業以外の事業に繰り入れた場合には，その繰り入れた金額は寄附金とみなすこととなっています（法法37⑤）。

③ 税　　　率

　公益法人等のうち公益社団法人・公益財団法人，非営利型の一般社団法人・一般財団法人等の基本税率は普通法人と同じく平成28年4月1日以後開始事業年度は23.4%，平成30年4月1日以後開始事業年度は23.2%（年800万円以下の所得に対しては19%）です（法法66①，②）。これに対して，宗教法人等の上記以外の公益法人等は19%に軽減されています（法法66③）。なお，平成24年4月1日から平成31年3月31日までの間に開始する事業年度については，19%の税率が15%（宗教法人等の場合は年800万円以下の所得に対して15%）に軽減されています（措法42の3の2）。

　なお，平成26年10月1日以後に開始する事業年度から，法人税額の4.4%（消費税率引上げ時期の変更に伴う税制上の措置として，平成31年10月1日以降開始する事業年度から，法人住民税法人税割の税率の引下げにあわせて，10.3%に引き上げられます）相当額が，地方法人税として課税されています（地方法人税法10）。

④ 中 間 申 告

　1年決算の一般法人（普通法人）については，一定の要件により中間申告書を提出して法人税の中間納付をする必要があります（法法71①）が，公益法人等については，その提出，納付は要しないこととされています。

⑤ 源泉所得税の非課税

　内国法人が支払を受ける利子，配当等については，原則として，その支払の際15%又は20%の税率により所得税が課税（源泉徴収）されます（所法174，175）が，公益法人等については，非課税とされています（所法11①）。

⑥ 解散した公益法人等の納税義務

　公益法人等が解散した場合には，その清算中の各事業年度の所得については，会社等の場合のように出資者に対し残余財産を分配するという概念はなく，残余財産は同種の公益法人等，国等に帰属することとなります。しかし，清算中の各事業年度の収益事業から生じた所得については法人税が課されることに

なっています（法法7）。

3　収益事業の意義

(1)　収益事業の範囲

　収益事業とは販売業や製造業などで継続して事業場を設けて営むものをいいます（法法2十三）。

　法人税法上の収益事業は、収益事業課税制度が宗教法人などの公益法人が営む事業のうち、一般の企業と競合関係にあるようなものに限定して課税することとしていることから、一般の企業も営んでいる販売業や製造業など34の事業を課税の対象とすることとし、しかも、これらの事業のうち、継続して事業場を設けて営むものだけを収益事業とすることとしています。

　したがって、法人税法上の収益事業とは、簡単にいえば、

① 課税対象となる事業（これらの事業が税法に個別に規定されているので、「特掲事業」ということがあります）に該当すること

② 継続して営まれていること

③ 事業場を設けて営まれていること

の三つの要件を満たすものをいいます。

(2)　課税の対象となる事業

　課税の対象となる収益事業には、次の34の事業が特掲されています（法令5）。

　その性質上これらの事業に付随して行われる行為（付随事業）もこれらの事業に含まれます。

1　物品販売業（動植物その他通常物品といわないものの販売業を含む）

2　不動産販売業

3　金銭貸付業

4　物品貸付業（動植物その他通常物品といわないものの貸付業を含む）

5　不動産貸付業

6 製造業（電気又はガス供給業，熱供給業及び物品の加工修理業を含む）
7 通信業（放送業を含む）
8 運送業（運送取扱業を含む）
9 倉庫業（寄託物品の保管業を含む）
10 請負業（事務処理の委託を受ける業を含む）
11 印刷業
12 出版業
13 写真業
14 席貸業
15 旅館業
16 料理店業その他の飲食店業
17 周旋業
18 代理業
19 仲立業
20 問屋業
21 鉱業
22 土石採取業
23 浴場業
24 理容業
25 美容業
26 興行業
27 遊技所業
28 遊覧所業
29 医療保健業
30 洋裁，和裁，着付け，茶道，生花，書道等の技芸教授を行う事業
31 駐車場業
32 信用保証業
33 無体財産権提供業

34　労働者派遣業

　これらの事業に該当しないものはたとえその事業から相当の利益があがっていても課税の対象にはなりません。

　公益法人の営む事業がこれらの事業に該当するかどうかは，個々の事業について，その経済的な実体や事業目的などを考慮して個別に判断することになりますが，その基本的な考え方が国税庁長官の通達（法基通15－1－1～15－1－72「収益事業の範囲」）で示されています。

　なお，これらの事業に付随して行われる行為（これを「付随行為」ともいいます），たとえば，物品販売業を営む公益法人がその事業から生じた所得を預貯金や公社債などの有価証券に運用する行為も，これらの事業に含まれますので，その付随行為から生じた収益も課税の対象になります。

（3）　課税される収益事業の事業場の意義

　収益事業課税の対象となる事業を行っても，事業場を設けていなければ課税されません（法法2十三）が，事業場とは，機能的にみてその事業活動の拠点となるべき場所をいうので，具体的に特定した事務所や店舗がなくてもその拠点となる場所があれば事業場を設けて営むことになります。

　公益法人等が常設の店舗，工場，事務所等の固定的な施設を設けて事業を営んでいる場合のその施設のほか，必要に応じて随時その事業活動のための施設を設け，又は既存の施設を利用してその事業活動を営む場合のこれらの施設も事業場に含まれます（法基通15－1－4）。

　したがって，たとえば，移動販売，移動演劇興行等のようにその事業活動を行う場所が転々と移動する場合であっても，事業場を設けて営むものに該当します。また，飲料等の自動販売機を設置して飲料等を販売する行為も事業場を設けて営むものに該当します。

　このように，事業場とは，具体的な施設ではなく，その事業を行う場合の拠点となる場所という考え方ですから，事業を行う以上，その事業活動を行うためには何らかの拠点があるはずであり，一般的には，事業を行っていれば，事

業場を設けてその事業を行っていることになるものと考えられます。

(4) 継続して営む事業の意義

　公益法人等の営む事業が前出34の特掲事業に該当し，かつ事業場を設けて営まれる事業であっても，それが継続して営まれない事業であれば収益事業には該当しないことになります（法法２十三）。

　この場合の継続して営まれる事業には，公益法人等の各事業年度の全期間を通じて継続して事業活動を行うもののほか，その全期間を通じて事業活動が行われないものであっても，その事業の性質上，全体として継続性があると認められる次のようなものも準備期間が相当長期にわたる事業であるため「継続して営まれる事業」に該当することとされています（法基通15－1－5）。

　販売等の事業活動が短期間しか行われないものであっても，その事業活動に至るまでの準備期間が相当長期間にわたるものについては，その準備期間を含めたところで継続性を判断することになります。

① たとえば，土地を造成して分譲する事業，全集や事典を出版する事業のように，通常一の事業計画に基づく事業の遂行に相当期間を要するもの
② たとえば，海水浴場における席貸し，縁日における物品販売のように，通常相当期間にわたって継続して行われるもの，定期的又は不定期に反復して行われるもの

(5) 公益法人等の事業目的と法人課税

　公益法人等が前出の34の特掲事業の何れかに該当する事業を行う場合には，たとえその行う事業が当該公益法人等の本来の目的たる事業であっても，当該事業から生ずる所得については法人税が課税されます（法基通15－1－1）。

　公益法人等は公益を目的として設立されたものであって営利行為を目的とするものではありませんが，その公益性は，税務上の基準ではなく一般私法上あるいは行政上の基準により判断するものであって，その目的を達成するための事業が税法上の収益事業に該当するかどうかの判断基準とは全く別個のもので

す。

　一方，法人税法上の収益事業課税の趣旨ないしは収益事業の範囲は，基本的には同一の事業を営む一般私企業と競合関係にあるものは公益法人等についても課税すべきであるという税法固有の判断基準によるものですから，公益法人等の本来の事業が税法上の収益事業に該当したからといって，公益法人の目的とする事業の公益性を否定するものではありません。

　なお，公益法人等が行う事業で，その性格や内容が収益事業に該当するものであっても，公益社団法人・公益財団法人が認定法2条4号に定める公益目的事業に該当する事業として行っている場合などは，収益事業には該当せず，法人税は課税されません（法令5②）。たとえば，宗教法人が行う墳墓地の貸付業のように収益的性格を有しないものや，特別の法律により設立された公益法人等がその法律に基づいて行う事業，国や地方公共団体の行うべき事業，教育・学術・社会福祉の貢献度から特に公益性が高いものなどは，税法の規定により個別に収益事業から除かれています。

4　収益事業課税の具体例

(1)　他人に委託して行う収益事業

　公益法人等が自ら表面上あるいは名義上の経営者として収益事業を営まない場合であっても，次のような事情があるため実質的には自ら収益事業を営んでいると認められる場合には，その公益法人等がその事業を営んでいることになるので，その公益法人等に課税することになります（法基通15-1-2）。

① 　公益法人等が収益事業に該当する事業に係る業務の全部又は一部を委託契約に基づいて他の者に行わせている場合

　　たとえば，宗教法人がその有する会館等における食堂，売店等の経営を他人に行わせ，収益の一部を収受している場合には，その宗教法人が物品販売業又は飲食店業を営んでいるものとして取り扱われます。

② 　公益法人等が，収益事業に該当する事業を行うことを目的とする組合契

約(匿名組合契約を含む)その他これに類する契約に基づいてその事業に関する費用及び損失を負担し,又はその収益の分配を受けることとしているため,実質的に自らその事業を営んでいると認められる場合

　たとえば,公益法人等がいわゆるジョイント・ベンチャー方式により収益事業に該当する土木建築の請負を行っている場合には,当該ジョイント・ベンチャーから生ずる収益,費用等については,組合契約等による損益分配割合に基づいて個々の組合員である公益法人等に帰属することになるため,実質的にはその公益法人等が自ら事業を営んでいることになります(法基通14-1-1～14-1-3)。

③　公益法人等がその財産の受益者等課税信託をしている場合において,当該信託に係る受託者における当該財産の運用に係る行為が特掲事業の何れかに該当するとき

　たとえば,公益法人等がその財産を信託し,その指図に基づいて受託者が当該財産を貸付金や不動産に運用した場合には,その信託から生じた収益については,金銭貸付業又は不動産貸付業などの所得として収益事業の課税対象になります(法法12①)。

(2)　共済事業

　公益法人等がその構成員等のためにいわゆる共済事業として行う事業については,当該事業に含まれる個々の事業の内容に応じて収益事業に該当するかどうかの判定を行います(法基通15-1-3)。

　共済事業は,それ自体独立した事業ではなく,たとえば,構成員等が拠出した資金を基としてその構成員等に一定の事由が生じた場合にあらかじめ定められた基準に基づき一定額の給付を行う,いわば狭義の共済事業ともいうべき共済給付事業のほか,構成員等の福利厚生等のための各種の事業の総称であるから,収益事業課税においては,次のようにそれぞれの事業ごとに収益事業に該当するかどうかを判定することになります。

① 共済給付事業

その給付事業が保険会社の行う事業と同様のものであれば、保険業そのものは特掲事業に含まれていないので、収益事業には該当しないことになります。

また、構成員等から拠出された資金の余資を預金、有価証券等に運用する行為（たとえば、投資業）は、特掲事業には含まれていないので、その行為が収益事業に係る付随行為に該当しない限り収益事業には該当しないことになります。

② 融資事業

原則として金銭貸付業に該当するが、その融資が構成員等を対象とする低利のいわゆる共済貸付であれば収益事業には該当しません（法基通15－1－15）。

③ 団体生命保険事業

構成員等が団体生命保険（いわゆるグループ保険）などに加入するにあたり、その加入手続、保険料徴収等の事務の代行を行うものは、請負業に該当します。

④ 物資あっせん事業

物品販売業又は斡旋業に該当します。

(3) 物品販売業

物品販売業には、一般的には卸売業及び小売業が含まれます。動植物その他通常物品といわないものの販売業もここでいう物品販売業に含まれますが、必ずしも店舗等の施設を設けて販売を行う場合に限られません。

① 物品の範囲

物品販売業における物品には、通常物品といわないものが含まれます（法令5①一かっこ書）。この通常物品といわないものには、動植物のほか、郵便切手、収入印紙、物品引換券等が含まれますが、有価証券及び手形はこれには含まれません（法基通15－1－9（注）1）。

② 会費徴収手段としての物品の頒布

公益法人等がその会員等に対して有償で物品の頒布を行う場合には、その頒布は形式的には物品の販売に該当しますが、当該物品の頒布が当該物品の用途、頒布価額等からみてもっぱら会員等からその事業規模等に応じて会費を徴収す

る手段として行われるものであると認められるときは，当該物品の頒布は，物品販売業には該当しないものとして取り扱われます（法基通15－1－9（注）3）。

③ 宗教法人の物品販売

宗教法人におけるお守り，お札，おみくじ等の販売のように，その売価と仕入原価との関係からみてその差額が通常の物品販売業における売買利潤ではなく実質は喜捨金と認められる場合のその販売は，物品販売業に該当しないこととされています。ただし，宗教法人以外の者が，一般の物品販売業として販売できる性質を有するもの（たとえば，絵葉書，写真帳，暦，線香，ろうそく，供花等）を一般の販売業者と概ね同様の価格で販売している場合は，物品販売業に該当します（法基通15－1－10(1)）。

なお，宗教法人が経営する霊園の墓地等の使用者から永代使用料として収受した金員のうち，墳墓等の敷地に相当する部分の貸付は収益事業にはなりませんが，墓石及びカロート（墓石の基礎と一体となった骨壺等を収納するための設置物）の販売に係る部分は物品販売業に該当することになります（平成25年4月25日　東京高裁判決）。

（4）　不動産販売業

不動産販売業には，一般的には，不特定又は多数の者を対象にして反復又は継続的に不動産の買入又は売却を行う事業が含まれます。

公益法人等が固定資産として使用していた不動産を譲渡する場合，その譲渡が当該不動産の単なる処分としての譲渡であればその譲渡行為は不動産販売業には該当しません。

公益法人が固定資産たる土地を処分する場合であっても，当該土地について区画形質の変更（宅地の造成工事，道路，公園等の整備，区画割り等）を加え，あるいはマンション等の集合住宅を建設して分譲する行為は，不特定又は多数の者を対象とする販売行為として不動産販売業に原則として該当しますが，当該土地が相当期間（10年以上）にわたり固定資産として保有されていたものであり，かつ分譲行為等がもっぱら土地の譲渡を容易にするために行われた場合には，

不動産販売業には該当しないものとされています（法基通15－1－12）。

なお，宗教法人又は公益社団法人・公益財団法人が墳墓地につき，いわゆる永代使用権を設定する行為は，収益事業から除外される不動産貸付業（法令5①五，法基通15－1－18）に該当しますが，造成した墳墓地そのものを分譲する行為は原則として不動産販売業に該当し課税対象となります。

（5） 不動産貸付業
① 収益事業になる不動産貸付業

不動産貸付業とは，不動産をその用途，用法に従って他の者に利用させ，対価を得る事業をいうので，たとえば，賃貸借契約に基づいて，土地，建物等の全部又は一部を他の者に使用させる行為のほか，店舗の一画を他の者に継続的に使用させるいわゆるケース貸し，広告のために建物その他の建造物の屋上，壁面等を他の者に使用させる行為は不動産貸付業に含まれます（法基通15－1－17）。

また，倉庫業（法令5①九），席貸業（法令5①十四），遊技所業（法令5①二十七），駐車場業（法令5①三十一）とされる不動産の貸付けは，不動産貸付業ではありませんが，それぞれ収益事業課税の対象になります（法基通15－1－17（注））。

② 収益事業にならない宗教法人等の不動産貸付業
(イ) 宗教法人等が行う墳墓地の貸付け

宗教法人（宗法4②），公益社団法人・公益財団法人が行う墳墓地の貸付業は収益事業になりません（法令5①五ニ）。したがって，墳墓地の貸付業であっても，これらの法人以外の公益法人等（たとえば社会福祉法人）が行うものは収益事業になります。

墳墓地の法人税法上の定義は必ずしも明らかではありませんが，「墓地，埋葬等に関する法律（昭和23年法律第48号）」によれば，（人間の）死体を埋葬し，又は焼骨を埋葬するための「墳墓」を設けるための区域，すなわち「墓地」をいい，他人の委託を受けて焼骨を収蔵するための「納骨堂」が含まれるも

のと解されています。

　墳墓地の貸付けには，一般的には，その使用期間に応じて継続的に地代その他の使用料を徴収する形態のもののほか，その貸付けにあたり「永代使用料」等として一定の金額を一括して徴収するいわゆる永代使用権を設定する行為も含まれます（法基通15－1－18）。したがって，墳墓地の「分譲」といわれる行為であっても，その契約内容が永代使用権の設定であれば，墳墓地の貸付けに該当しますが，墳墓地の区画に応じて，その敷地そのものを譲渡する形式による場合には，不動産販売業に該当することになります。

　なお，墳墓地の使用料とは別に，その墳墓地の維持・管理のための料金を徴収する場合には，その実態によっては請負業（法令5①十）に該当することになります（平成26年12月8日裁決，裁決事例集97）。

(ロ)　国等に対する不動産の貸付業

　国又は地方公共団体に対し，直接貸し付けられる不動産の貸付業は，収益事業にはなりません（法令5①五ホ）。

　この場合の「直接貸し付けられる」とは，国等によって直接使用されることを目的として当該国等に対し貸し付けられるものに限られますので，その使用目的は問いませんが，その不動産を国等が直接使用しないで他に転貸されているときは，国等に直接貸し付けられることにはならないので，ここにいう収益事業にならない国等に対する不動産の貸付業には該当しません（法基通15－1－19）。

(ハ)　住宅用地の低廉貸付

　主として住宅の用に供される土地の貸付業で，その貸付けの対価の額が低廉であるものは，収益事業にはなりません（法令5①五ヘ）。

　　㋑　主として住宅の用に供される土地とは，その床面積の2分の1以上が住宅の用に供されている家屋の敷地として使用されている土地のうち，その面積が当該家屋の床面積の10倍に相当する面積以下であるものをいうものとされています（法基通15－1－20）。したがって，その建物が店舗等併用住宅である場合において，その床面積の2分の1を超えて居住

用以外の用に供されているときは，その家屋の敷地は住宅の用に供されている土地には該当しないことになります。また，その家屋の床面積の10倍を超える面積の土地を貸し付ける場合には，その土地の全部がここでいう主として住宅の用に供される土地には該当しないことになります。
　㋺　貸付けの対価の額が低廉であるかどうかは，当該事業年度の貸付期間に対応する収入金額の合計額が，その土地に課される固定資産税額及び都市計画税額でその貸付期間に対応するものの合計額に3を乗じて計算した金額以下であるかどうかにより判定します（法規4）。
　㋩　貸付けの対価の額が低廉であるかどうかの判定する場合の判定単位，対価の額等は，次のように取り扱われます（法基通15－1－21）。
　　ⅰ　土地の貸付けが㋺の要件に該当するかどうかは，それぞれの貸付けごとに判定する（法基通15－1－21(1)）。
　　ⅱ　法人税法施行規則4条に規定する貸付期間に係る収入金額は，当該期間につき経常的に収受する地代の額によるものとし，契約の締結，更新又は更改に伴って収受する権利金その他の一時金の額はこれに含めないものとする（法基通15－1－21(2)）。
　　ⅲ　法人税法施行規則4条に規定する固定資産税及び都市計画税の額は，当該土地に係る固定資産税又は都市計画税が特別に減免されている場合であっても，その減免がされなかったとした場合におけるこれらの税額による（法基通15－1－21(3)）。

(6) 出 版 業

　出版業とは，一般的には，書籍，雑誌，新聞等の出版物を自らの計算において制作し販売する事業をいいますが，この場合の出版物には，各種の名簿，統計数値，企業財務に関する情報等の印刷物が含まれますので，これらの印刷物を刷成して販売する事業も出版業に含まれます（法基通15－1－31）。
　出版物を無償で会員などに配布するような場合には，原則として収益事業に該当しませんが，出版物の対価を会費等の名目で徴収しているときは，その会

費のうち当該出版物の代価相当額が出版業の収入になります（法基通15－1－36）。

なお，他の者が出版する出版物について，その編集・監修等を引き受ける事業は出版物には該当せず請負業（法令5①十）に該当します（法基通15－1－31（注）1）。

（7） 席 貸 業
① 収益事業になる席貸業

席貸しとは，一般的には，席料等を徴収して，客室，集会場等の施設を随時，時間を区切って単にその場所を利用させるために貸し付けることをいいますが，この席貸しのうち，その貸付けを受けた者がその施設を不特定又は多数の者の娯楽，遊興又は慰安の用に供するためにその貸付けを受ける場合のほか，これ以外で国等に供するための席貸しなど，一定のものを除き，全ての席貸しが収益事業である席貸業に該当します（法令5①十四ロ）。

したがって，これらの施設を利用させる行為であっても，その管理権を相手方に与え，長期にわたり継続して専用的に利用させる場合は不動産貸付業（法令5①五）に該当し，スポーツその他の遊技をする施設においてその遊技をさせるために不特定又は多数の者に利用させる場合は遊技所業（法令5①二十七）に該当します。なお，不動産貸付業又は席貸業については，法令上定めのある場合には，収益事業に該当しないものがありますが，遊技所において遊技をするための貸付けはその全てが収益事業に該当することになりますのでこの点にこれらの事業を区分する実益があります。

② 収益事業にならない席貸業
　(イ)　収益事業から除外される席貸業

　　次の席貸し（不特定又は多数の者の娯楽等のための席貸しを除く）は，収益事業にはなりません（法令5①十四ロ）。

　　① 国又は地方公共団体の用に供するための席貸業
　　② 社会福祉事業として行われる席貸業

③ 学校法人，専修学校及び各種学校又は職業訓練法人がその主たる目的とする業務に関連して行う席貸業
④ 公益法人等の主たる目的とする業務に関連して行う席貸業で，その会員などの用に供する席貸業で利用の対価の額が実費の範囲を超えないもの

(ロ) 収益事業にならない席貸業の要件

㋑ 会員に準ずる者の範囲

　公益法人等の行う会議のための席貸しが上記の課税対象外とされる会員等に対する低廉な対価による席貸しに該当するかどうかを判定する場合の「会員その他これに準ずる者」とは，公益法人等の正会員のほか，準会員，賛助会員等としてその公益法人等の業務運営に参画し，その業務運営のための費用の一部を負担している者やその公益法人等が複数の団体を構成員とする組織である場合のその間接の構成員などが含まれます（法基通15-1-38の2）。

㋺ 利用の対価の額が実費の範囲を超えないもの

　「その利用の対価の額が実費の範囲を超えないもの」に該当するかどうかの判定は，収益事業として法人税の申告を行うにあたっては，日々の取引の継続的記帳や収益事業と公益事業の区分経理などが必要となります。

　そこで，公益法人等の行う席貸しが「その利用の対価の額が実費の範囲を超えないもの」に該当するかどうかは，既往の実績等に照らし，その事業年度における会員等に対する席貸しの全体の収益と費用とが概ね均衡するような利用料金が設定されているかどうかにより判定することとされています（法基通15-1-38の3）。

　すなわち，その判定は1回の席貸しごとに行うのではなく，事業年度単位で行えばよいということになります。

(8) 旅　館　業

　旅館業法上の旅館業とは，ホテル営業，旅館営業，簡易宿所営業及び下宿営

業をいいますが，収益事業としての旅館業（法令5①十五）は，宿泊料その他その実績が宿泊料であると認められるものを受けて宿泊させる事業であるからこれらの営業が当然に含まれ，旅館業法による経営の許可を受けているかどうかは問いません（法基通15－1－39）。

したがって，たとえば，宗教法人が宿泊施設を有し，信者又は参詣人を宿泊させて宿泊料を受けるような行為は原則として旅館業に該当することになります。

しかし，公益法人等がもっぱら会員の研修その他その主たる目的とする事業のために必要な施設として設置した宿泊施設で，その利用料金が低廉であるなど次の要件の全てを満たす場合には，収益事業にはならないものとして取り扱われます（法基通15－1－42）。

① その宿泊施設の利用がもっぱら当該公益法人等（当然宗教法人を含む）の主たる目的とする事業の遂行に関連してなされるものであること
② その宿泊施設が多人数で共用する構造及び設備を主とするものであること
③ 利用者から受ける宿泊料の額が全ての利用者につき一泊1,000円（食事を提供するものについては，2食付で1,500円）以下であること

(9) 興 行 業

常設の美術館，博物館，資料館，宝物館等において主としてその所蔵品（保管の委託を受けたものを含む）を展示して観覧させる行為は，一種の見せ物ですが，これを企画，演出するという行為を伴わないのが通例であるから，たとえその観覧させる行為が有料で行われても興行業には該当しません（法基通15－1－52(注)）。

したがって，美術館等の経営を主たる目的とする公益法人等の行う当該美術館等における所蔵品の展示行為のほか，その展示を主たる目的としていない公益法人等であっても，その有する古美術品や建造物を有料で一般に公開する行為は興行業には該当しません。

(10) 医療保健業

医療保健業には，病院又は診療所を経営する事業，助産所を経営する事業のほか，療術業（あんま，指圧，はり，きゅう等），看護業，歯科技工業，獣医業等（法基通15-1-56）のほか，献血により血液を採取し，その採取した血液を供給する血液事業が含まれます（法令5①二十九かっこ書）。

また，患者を対象とする給食事業などは，医療保健業の付随事業とされます。

なお，地方公共団体，事業所等から委託を受けて予防注射の接種，健康診断等を行う事業は医療保健業であって請負業には該当しません（法基通15-1-29）。

(11) 技芸教授業等

技芸教授を行う事業とは，洋裁や和裁などの技芸を教授する事業をいい，学力の教授又は公開模擬試験を行う事業とは，学校の入学者選抜のための学力試験に備えるための学力の教授や模擬試験を行う事業をいい，技芸に関する免許の付与などを行う事業も含まれます。

① 技芸の範囲

技芸教授業とされる技芸とは，洋裁，和裁，着物着付け，編物，手芸，料理，理容，美容，茶道，生花，演劇，演芸，舞踊，舞踏，音楽，絵画，書道，写真，工芸，デザイン（レタリングを含む），自動車操縦（自動二輪車，原動機付自転車の操縦を含む），小型船舶（総トン数20トン未満の船舶などに限る）の操縦をいいます。これらの技芸の教授の一環として，又は付随して行われる講習会等は，たとえ一般教養，教育論等の講習をその内容とするものであっても，ここにいう技芸の教授に含まれます（法基通15-1-66(注)2）。

② 学力の教授

学力の教授とは，学校の入学者を選抜するための学力の試験（入学試験）に備えるため又は学校教育の補修のための学力の教授をいい，いわゆる予備校や学習塾の事業がこれに該当します。

なお，大学の入学試験に直接備えるための学力の教授又はその他の学力の教

授で，一定の要件を備えるものについては，収益事業から除かれます（法令5①三十ロ）。

③ 公開模擬学力試験

公開模擬学力試験とは，学校の入学者を選抜するための学力試験に備えるため広く一般に参加者を募集し当該学力試験にその内容及び方法を擬して行われる試験をいい，いわゆる予備校等を経営する学校法人等が行う事業のうち上記の試験を行うものがこれに該当します。

したがって，公開模擬学力試験の収益として課税の対象となるのは，一般の外部応募者から徴収する受験料とその試験を行う予備校等の生徒がその選択により受験料を負担してこれに参加する場合のその参加に係る部分が含まれます（法基通15-1-67）。

(12) 駐 車 場 業

駐車場業には，一般的には，自動車（自動二輪車，原動機付自転車等を含む）を駐車させる設備又は場所を設け，これを時間を単位として不特定又は多数の者に利用させるもののほか，たとえば，月極めや年極めのように相当期間にわたり継続して同一人に利用させるものが含まれます。駐車する自動車について保管責任を有するかどうかは，直接関係ありません。駐車場所として利用することを目的とする土地の一括貸付けは，不動産貸付業ではなく，駐車場業に該当します（法基通15-1-68）。したがって，土地を国又は地方公共団体に直接貸し付ける事業は不動産貸付業には含まれなくても，当該土地を国又は地方公共団体に駐車場用として一括貸し付ける場合には，駐車場業として収益事業課税の対象になります。

(13) 労働者派遣業

労働者派遣業とは，自己の雇用する者その他の者を，他の者の指揮命令を受けて，当該他の者のために当該他の者の行う事業に従事させる事業をいい，労働者派遣法の労働派遣事業のほか，自己と雇用関係のない者を他の指揮命令を

受けて，当該他の者の行う事業に従事させる事業が含まれます（法基通15－1－70）。労働者派遣法の改正により，派遣できる業種が拡大されたこともあり，公益法人等においても労働者派遣事業を行っている実態があること，経済活動として類似する一面を有する請負業や周旋業が収益事業とされていることから，平成20年の税制改正により，労働者派遣業が収益事業に追加されました。

5　宗教法人の活動と収益事業の課税

(1)　宗教活動収入と税金
①　信施収入と収益事業

　宗教法人本来の宗教活動に対応して信者等から志納される布施収入，供物料等のほかに，お守り札，護符，おみくじ等の頒布収入，線香，供花，ロウソク，暦等の販売収入が信施収入に含められるのが一般的です。

　宗教法人では，これらの物品は，本来信者等の喜捨に対するおかえしとして下賜するものと考えられているのですが，多くの社寺で，これらの品々の種類が増加するとともに，一般の物品販売業者が販売しているような品物も取り扱うようになってきたことから，これらの販売品のうちに課税対象になるものが生じました。

　税法上，課税，非課税の区分はその物品の価額が，一般の物品販売業者と競合するものに対する課税の公平にある訳ですから，宗教法人は，これらの物品が，宗教行事の喜捨に対するおかえしであって，一般との競合関係がない，また販売するのではなしに，宗教行事の一環として使用されるものである，という認識を支えるものは非課税であるので，これらの物品を自ら区分して，非課税の物品については，前述のように信施収入に計上し，その仕入費用は教化育成費等に計上するとともに，課税分の収入支出はそれ以外の，その他の収入支出で区分する等により両者を分離計上する必要があります。

　社寺等で販売されているものを区分してみると，概ね次のようになります（法基通15－1－10）。

(イ) 非課税物品

お守り札，護符，おみくじ等。

(ロ) 課税物品

経本，経典，数珠，暦，線香，ロウソク，供花，たすき，白衣，絵本，絵葉書，集印帳，硯墨，文鎮，メダル，楯，ペナント，ステッカー，キーホルダー，鈴，杯，杓子，陶器，杖等。

経本や経典，数珠，暦などや参詣にあたって神前や仏前にささげるためのロウソクや供花等で，喜捨金のおかえしとして下賜されるものであれば非課税になります。

② **参籠収入と収益事業**

参籠収入は，それが多人数で共同するものであり，全ての宿泊者に対しての低廉（1泊1,000円，又は2食付き1,500円以下）な宿泊施設を除いて，旅館等として課税対象となります（法基通15－1－42）。この場合その旅館等の施設の中で行う会議とか研修会等の席貸しであっても，上記の低廉な料金以外は席貸業又は旅館業の付随行為として課税対象になります。

宗教法人が，宿泊施設を有して，信者，参詣人等を宿泊させた場合，その名目を奉納料，護持料等としても，その金品を支払うことが求められている限り，名目のいかんにかかわらず実質が宿泊料と認められるので，その全てが課税対象となります。しかし参籠所は，その宗教法人が本来の活動に資するために多人数で共用する施設ですから，その宿泊料等が低廉である限り，旅館業として課税しないということです。

③ **拝観料収入と収益事業**

宗教法人が常設する宝物館，美術館，博物館，資料館等その所蔵品を展示する行為，国宝，重要文化財等の古美術品の建物，構築物等を有料で一般に公開する行為は，興行業に該当しないので非課税であるとされています（法基通15－1－52(注)）。

しかし宗教法人の有している庭園が，もっぱら不特定又は多数の者に，その天然又は人工的な景観等を観覧させるために，一定の場所を遊歩させることに

よって入場料を収受している場合は，拝観料収入と称していても，遊覧所業として課税対象になるので，これに対して庭園の管理，維持のための費用は区分して明らかにしておく必要があります（法基通15-1-55）。

④ 雑収入と収益事業

宗教法人がその他雑収入として計上しているものの中で，法人税の課税対象になるものに周旋業等によるあっせん料，仲介手数料等があります（法基通15-1-44）。

たとえば，檀信徒等の年忌，法事等に他の調理業者等の仕出し，飲食物等の提供に際して収受する業者等からのリベート，本山詣，遍路地詣等に対して旅行業者からのあっせん料，葬儀社等からのあっせん料，供花墓石等のあっせん，土産物販売，経本・経典等の販売手数料，生命保険事務取扱手数料等は周旋業として，本堂等檀信徒以外の者の葬儀用に貸し付ける場合（僧侶等が配役として出仕する場合を除く）は席貸業として課税対象になるので，雑収入をこれらと区分計上しておく必要があります。

（2） 葬儀等のために寺の本堂等を貸し付けた場合

宗教法人が本来の宗教活動として行う葬儀，法要，御祓等については，収益事業には該当しないものとして取り扱っています。したがって，宗教法人がその所有する本堂，会館等を檀家以外の者に貸し付ける場合であっても，それが本来の宗教活動の一環であれば収益事業として取り扱う必要はないこととなります。

葬儀等以外の目的で本堂等を貸し付けたことに伴い，その宗教法人の僧侶が葬儀等の導師又は伴僧として出仕しているものについては，宗教法人本来の宗教活動の一環であるとみるとができるので収益事業に該当しません。これに対し，その宗教法人の僧侶が葬儀等の導師又は伴僧として出仕しない場合には，その宗教法人にとっては単に本堂等の「場所」を提供しているのに過ぎず，その宗教法人の宗教活動の一環とはいえないものと考えられます。

このような場合は，収益事業である席貸業として取り扱われることとなりま

す。つまり、宗教法人がその所有する会館を、僧侶が出仕せずに、檀家以外の者に利用させ対価として利用料を受領した場合には、席貸業に該当することになります（平成25年1月22日裁決）。

（3） お守り、お札、おみくじ等を有料頒布している場合

　宗教法人は、お守り、おみくじ、暦といったもののほかその宗教法人に関係のある絵葉書、図絵及びその宗教法人の沿革とかのいわれなどを印刷した冊子を販売している例がよく見受けられますが、お守り、お札、おみくじの販売のように売価と仕入原価との関係からみて、その差額が通常の物品販売業における売買利潤相当額ではなく、実質はいわゆる喜捨金として認められる場合のその販売は、物品販売業に該当しないものとして取り扱われます（法基通15－1－10(1)）。

（4） 神前結婚に伴う披露宴に料理を提供した場合

　宗教法人自らが披露宴において料理を提供する場合は、料理店業その他の飲食店業に該当し法人税の課税対象となります。

　宗教法人は神前結婚又は仏前結婚の儀式を取り行うことがよくありますが、それらの儀式が宗教活動の一環として行われる場合には、収益事業には該当しないこととされています（法基通15－1－72）。しかし、挙式後に行われる披露宴のための飲食物の提供、挙式のための衣装等の物品の貸付け、記念写真撮影などを行う行為は、宗教活動には直接関係がなく、料理店業、物品貸付業又は写真業に該当することになるので、法人税の課税の対象となります（法基通15－1－72）。

　この場合、宗教法人が料理店業その他の飲食業を営むときは、これに付随して行われる業務、たとえば控室として使用するための席貸しなどの行為も料理店業に含まれます（法基通15－1－6）。

　したがって、宗教法人自らが神前結婚の儀式後の披露宴において料理を提供する行為は、料理店業そのものですから、収益事業として法人税が課税されま

す（法令5①十六）。

　なお，宗教法人は披露宴の会場のみ貸すだけで，料理等は出入りの業者が提供することとしている場合は席貸業（法令5①十四）に該当することになります。

(5) ペット葬祭業を行う場合

　宗教法人が，葬儀内容と動物の重さの組み合わせに応じた確定金額から成る料金表等を定め，境内にペット用の火葬場，墓地，納骨堂等を設置して，死亡したペットの引き取り，葬儀，火葬，埋蔵，納骨，法要等を行っている場合，請負業，倉庫業，物品販売業並びにその性質上これらの事業に付随して行われる行為の形態を有するため，収益事業に該当することになります（平成20年9月12日　最高裁（第二小法廷）判決）。

　なお，宗教法人が行う墳墓地の貸付けは非収益事業とされていますが，墳墓地は人間に関するものに限られると解されていることなどから，ペットの納骨に係る事業は，墳墓地の貸付けには当たらず，倉庫業に該当することになります。

(6) 預金，有価証券等の運用益の課税と非課税

① 法人税の取扱い

　公益法人等が収益事業を行い，これから生じた所得を預貯金，有価証券等として運用する行為は，原則として収益事業の付随行為となり，課税の対象となります（法基通15－1－6(5)）。

　しかし，収益事業から生じた所得による預貯金，有価証券であっても，これらの余裕資金を収益事業以外の事業（以下「非収益事業」ともいう）に属するものとして区分経理すれば，区分経理した資金から生じた果実（利子，配当等）は非課税とされています。この場合，その運用益に課税されるかどうかの区分は，次によります。

　　① 非収益事業から生じた預金・有価証券等の運用益…非課税

②　収益事業から生じた預金・有価証券等の運用益（法基通15－1－6(5)）…課税

　　ただし，②のうち非収益事業に属する資産として区分経理したときの預金，有価証券等の運用益…非課税（法基通15－1－7）

　なお，これらの預金，有価証券等を収益事業から非収益事業へ区分経理するため振り替える処理をすることができるのは，収益事業の運営のために通常必要と認められる金額に見合うもの以外の完全な余裕資金であり，かつ，公益法人等の確定決算においてその反映をすることが要件とされています。この場合，収益事業以外の事業に区分経理したものとされる金額については，原則としてみなし寄附金（法法37⑤）の規定が適用されます。

②　所得税の取扱い

　所得税法上の公共法人等（宗教法人を含む）が支払を受ける利子等については，原則として非課税とされ所得税は課税（源泉徴収）されません（所法11①）。ただし，利子等又は配当等についてはその支払をする者に告知をしなければなりません（所法224①）。

　しかし，公社債等（公社債，貸付信託，公社債投資信託若しくは特定目的信託の受益権）の利子等については，公共法人等がその公社債等を引き続き所有していた期間に対応する部分に限って非課税（源泉徴収なし）とされます。この場合には所定の事項を記載した非課税申告書の提出を要します（所法11③）。

（7）　拝殿用の土地の贈与を受けた場合

① 寄附を受けた寺院の税務上の取扱い

　㈦　法人税

　宗教活動の用に供する土地の贈与を受けても対価としての性格はないので，収益事業には該当せず，法人税が課税されることはありません。

　㈬　贈与税

　宗教法人が個人から財産の贈与を受けた場合において，その贈与により，贈与をした個人の相続税などが不当に減少することとなるときは，贈与を受

けた宗教法人に贈与税が課税されます（相法66④）。ただし，贈与をした個人が，国税庁長官の承認を受ければ，課税されません（措法40①）。

(ハ) 登録免許税

　土地の贈与を受けた宗教法人にあっては，その土地の所有権の取得の登記をすることになりますが，もっぱら宗教の用に供する境内地の取得について受ける所有権の取得登記については，登録免許税は非課税とされています（登法4②，同法別表3十二）。ただし，この非課税規定の適用を受けるためには，登記しようとする資産が境内地に該当する旨を証する都道府県知事の証明書の添付が必要とされています（登法4②）。

② 寄附をした個人の税務上の取扱い

　個人がその有する譲渡所得の生ずる資産を法人に贈与した場合には，その贈与の時価により譲渡があったものとみなされ，その資産の譲渡による所得に対して所得税が課税されます（所法59①）。

　しかし，宗教法人その他の公益を目的とする事業を行う法人に対する財産の贈与があった場合において，その贈与が教育又は科学の振興，文化の向上，社会福祉への貢献その他公益の増進に著しく寄与すること，贈与があった日以後2年以内にその法人の公益を目的とする事業の用に直接供されること，その法人に対して財産の贈与をすることによりその贈与者の所得税又は相続税を不当に減少させる結果にならないことを認められること，などの要件を満たすものとして国税庁長官の承認を受けたときは，その財産の贈与はなかったものとみなされ，所得税は課税されません（措法40①，措令25の17⑤）。

　この場合，宗教法人に対する贈与が贈与者の所得税，相続税を不当に減少させる結果になるかどうかの判定にあたっては，次の要件を満たす場合には，不当に減少させる結果にはならないと認めることとされています（措令25の17⑥）。

① 法人の運営組織が適正であるとともに，その宗教法人の寄附行為において，その責任役員のうち特殊の関係にある者の数が三分の一以下とする旨の定めがあること

② その宗教法人に財産の贈与をする者，その宗教法人の責任役員又はこれ

らの者の親族等に対し，施設の利用，金銭の貸付け，資産の譲渡，給与の支給，役員の選任その他財産の運用及び事業の運営に関して特別の利益を与えないこと
③　その宗教法人の寄附行為において，その宗教法人が解散した場合にその残余財産が国若しくは地方公共団体又は他の公益法人等に帰属する旨の定めがあること
④　その宗教法人につき公益に反する事実がないこと

(8)　寄附金の領収証を発行した場合

　印紙税は，契約書，領収書等種々の証書を作成したときに必要となる税金で，通常印紙をその証書等に貼付することにより納税するものです。
　ところで，領収書などの受取書について印紙税が課税されるのは，金銭又は有価証券の受取書に限られていますが，さらに，金銭又は有価証券の受取書であっても次のものは非課税とされています。
①　記載金額が5万円未満のもの
②　営業に関しないもの
　そして，宗教法人などの公益法人の発行する受取書については，たとえ収益事業に関するものであっても，全て営業に関しないものとして取り扱うこととされています（印基通17号文書22）。
　したがって，寄附金の領収書には，印紙税は課税されないので，印紙を貼付する必要はありません。

(9)　収益を本会計に繰り入れた場合

　宗教法人が，店舗を設けて生花，線香，ロウソク等一般の物品販売業者が販売しているような物品を販売している場合には，原則として収益事業である物品販売業に該当し，法人税の課税の対象になります（法基通15-1-10(1)）。ただし，もっぱら参詣の際に神前，仏前に献げるために下賜する線香などは，物品販売業には含まれず，課税されません。

仮に物品販売業の売上代金の10％を寺院本来の宗教活動である公益事業部門の収入とすることは，収益事業部門で得られた所得（収益）の処分と考えられます。したがって，売上代金の10％をたとえ公益事業部門に繰り入れても収益事業部門の収益として取り扱い，収益事業の所得金額を計算することになります。

ところで，一般に宗教法人が収益事業を営む場合には，公益事業である宗教活動を行うに必要な資金を得るために行っているということでしょうから，収益事業の収益を宗教法人の本来の活動のために支出した場合には，法人税法上は，収益事業部門から公益事業部門に対して寄附があったものとして取り扱うこととしています（法法37⑤）。

この場合，収益事業部門においては，支出した寄附金の額のうち所得金額の20％相当額を限度として所得金額の計算上損金の額に算入することができます（法法37①，法令73①三）。

6　資産の取得，売却，処分と税金

(1)　財産の取得と税金

宗教法人が不動産を購入し，専ら自己又はその包括する宗教法人の宗教の用に供する境内建物の所有権の取得登記又は境内地の権利の取得登記については，非課税証明書を添付した場合にのみ登録免許税が非課税となります（登法4②）。宗教法人が設置運営する学校，保育所，認定こども園の校舎，敷地，運動場なども同様です。この非課税証明書は，不動産の所在地を管轄する都道府県知事により，当該不動産が宗教の用に供する境内建物又は境内地に該当する旨を証明する書類です（登規4）。

境内建物とは，本殿，拝殿，本堂，会堂，僧堂，僧院，信者修行所，社務所，庫裏，教職舎，宗務庁，教務院，教団事務所その他，宗教の教義をひろめ，儀式行事を行い，及び信者を教化育成するという宗教法人の目的のために供される建物及び工作物（附属の建物及び工作物を含む。）をいいます（宗法3①一）。境

内地とは，境内建物が存する一画の土地（立木竹その他建物及び工作物以外の定着物を含む。），参道として用いられる土地，庭園や山林その他尊厳又は風致を保持するために用いられる土地などをいいます（宗法3①二～七）。

　都道府県への非課税証明申請には，申請書，売買契約書，境内建物については建物登記事項証明書（表題登記又は前所有者名義），境内地については土地登記事項証明書（前所有者名義又は所有権移転仮登記）などの書類が必要になります。都道府県では，申請書類の審査，現地調査の上，当該境内建物又は境内地が専ら宗教法人の用に使用されていることが確認できた場合に，非課税証明書が交付されます。

　したがって，たとえ寺院や教会等の建築を予定して，その境内地として土地を取得しただけでは非課税証明書は発行されないので，所有権移転登記に係る登録免許税は非課税にならないことに留意する必要があります。

　宗教法人が，登記申請書に非課税証明書を添付せずに所有権移転登記及び持分全部移転登記を申請し，登録免許税を納付した後，納付した登録免許税について，非課税事由があるとして還付請求を行っても，当該登録免許税の還付は認められません（平成21年6月9日裁決，裁決事例集77-461）。同様に，登記申請書に非課税証明書を添付せず，登録免許税を錯誤により納付してしまった場合も，当該登録免許税の還付は認められません（平成20年9月24日，横浜地裁判決）。登録免許税は，納税義務が登記等のときに成立し，同時に特別の手続を要しないで納付すべき税額が確定する租税であり，登記官は形式的審査権のみしか有しないため，境内建物・境内地の取得について非課税とするための手続的課税要件として，非課税証明書の添付が求められています。

　なお，墳墓地に関する登記については，非課税証明書の添付は求められず，登録免許税は非課税です（登法5①十）が，登記記録の地目が墓地と記録されている必要があります。不動産の現況が墓地であっても，登記記録の地目が墓地でない場合には，登録免許税は課税されることになります（平成27年5月25日裁決）。

(2) 財産処分と税金

　財産を処分したとき，土地・建物であれば収益事業の不動産販売業に該当するとき以外は原則として課税されません。その不動産販売業の範囲は法人税基本通達15－1－12に，また，収益事業に属する固定資産の処分損益については法人税基本通達15－2－10に規定されています。

　なお，土地を販売して利益が算出され，収益事業に含まれて法人税の課税対象となるときは，土地重課制度があるので売却にあたっては，注意する必要があります。ただし，平成10年1月1日から平成32年3月31日(注)までの間の土地の譲渡等については適用が停止されています（措法62の3⑭）。

(3) 境内地を譲渡した場合の課税

　収益事業を行っていないのであれば，譲渡される土地は不動産販売業に該当しないので，法人税は課税されません。

　ところで，宗教法人が境内地に分譲マンションを建設する場合，境内地を墓地に造成して分譲する場合などは，原則として不動産販売業に該当し，法人税が課税されます。しかし，当該土地が相当期間にわたり固定資産として保有されていたものであり，かつ，その建築又は変更から分譲に至る一連の行為がもっぱら当該土地の譲渡を容易にするために行われたものであると認められる場合には，不動産販売業には該当しないものとされ，区画形質の変更により付加された価値に対してのみ課税されます（法基通15－1－12）。すなわち，当該土地の値上がり益であるキャピタル・ゲインについてはたとえ収益事業に属する資産の処分益であっても課税されません。なお，この場合の相当期間とは，概ね10年以上とされています。

　また，宗教法人が不動産貸付業として賃貸している土地を譲渡する場合など収益事業に属する固定資産を処分する場合には，収益事業の付随行為に該当することとなり（法基通15－1－6），法人税が課税されます。しかし，相当期間にわたり固定資産として所有していた土地等を譲渡などで処分する場合などには，当該処分損益は収益事業に含めないことができるとされています（法基通

15-2-10)。

7 宗教法人と源泉徴収

(1) 源泉徴収制度の仕組み

　宗教法人は，源泉徴収義務者として，給与等の一定の対価を支給する際に，所定の所得税の額を源泉徴収し，徴収した翌月の10日までに国に納付することが義務付けられています（所法183など）。

　なお，平成25年1月1日から平成49年12月31日までの給与等の所得については，所得税を源泉徴収する際，復興特別所得税も併せて徴収し，納付する必要があります。

　個人又は法人の所得となる一定の収入金額を，その支払者が支払に際して，その支払場所で，個別的に税金を課税する制度を「源泉徴収」といっています。たとえば，給与等の支給をするに際して，給与の支給者が，その支給金額のうちから，所定の所得税及び復興特別所得税を徴収し，国に納付することを給与の支給者に義務として課しているわけです。

　宗教法人は，源泉徴収義務者として，給与等を支給する際に，所定の税額を天引で徴収し，その徴収した翌月の10日までに国（所轄の税務署）に納付しなければなりません。ただし，給与の支給人員が常時10人未満である場合には，所轄税務署長の承認を受けることにより，年2回（1月～6月を7月10日迄に納付，7月～12月を1月20日迄に納付）にまとめて納付することができます（所法216など）。これを「納期の特例」といいます。

(2) 対象となる所得

　宗教法人で通常，源泉徴収しなければならない所得は，次のとおりです。
① **給与所得**（所法28）
　給料，俸給，賃金，賞与などによる所得で，金銭によるもののほか現物給与等の経済的利益も含まれます。なお，宗教法人の住職や宮司等が庫裏や社務所

等に無償で居住することは，その職務の遂行上やむを得ない必要に基づくものと認められるため，通常，家賃相当額については現物給与等として所得税は課税されません。しかし，住職等が生活のために個人として使用する水道光熱費などの費用については住職等が個人で負担する必要がありますので，これらの個人的費用を宗教法人が負担している場合には現物給与等として所得税が課税されることになります。

② **退職所得**（所法30）

退職手当，その他退職により一時に受ける給与やこれらの性質を有する給与をいいます。

③ **報酬・料金**（所法204）

主なものは次のとおりです。

① 原稿料，講演料，作曲料等
② 技芸，スポーツ等の教授，指導等の報酬・料金
③ 弁護士，公認会計士，税理士等の報酬・料金
④ 外交員，集金人の報酬・料金

（3） 社会保障・税番号（マイナンバー）制度

源泉徴収義務者や法定調書の提出義務者が，従業員や報酬などの支払を受ける方から個人番号（マイナンバー）の提供を受ける場合には，本人確認として，番号確認と身元確認を行う必要があります。マイナンバーカード（本人が市区町村に交付を申請し，通知カードと引換えに交付を受けるカードで，本人の写真付き）の場合には表面（氏名，住所，写真など）と裏面（マイナンバー），通知カードの場合は通知カード及び運転免許証などの身分証明書等（写真付きでない身分証明書等の場合は2種類以上）により，本人確認をすることになります。

平成28年1月1日以降，給与所得者（従業員等）から給与所得者本人，控除対象配偶者及び控除対象扶養親族等のマイナンバーが記載された給与所得者の扶養控除等（異動）申告書の提出が必要でしたが，平成28年税制改正により，既にマイナンバーを記載した申告書の提出を受けて作成された帳簿を給与支払

者が備えているときは，平成29年1月1日以降に提出する申告書にはマイナンバーの記載は不要になりました。

　また，平成28年1月1日以後の支払に係る給与所得の源泉徴収票で税務署提出用および市区町村提出用には，給与所得者本人，控除対象配偶者及び控除対象扶養親族等のマイナンバーを記載する必要があります。ただし，給与所得者本人に交付する源泉徴収票には，マイナンバーを記載する必要はありません。

(4) 住民税の特別徴収

　所得税の源泉徴収義務者は，住民税（市町村民税〔東京都特別区にあっては特別区民税〕及び都道府県民税〔東京都にあっては都民税〕）の特別徴収義務者となるので，住民税の特別徴収をしなければなりません。

　給与所得者の住民税の特別徴収というのは，前年中に確定した給与所得に対する住民税額を，6月から翌年5月にかけて，天引で徴収し，納付する手続をいいます。

　所得税の源泉徴収義務者は，毎年1月1日現在で給与の支払を受けている人について，前年中の給与所得金額その他必要事項を記載した「給与支払報告書」（「源泉徴収票」と同じもの）を翌年1月31日までに，その給与の支払を受けている人の住所地の市町村長に提出しなければなりません。

　市町村長は，提出を受けた給与支払報告書や確定申告書に基づいて，納税者ごとの税額を計算し，4月1日現在の給与の支払者及びこれを経由してその給与所得者に対し，5月末日までに「市町村民税，道府県民税特別徴収税額通知書」を送付し，特別徴収すべき住民税額を通知します。

　この住民税の特別徴収通知書を受けた給与の支払者は，住民税の特別徴収義務者となるので，その年の6月から翌年の5月までの12カ月間の毎月の給与の支払の際に，各人の給与から通知書に記載された税額を徴収し，翌月10日までに市町村に納付しなければなりません。なお，給与の支給人員が常時10人未満である場合には，市町村長の承認を受けることにより，年2回にまとめて納付できます。ただし，所得税の納期の特例と異なり，6月から11月分を12月10日

までに，12月から翌年5月分までを6月10日までに納付する必要があります（地税法321の5の2）。

8　税務上の提出書類

（1）　収益事業の開始の届出

　宗教法人が新たに収益事業を開始した場合は，その開始した日以後2カ月以内に「収益事業開始届出書」を所轄税務署長に提出しなければなりません（法法150①，法規65①）。その他青色申告書の承認申請書やたな卸資産の評価方法，減価償却資産の届出書などの届出が必要です。

（2）　法人税申告書の提出

　収益事業を営む宗教法人は，一般の事業会社と同じく，事業年度終了の日の翌日から原則として2カ月以内に，所轄税務署長に対し，確定申告書の提出が義務付けられています（法法74）。

　そして，収益事業とその他の事業は区分経理が要求されています（法令6）。その際，収益及び費用に関する区分経理だけでなく，資産及び負債に関しても区分経理する必要があります（法基通15-2-1）。なお，確定申告書に添付する貸借対照表，損益計算書等は収益事業該当分は当然として，収益事業以外の事業に係るこれらの書類も含まれるとされています（法基通15-2-14）。

（3）　収支計算書の提出

　収益事業運営の有無にかかわらず，全ての宗教法人は事業年度終了の日の翌日から4カ月以内に収支計算書を所轄税務署長に提出することとされています（措法68の6）。ただし，この規定は収益事業を営まない宗教法人で（すなわち，宗教活動や公益事業のみを営む法人）年間収入金額（資産の売却による収入で臨時的なものを除く）が8,000万円以下の宗教法人は含まないこととされています（措令39の37②）。

9　宗教法人と消費税及び地方消費税

(1)　宗教法人と消費税及び地方消費税
①　消費者としての立場
　宗教法人が，自己が最終消費者として宗教活動に必要な物品を購入したりサービスの提供を受ける場合には，これらの物品やサービスの対価に併せて消費税及び地方消費税（以下「消費税」という）を支払い，かつ最終的に負担することになります。

②　事業者としての立場
　宗教法人が，たとえば，商品を仕入れて販売する場合のように，消費税の課税対象になる事業を行う場合には，仕入れの際仕入代金に含めて消費税を支払うとともに，売上代金に含めて消費税を預かります（仕入れに係る消費税の転嫁）。そして，売上に係る消費税と仕入れに係る消費税の差額を所轄税務署に納付することとなります。したがって，宗教法人が負担する消費税は，基本的には課税仕入とされる経費を控除した差益部分について算定されることになります。

(2)　収益事業と消費税
　宗教法人が行う事業が収益事業に該当するかどうかは法人税法によって判断し，その事業が消費税の対象になるかどうかは消費税法によって判断しますが，それぞれの税法の目的が異なるので，両者は必ずしも一致するとは限りません。
　たとえば，土地の売買や貸付け，住宅の貸付けは原則として収益事業になりますが，消費税では非課税となっています。これに対し，実費弁償による事務代行業は請負業として収益事業にはなりませんが，消費税の対象になります。
　このように，収益事業になるかどうかは，その行う個々の事業の実態により判断しますが，消費税は，消費税法上の非課税取引であるかどうかだけで判断しますので，それぞれの事業ごとに個別に判断する必要があります。
　なお，宗教法人が経営する霊園の墓地等の使用者から永代使用料として収受

した金員のうち，墳墓等の敷地に相当する部分の貸付は消費税法上の「土地の貸付け」に該当し非課税取引になりますが，墓石及びカロートの販売に係る部分の収入，永代使用料とは別に収受した墳墓地，御廟及び納骨堂の管理料は「資産の譲渡等」に該当し，課税売上になります（平成25年4月25日　東京高裁判決）。また，宗教法人がその所有する会館を，僧侶が出仕せずに，檀家以外の者に利用させ対価として利用料を受領した場合に，利用者に交付した領収書に「会館使用布施」と記載したとしても，事業として対価を得て行われる資産の貸付けに該当し，課税売上になります（平成25年1月22日裁決）。

(3)　宗教法人の本来の業務と消費税

　宗教法人の本来の事業活動は消費税法上の非課税取引（消法6）ではありませんが，消費税は対価を得て行う取引を対象としているので，おさい銭や初穂料のように対価性のないものは，課税対象外（不課税取引）ですから，消費税の対象にはなりません。

　宗教法人の事業の収入に対価性があるかどうかは，その事業が収益事業になるかどうかとほぼ同様に判断することになります。この宗教法人の不課税取引である事業収入は「特定収入」といわれています。

　宗教法人も国内において課税資産等の譲渡を行えば消費税の納税義務者となりますが，基準期間（その事業年度の前々年の事業年度）の課税売上高が，1,000万円以下の場合は免税事業者となり，その事業年度について消費税を申告納税する必要はありません（消法9①）。ただし，平成25年1月1日以後に開始する事業年度については，基準期間の課税売上高が1,000万円以下であっても，特定期間（その事業年度の前事業年度開始の日以後6カ月の期間）の課税売上高が1,000万円を超えた場合は，その事業年度について課税事業者となります（消法9の2）。

(4)　宗教法人における消費税計算の特例

　寄附金，補助金等の不課税取引が収入の大部分を占める公益法人等の場合，原則的な消費税額計算をすると，消費税が還付される結果になり，課税の公平

の観点からは妥当とはいえません。そこで，公益法人等の消費税計算においては調整計算が必要とされています。宗教法人については，消費税の計算上は不課税取引である布施収入，おさい銭等の喜捨金などを特定収入として認識し，仕入税額控除の調整計算が求められています（消法60④，消基通16－2－1）。

ただし，課税期間における特定収入割合が5％（消令75③）以下である場合，又は，簡易課税制度（消法37）を適用している場合には，特定収入に係る仕入税額控除の調整計算を行う必要はありません（消法60④）。

（5） 消費税率の改正

社会保障と税の一体改革の一環として成立した「社会保障の安定財源の確保等を図る税制の抜本的な改革を行うための消費税法の一部を改正する等の法律等の一部を改正する法律」（平成28年法律第85号）により，経過措置が適用されるものを除き，平成31年10月1日以降の課税取引に対しては下記の新税率が適用されます。

なお，延期されてきた消費税改正案が施行される平成31年10月1日からの税率は10％に引上げられます。それと同時に，低所得者対策として，酒類及び外食を除く飲食料品の譲渡，定期購読契約が締結された週2回以上発行される新聞の譲渡については，現行税率と同率の軽減税率制度が実施され，8％に据え置かれます。

	平成26年3月31日まで	平成26年4月1日以後	平成31年10月1日以後
消費税率	4％	6.3％	7.8％
地方消費税率	1％ （消費税額の25/100）	1.7％ （消費税額の17/63）	2.2％ （消費税額の22/78）
合計	5％	8％	10％

国税庁において「宗教法人の税務」としてパンフレットを公表しており，その中に消費税と地方消費税について次のように解説しています（平成28年12月1日現在の法律に基づく）。

―<参考>―

|宗教法人も消費税及び地方消費税の納税義務があります。|

　消費税は，消費一般に広く公平に課税する間接税です。その納税義務は事業者が負いますが，事業者に負担を求めるものではなく，税金分は事業者が販売する商品やサービスの価格に含まれて，次々と転嫁され，最終的には消費者が負担することとなります。消費税の課税対象は，国内において事業者が行った資産の譲渡等[注1]及び保税地域からの外国貨物の引取りです。

　また，地方消費税は地方分権の推進，地域福祉などの充実等のために創設された地方税で，消費税の課税対象とされる資産の譲渡等を課税対象としています。

　消費税と地方消費税を合わせた税率は8％です[注2]。

(注1)　資産の譲渡等とは，事業として対価を得て行われる資産の譲渡及び貸付け並びに役務の提供をいいます。

(注2)　現在の消費税の税率は，6.3％です。このほか地方消費税が消費税率換算で1.7％（消費税額の63分の17）課税されますから，合わせた税率は8％となります。

1　納税義務者

　国内で課税資産の譲渡等を行った事業者が，納税義務者になります。したがって，宗教法人も免税事業者（基準期間（前々事業年度）の課税売上高が1,000万円以下の宗教法人）に該当する場合を除き，課税資産の譲渡等を行えば納税義務を負うことになります。

(注)1　基準期間（前々事業年度）における課税売上高が1,000万円以下であっても特定期間（その事業年度の前事業年度開始の日以後6か月の期間）における課税売上高が1,000万円を超えた場合，その事業年度（課税期間）は課税事業者となります。

　　　なお，特定期間における，1,000万円の判定は，課税売上高に代えて，給与等支払額の合計額により判定することもできます。

　　2　平成28年4月1日以後，簡易課税制度の適用を受けない課税事業者が高額特定資産(*)の仕入れ等を行った場合には，当該高額特定資産の仕入れ等の日の属する課税期間の翌課税期間から一定の間，納税義務が免除されず，また，簡易課税制度を選択することもできません。

　　　(*)　「高額特定資産」とは，一定の取引の単位につき，課税仕入れに係る支払対価の額（税抜き）が1,000万円以上の棚卸資産又は調整対象固定

資産をいいます。

2　課税対象

消費税の課税関係について例を挙げれば次のようになります。

① 消費税の課税対象となるかどうかの判断基準は，その事業が収益事業となるかどうかの区分によるのではなく，原則として事業として行われる行為が対価性のある資産の譲渡などに当たるかどうかで判断されます。例えば，寄附や贈与で金品を受領するような場合には，相手方に対して資産の譲渡，資産の貸付け又は役務の提供を行い，その反対給付として金品を受領するものではありませんから，消費税の課税の対象とはなりません。

② 資産の譲渡等に当たるものであっても，消費税の性格から課税対象とすることになじまないものや社会政策的な配慮から，一定のものについては非課税取引として消費税は課税されません（非課税取引は，消費税法別表第一に掲名されている取引に限られます。）。これには，例えば，宗教法人関係では，土地の貸付け，幼稚園の授業料（保育料），入園料，入園検定料及び施設設備費などがあります。一方，宝物館等への入場料は，消費税法上は非課税として特に掲名されていませんから消費税の課税対象となり，料金等への転嫁により消費者に消費税分の負担を求めるということになります。

③ 宗教法人の行う主な事業について消費税の課税関係をまとめますと，次の一覧表のようになります。

宗教法人の行う主な事業と消費税の課税，不課税等の一覧表

事業の内容	課税，不課税等の別
イ　葬儀，法要等に伴う収入（戒名料，お布施，玉串料等）	不　課　税
ロ　お守り，お札，おみくじ等の販売	不　課　税
ハ　絵葉書，写真帳，暦，線香，ろうそく，供花等の販売	課　税
ニ　永代使用料を受領して行う墳墓地の貸付け	土地の貸付けに係るものは非課税
ホ　墓地，霊園の管理料	課　税
ヘ　駐車場の経営	課　税
ト　土地や建物の貸付け	土地の貸付けは非課税，建物の貸付けは課税，ただし，住宅の貸付けは非課税

チ	宿泊施設（宿坊等）の提供（1泊2食，1,500円以下）	不　課　税
リ	神前結婚，仏前結婚の挙式等の行為 　a．挙式を行う行為で本来の宗教活動の一部と認められるもの	不　課　税
	b．挙式後の披露宴における飲食物の提供	課　税
	c．挙式のための衣装その他の物品の貸付け	課　税
ヌ	幼稚園の経営等 　a．幼稚園の経営	保育料・入園料・入園検定料・施設設備費等は非課税
	b．制服，制帽等の販売	課　税
	c．ノート，筆記具等文房具の販売	課　税
ル	常設の美術館，博物館，資料館，宝物館等における所蔵品の観覧	課　税
ヲ	新聞，雑誌，講話・法話集，教典の出版，販売	課　税
ワ	茶道，生花，書道等の教授	課　税
カ	拝観料	不　課　税

(注) 1．不課税とはそのものの性質上消費税の課税の対象とはならないものをいい，非課税とは本来的には消費税の課税の対象となるものですが政策的見地等から課税されないものをいいます。

　　2．イ，ロ，チ，カについては，原則として不課税です。

　　3．ハの「線香，ろうそく，供花」の販売のうち，参詣に当たって神前・仏前等に献げるために下賜するものの頒布は不課税です。

　　4．上記事業のうち不課税となる事業収入は，特定収入に該当します。

3　納付税額の計算

(1) 消費税額は，次の算式によって計算した金額です。

――（算式）――――――――――――――――――――――――――
消費税の納付税額 ＝ 課税期間中の課税売上げに係る消費税額 － 課税期間中の課税仕入れ等に係る消費税額
――――――――――――――――――――――――――――――――

(注) 1．宗教法人の消費税額の計算においては，一般の事業者と異なり，寄附金等の対価性のない収入（特定収入。前頁の(注)4を参照してください。）がある場合には，課税仕入れ等に係る消費税額の計算についての調整が必要となります。

　　2．簡易課税制度を適用して申告する場合には(注)1の調整は必要ありませ

ん。

※ 簡易課税制度とは，実際の課税仕入れ等に係る消費税額を計算することなく，課税期間における課税売上高に係る消費税額に，事業区分に応じた一定の「みなし仕入率」を掛けた金額を課税仕入れ等に係る消費税額とみなして，納付する消費税額を計算する制度です。この制度の適用を受けるためには，次の要件を全て満たす必要があります。

① その課税期間の基準期間（前々事業年度）における課税売上高が5,000万円以下であること
② 「消費税簡易課税制度選択届出書」を簡易課税制度の適用を受けようとする課税期間の初日の前日までに所轄の税務署長に提出していること

なお，簡易課税制度のみなし仕入率は，平成27年4月1日以後開始する課税期間から，次のとおり改正されました。

・金融業及び保険業が，第四種事業から第五種事業へ（みなし仕入率60％⇒50％）
・不動産業が，第五種事業から新たに設けられた第六種事業へ（みなし仕入率50％⇒40％）

3. 平成27年10月1日以後に行われる「電気通信利用役務の提供（例：インターネット等を介して行われる電子書籍の配信等）」について，内外判定事業及び課税方式等の改正が行われました。

また，平成28年4月1日以後，国外事業者から「特定役務の提供（例：国外事業者が行う芸能・スポーツ等の役務の提供）」を受けた場合における課税方式についても改正が行われています。

(2) 地方消費税額は，次の算式によって計算した金額です。

―（算式）――――――――――――――――――
地方消費税額 ＝ 消費税額 × 地方消費税率(注)

（注） 地方消費税率は，「63分の17」です。

(3) 納付税額は，次の算式によって計算した金額です。

―（算式）――――――――――――――――――
納付税額 ＝ 消費税額 ＋ 地方消費税額

4　申告及び納付

　納税義務者となる宗教法人は，各課税期間（事業年度）終了の日の翌日から2か月以内に所轄の税務署長に対して所定の事項を記載した消費税及び地方消費税の確定申告書を提出するとともに，その申告に係る消費税額及び地方消費税額の合計額を納付することになります。

10　法人税・消費税の申告実務

(1)　宗教法人の収益事業に係る法人税等の申告

【設　例】

　宗教法人○△□寺（東京都）の平成29年度（平成29年4月1日から平成30年3月31日）の収益事業会計における損益の状況は次のとおりとします。

損益計算書
自　平成29年4月1日
至　平成30年3月31日　　（税抜処理，単位：円）

売上高			
地代収入	9,500,000		
事務所賃貸収入	24,000,000	33,500,000	
販売費及び一般管理費			
給料手当	5,000,000		
管理手数料	2,400,000		
水道光熱費	360,000		
租税公課	3,200,000		
減価償却費	2,400,000		
雑費	140,000		
寄附金	15,215,000	28,715,000	
税引前当期純利益		4,785,000	
法人税，住民税及び事業税		4,514,800	
当期純利益		270,200	

（注）　寄附金は全額非収益事業会計へ繰入

【解　説】

この場合の法人税額等の計算は次のようになります。

(1) 別表四　所得の金額の計算に関する明細書

　　［税務上の所得金額の計算］

　　① 収益事業の会計上の当期純利益の額　……………　270,200円
　　② 損金の額に算入した納税充当金の加算　…………　4,514,800円
　　③ 所得金額仮計　　　　　　　　　　①＋②＝　4,785,000円

(2) 別表十四(二)　寄附金の損金算入に関する明細書

　　［寄附金の損金不算入額の計算］

　　① その他の寄附金額
　　　（収益事業から非収益事業への支出額）　…………　15,215,000円
　　② 所得金額仮計　　　　　　　　　　(1)③＝　4,785,000円
　　③ 寄附金支出前所得金額　　　　　　①＋②＝　20,000,000円
　　④ 寄附金の損金算入限度額　　　　　③×20/100＝　4,000,000円
　　⑤ 寄附金の損金不算入額　　　　　　①－④＝　11,215,000円

(3) 別表四　所得の金額の計算に関する明細書

　　① 寄附金の損金不算入額の加算　　　(2)⑤＝　11,215,000円
　　② 所得金額合計　　　　　　　　　　(1)③＋①＝　16,000,000円

(4) 別表一(二)　各事業年度の法人税申告書（公益法人等及び協同組合等の分）

　　［法人税額の計算］

　　① 所得金額　　　　　　　　　　　　(3)②＝　16,000,000円
　　② 法人税額　　（①－800万円）×19％＋800万円×15％＝　2,720,000円
　　（注）平成24年4月1日から平成31年3月31日までの間に開始する事業年度については，年800万円以下の所得に対して15％の軽減税率が適用されます。

(5) 別表一　各事業年度の地方法人税申告書

　　［地方法人税額の計算］

　　① 地方法人税額　　　　　　　　(4)②×4.4％＝　　119,600円

　　　　　　　　　　　　　　　　　　　　　　　　（百万円未満切捨）

(6) 第六号様式　各事業年度の都民税，事業税，地方法人特別税申告書

　　［都民税の計算］

　　① 法人税割額　　　　　　　　　(4)②×12.9％＝　　350,800円

　　　　　　　　　　　　　　　　　　　　　　　　（百円未満切捨）

　　② 均等割額　　　　　　　　　　　　　　　　　　　 70,000円

　　③ 都民税額　　　　　　　　　　①＋②＝　　　　　420,800円

　　［事業税，地方法人特別税の計算］

　　① 所得割額　　((3)②－800万円)×6.7％＋340,000円＝　876,000円

　　② 地方法人特別税額　　　　　　①×43.2％＝　　　378,400円

　　　　　　　　　　　　　　　　　　　　　　　　（百円未満切捨）

　　　　　　　　　　　　　　　　　①＋②＝　　　　1,254,400円

　　（注）所得割額は標準税率で計算しています。なお，年400万円以下の所得に対しては3.4％，年400万円を超え年800万円以下の所得に対しては5.1％の軽減税率が適用されます。

納税地	東京都○○区○○1-1-1 電話(03) 0000 - 0000	
(フリガナ) 法人名	シュウキョウホウジン マルサンカクシカクデラ 宗教法人 ○△□寺	
法人番号	0 0 0 0 0 0 0 0 0 0 0 0 0	
(フリガナ) 代表者 自署押印		
代表者 住 所	東京都○○区○○1-1-1	

平成30年 5月 日
税務署長殿

事業種目　不動産貸付業
期末現在の出資金の額
経理責任者 自署押印
旧納税地及び 旧法人名等
添付書類

平成 29 年 04 月 01 日　事業年度分の法人税　確 定　申告書
平成 30 年 03 月 31 日　課税事業年度分の地方法人税　確 定　申告書

別表一(一) 公益法人等（一般社団法人等を除く）及び協同組合等の分 ……… 平二九・四・一以後終了事業年度等分

この申告書による法人税額の計算

		十億 百万 千 円
所得金額又は欠損金額 (別表四「48の①」)	1	1 6 0 0 0 0 0 0
法 人 税 額 (45)又は(48)	2	2 7 2 0 0 0 0
法人税額の特別控除額	3	
差 引 法 人 税 額 (2)-(3)	4	2 7 2 0 0 0 0
リース特別控除取戻税額	5	
課税土地譲渡利益金額	6	0 0 0
同上に対する税額	7	0 0
法 人 税 額 計 (4)+(5)+(7)	8	2 7 2 0 0 0 0
仮装経理に基づく過大申告の更正に伴う控除法人税額	9	
控 除 税 額	10	
差引この申告により納付すべき法人税額 (8)-(9)-(10)	11	2 7 2 0 0 0 0

		十億 百万 千 円
所得税の額 (別表六(一)「6の③」)	12	
外国税額 (別表六(二)「20」)	13	
計 (12)+(13)	14	
控除した金額 (10)	15	
控除しきれなかった金額 (14)-(15)	16	
土地譲渡税額 (別表三(二)「27」)	17	0
同上 (別表三(二の二)「28」)	18	0
同上 (別表三(三)「23」)	19	0 0
所得税額等の還付金額	20	
欠損金の繰戻しによる還付請求税額	21	
計 (20)+(21)	22	
この申告前の所得金額又は欠損金額	23	
この申告により納付すべき法人税額又は減少する還付請求税額 (55)	24	0 0
欠損金又は災害損失金等の当期控除額	25	
翌期へ繰り越す欠損金又は災害損失金 (別表七(一)「5の合計」)	26	

この申告書による地方法人税額の計算

		十億 百万 千 円
課税標準法人税額 (8)+(8の外書)	27	2 7 2 0 0 0 0
所得地方法人税額 (50)	28	1 1 9 6 8 0
外国税額の控除額 (別表六(二)「50」)	29	
仮装経理に基づく過大申告の更正に伴う控除地方法人税額	30	
差引確定地方法人税額 (28)-(29)-(30)	31	1 1 9 6 0 0

		十億 百万 千 円
この申告による還付金額	32	
この申告前の課税標準法人税額 (58)	33	
この申告により納付すべき地方法人税額 (61)	34	0 0

剰余金・利益の配当 (剰余金の分配)の金額
残余財産の最後の分配又は引渡しの日　平成 年 月 日
決算確定の日　平成 年 月 日　3 0 0 5

税理士署名押印

第8章 税務処理の実務　245

| 事業年度等 | 29・4・1 ～ 30・3・31 | 法人名 | 宗教法人　○△□寺 |

別表(二)次葉　平二十九・四・一以後終了事業年度等分

法人税額の計算

特例税率の適用がある場合	(1)のうち800万円相当額以下の金額　800万円× 12/12	35	000	(35)の15％相当額	42	
	(1)のうち(35)を超え年10億円相当額以下の金額　99,200万円× 12/12	36	000	(36)の19％相当額	43	
	(1)のうち年10億円相当額を超える金額　(1)－10億円× 12/12	37	000	(37)の22％相当額	44	
	所得金額　(35)＋(36)＋(37)	38	000	法人税額　(42)＋(43)＋(44)	45	
上記以外の場合	(1)の金額又は800万× 12/12 相当額のうち少ない金額	39	8,000,000	(39)の15％相当額	46	1,200,000
	(1)のうち年800万円相当額を超える金額　(1)－(39)	40	8,000,000	(40)の19％相当額	47	1,520,000
	所得金額　(39)＋(40)	41	16,000,000	法人税額　(46)＋(47)	48	2,720,000

地方法人税額の計算

課税標準法人税額　(27)	49	2,720,000	(49)の4.4％相当額	50	119,680

この申告が修正申告である場合の計算

法人税額の計算	この申告前の	所得金額又は欠損金額	51		地方法人税額の計算	この申告前の	課税標準法人税額	58	000
		課税土地譲渡利益金額	52				確定地方法人税額	59	
		法人税額	53				欠損金の繰戻しによる還付金額	60	
		還付金額	54	外			この申告により納付すべき地方法人税額　(31)－(59) 若しくは (31)＋(60) 又は (60)－(32の外書)	61	00
	この申告の計算	この申告により納付すべき法人税額又は減少する還付請求税額　(11)－(53) 若しくは (11)＋(54) 又は(54)－(22)	55	外　　　00					
		欠損金又は災害損失金等の当期控除額	56						
		翌期へ繰り越す欠損金又は災害損失金	57						

法 0301-0102-次

所得の金額の計算に関する明細書(簡易様式)

事業年度 29・4・1 ～ 30・3・31　法人名 宗教法人 ○△□寺

別表四(簡易様式)　平二十九・四・一以後終了事業年度分

区分		総額 ①	処分 留保 ②	社外流出 ③	
当期利益又は当期欠損の額	1	270,200	270,200	配当	
				その他	
加算	損金経理をした法人税及び地方法人税(附帯税を除く。)	2			
	損金経理をした道府県民税及び市町村民税	3			
	損金経理をした納税充当金	4	4,514,800	4,514,800		
	損金経理をした附帯税(利子税を除く。)、加算金、延滞金(延納分を除く。)及び過怠税	5			その他	
	減価償却の償却超過額	6				
	役員給与の損金不算入額	7			その他	
	交際費等の損金不算入額	8			その他	
		9				
		10				
	小計	11	4,514,800	4,514,800		0
減算	減価償却超過額の当期認容額	12				
	納税充当金から支出した事業税等の金額	13				
	受取配当等の益金不算入額(別表八(一)「13」又は「26」)	14			※	
	外国子会社から受ける剰余金の配当等の益金不算入額(別表八(二)「26」)	15			※	
	受贈益の益金不算入額	16			※	
	適格現物分配に係る益金不算入額	17			※	
	法人税等の中間納付額及び過誤納に係る還付金額	18				
	所得税額等及び欠損金の繰戻しによる還付金額等	19			※	
		20				
	小計	21	0	0	外※	0
仮計 (1)+(11)-(21)		22	4,785,000	4,785,000	外※	0
関連者等に係る支払利子等の損金不算入額(別表十七(二の二)「25」又は「30」)		23			その他	
超過利子額の損金算入額(別表十七(二の三)「10」)		24	△		※	△
仮計 ((22)から(24)までの計)		25	4,785,000	4,785,000	外※	0
寄附金の損金不算入額(別表十四(二)「24」又は「40」)		26	11,215,000		その他	11,215,000
法人税額から控除される所得税額(別表六(一)「6の③」)		29			その他	
税額控除の対象となる外国法人税の額(別表六(二の二)「7」)		30			その他	
合計 (25)+(26)+(29)+(30)		33	16,000,000	4,785,000	外※	0
						11,215,000
契約者配当の益金算入額(別表九(一)「13」)		34				
中間申告における繰戻しによる還付に係る災害損失欠損金額の益金算入額		36			※	
非適格合併又は残余財産の全部分配等による移転資産等の譲渡利益額又は譲渡損失額		37			※	
差引計 (33)+(34)+(36)+(37)		38	16,000,000	4,785,000	外※	0
						11,215,000
欠損金又は災害損失金等の当期控除額(別表七(一)「4の計」+(別表七(二)「9」若しくは「21」又は別表七(三)「10」)		39	△		※	△
総計 (38)+(39)		40	16,000,000	4,785,000	外※	0
						11,215,000
新鉱床探鉱費又は海外新鉱床探鉱費の特別控除額(別表十(三)「43」)		41	△		※	△
残余財産の確定の日の属する事業年度に係る事業税の損金算入額		47	△	△		
所得金額又は欠損金額		48	16,000,000	4,785,000	外※	0
						11,215,000

法 0301－0402

第8章 税務処理の実務

③ 寄附金の損金算入に関する明細書

事業年度	29・4・1 30・3・31	法人名	宗教法人 ○△□寺

別表十四(二) 平二十九・四・一以後終了事業年度分

公益法人等以外の法人の場合

一般寄附金の損金算入限度額の計算 / 支出した寄附金の額	
指定寄附金等の金額 (41の計)	1
特定公益増進法人等に対する寄附金額 (42の計)	2
その他の寄附金額	3
計 (1)+(2)+(3)	4
完全支配関係がある法人に対する寄附金額	5
計 (4)+(5)	6
所得金額仮計 (別表四「25の①」)	7
寄附金支出前所得金額 (6)+(7) (マイナスの場合は0)	8
同上の $\frac{2.5 又は 1.25}{100}$ 相当額	9
期末の資本金等の額 (別表五(一)「36の④」) (マイナスの場合は0)	10
同上の月数換算額 $(10) \times \frac{ }{12}$	11
同上の $\frac{2.5}{1,000}$ 相当額	12
一般寄附金の損金算入限度額 $((9)+(12)) \times \frac{1}{4}$	13
特別損金算入限度額の計算 / 寄附金支出前所得金額の $\frac{6.25}{100}$ 相当額 $(8) \times \frac{6.25}{100}$	14
期末の資本金等の額の月数換算額の $\frac{3.75}{1,000}$ 相当額 $(11) \times \frac{3.75}{1,000}$	15
特定公益増進法人等に対する寄附金特別損金算入限度額 $((14)+(15)) \times \frac{1}{2}$	16
特定公益増進法人等に対する寄附金の損金算入額 ((2)と、(14)又は(16))のうち少ない金額)	17
指定寄附金等の金額 (1)	18
国外関連者に対する寄附金額及び本店等に対する内部寄附金額	19
(4)の寄附金額のうち同上の寄附金以外の寄附金額 (4)-(19)	20
損金不算入額 / 同上のうち損金の額に算入されない金額 (20)-((9)又は(13))-(17)-(18)	21
国外関連者に対する寄附金額及び本店等に対する内部寄附金額(19)	22
完全支配関係がある法人に対する寄附金額 (5)	23
計 (21)+(22)+(23)	24

公益法人等の場合

損金算入した寄附金の額 / 長期給付事業への繰入利子額	25
同上以外のみなし寄附金額	26　15,215,000
その他の寄附金額	27
計 (25)+(26)+(27)	28　15,215,000
所得金額仮計 (別表四「25の①」)	29　4,785,000
寄附金支出前所得金額 (28)+(29) (マイナスの場合は0)	30　20,000,000
損金算入限度額の計算 / 同上の $\frac{20}{100}$ 相当額 ($\frac{50}{100}$相当額が年200万円に満たない場合 (当該法人が公益社団法人又は公益財団法人である場合を除く。)は、年200万円)	31　4,000,000
公益社団法人又は公益財団法人の公益法人特別限度額 (別表十四(二)付表「3」)	32
長期給付事業を行う共済組合等の損金算入限度額 ((25)と融資額の年5.5%相当額のうち少ない金額)	33
損金算入限度額 (31)、(31)と(32)のうち多い金額)又は(31)と(33)のうち多い金額)	34　4,000,000
指定寄附金等の金額 (41の計)	35
国外関連者に対する寄附金額及び完全支配関係がある法人に対する寄附金額	36
(28)の寄附金額のうち同上の寄附金以外の寄附金額 (28)-(36)	37　15,215,000
損金不算入額 / 同上のうち損金の額に算入されない金額 (37)-(34)-(35)	38　11,215,000
国外関連者に対する寄附金額及び完全支配関係がある法人に対する寄附金額 (36)	39
計 (38)+(39)	40　11,215,000

指定寄附金等に関する明細

寄附した日	寄附先	告示番号	寄附金の使途	寄附金額 41
				円
		計		

特定公益増進法人若しくは認定特定非営利活動法人等に対する寄附金又は認定特定公益信託に対する支出金の明細

寄附した日又は支出した日	寄附先又は受託者	所在地	寄附金の使途又は認定特定公益信託の名称	寄附金額又は支出金額 42
				円
		計		

その他の寄附金のうち特定公益信託(認定特定公益信託を除く。)に対する支出金の明細

支出した日	受託者	所在地	特定公益信託の名称	支出金額
				円

第六号様式（提出用）

※処理事項	発信年月日 通信日付印 確認印	整理番号	事務所	区分	管理番号	申告区分

受付印

平成 30 年 5 月 日	法人番号 0000000000000
東京都 都税事務所長 支庁長 殿	法人税の 平成 年 月 日 の 申告・修正・更正・決定・再更正 による。 この申告の基礎
所在地（本都が支店等の場合は本店所在地と併記）	（電話 03 0000局 0000番）
（ふりがな）	しゅうきょうほうじん まるさんかくしかくでら
法人名	宗教法人 ○△□寺
（ふりがな） 代表者 自署押印	印
（ふりがな） 経理責任者 自署押印	印

事業種目	
期末現在の資本金の額又は出資金の額（解散日現在の資本金の額又は出資金の額）	
同上が1億円以下の普通法人のうち中小法人等に該当しないもの	非中小法人等
期末現在の資本金の額及び資本準備金の額の合算額	
期末現在の資本金等の額	

平成 29 年 4 月 1 日から平成 30 年 3 月 31 日までの 事業年度分又は連結事業年度分の 都民税 事業税 地方法人特別税 中間 確定 申告書

事業税

摘要		課税標準	税率（100）	税額
所得割	所得金額総額（72-73）又は別表5㉝ ㉝	16000000		
	年400万円以下の金額 ㉞	4000000		136000
	年400万円を超え年800万円以下の金額 ㉟	4000000		204000
	年800万円を超える金額 ㊱	8000000		536000
	計 ㉞+㉟+㊱ ㊲	16000000		876000
	軽減税率不適用法人の金額 ㊳	000		00
付加価値割	付加価値額総額 ㊴			
	付加価値額 ㊵	000		00
資本割	資本金等の額総額 ㊶			
	資本金等の額 ㊷	000		00
収入割	収入金額総額 ㊸			
	収入金額 ㊹	000		00
合計事業税	㊲+㊵+㊷+㊹又は㊳+㊵+㊷+㊹ ㊺			876000

平成27年改正法附則第5条又は平成28年改正法附則第5条の控除額 ㊻	00	事業税の特定寄附金税額控除額 ㊼	
仮装経理に基づく事業税額の控除額 ㊽		既に納付の確定した当期分の事業税額 ㊾	00
租税条約の実施に係る事業税額の控除額 ㊿		この申告により納付すべき事業税額 ㊺-㊻-㊼-㊽-㊾-㊿ (51)	876000
(51)の内訳 所得割 (52)	876000	付加価値割 (53)	00
資本割 (54)	00	収入割 (55)	00
(51)のうち見込納付額 (56)		差引 (51)-(56) (57)	876000

地方法人特別税

摘要	課税標準	税率（100）	税額
所得割に係る地方法人特別税額 (58)	876000		378400
収入割に係る地方法人特別税額 (59)	00		00
合計地方法人特別税額（(58)+(59)） (60)			378400

仮装経理に基づく地方法人特別税額の控除額 (61)		既に納付の確定した当期分の地方法人特別税額 (62)	00
租税条約の実施に係る地方法人特別税額の控除額 (63)		この申告により納付すべき地方法人特別税額 (60)-(61)-(62)-(63) (64)	378400
(64)のうち見込納付額 (65)		差引 (64)-(65) (66)	378400

都民税

（使途秘匿金税額等）		
法人税法の規定によって計算した法人税額	①	2720000
試験研究費の額等に係る法人税額の特別控除額	②	
還付法人税額等の控除額	③	
退職年金等積立金に係る法人税額	④	
課税標準となる法人税額又は個別帰属法人税額 ①+②-③+④	⑤	2720000
2以上の道府県に事務所又は事業所を有する法人における課税標準となる法人税額又は個別帰属法人税額	⑥	000
法人税割額（⑤又は⑥×100分の）	⑦	350880
都民税の特定寄附金税額控除額	⑧	
外国の法人税等の額の控除額	⑨	
仮装経理に基づく法人税割額の控除額	⑩	
利子割額の控除額（控除した金額㉙）	⑪	
差引法人税割額 ⑦-⑧-⑨-⑩-⑪	⑫	350800
既に納付の確定した当期分の法人税割額	⑬	00
租税条約の実施に係る法人税割額の控除額	⑭	
既還付請求利子割額が過大である場合の納付額（㉜）	⑮	00
この申告により納付すべき法人税割額 ⑫-⑬-⑭+⑮	⑯	350800
均等割 算定期間中において事務所等を有していた月数	⑰	12 月
均等割 円×⑰/12	⑱	70000
均等割 既に納付の確定した当期分の均等割額	⑲	00
均等割 この申告により納付すべき均等割額 ⑱-⑲	⑳	70000
この申告により納付すべき都民税額 ⑯+⑳	㉑	420800
㉑のうち見込納付額	㉒	
差引 ㉑-㉒	㉓	420800
東京都に申告する場合の⑦の計算 特別区分の課税標準額	㉔	2720000
同上に対する税額 ㉔×100分の	㉕	350880
市町村分の課税標準額	㉖	000
同上に対する税額 ㉖×100分の	㉗	
利子割額に関する計算 利子割額（控除されるべき額）	㉘	
控除した金額（⑦-⑧-⑨-⑩と㉘のうち少ない額）	㉙	
控除することができなかった金額 ㉘-㉙	㉚	
既に還付を請求した利子割額	㉛	
既還付請求利子割額が過大である場合の納付額 ㉛-㉚(⑮)	㉜	

利子割還付額の均等割額への充当 □希望する □希望しない

還付請求		
中間納付額	㊶ (76)	
利子割額	(77)	
還付を受けようとする金融機関及び支払方法	金融機関名 支店名 預金種目	口座番号

法人税の期末現在の資本金等の額又は連結個別資本金等の額	
法人税の当期の確定税額又は連結法人税個別帰属支払額	

所得金額の計算の内訳

所得金額（法人税の明細書（別表4）の（33））又は個別所得金額（法人税の明細書（別表4の2付表）の（42））	(67)	16000000
加算 損金の額又は個別帰属損金額に算入した所得税額及び復興特別所得税額	(68)	
加算 損金の額又は個別帰属損金額に算入した海外投資等損失準備金勘定への繰入額	(69)	
減算 益金の額又は個別帰属益金額に算入した海外投資等損失準備金勘定からの戻入額	(70)	
減算 外国の事業に帰属する所得以外の所得に対して課された外国法人税額	(71)	
仮計 (67)+(68)+(69)-(70)-(71)	(72)	16000000
繰越欠損金額等若しくは災害損失金額又は債務免除等があった場合の欠損金額等の当期控除額	(73)	
法人税の所得金額（法人税の明細書（別表4））の（47））又は個別所得金額（法人税の明細書（別表4の2付表）の（55））	(74)	16000000
法第15条の4の徴収猶予を受けようとする税額	(75)	

※処理事項（記載しないでください）	分割割数
事業税 1 総数	
事業税 1 本都	
事業税 2 総数	
事業税 2 本都	
都民税 総数	
都民税 特別区	
都民税 市町村	

決算確定の日	平成 年 月 日	残余財産の最後の分配又は引渡しの日	平成 年 月 日
解散の日	平成 年 月 日		
申告期限の延長の処分（承認）の有無	事業税 有・無 法人税 有・無	法人税の申告書の種類	青色・その他
この申告が中間申告の場合の計算期間	平成 年 月 日から 平成 年 月 日まで	翌期の中間申告の要否 要・否	国外関連者の有無 有・無

関与税理士署名押印	印 （電話 ）

（2） 宗教法人の消費税等の申告

【設 例】

　宗教法人〇△□寺（東京都）の平成29年度（平成29年4月1日から平成30年3月31日）の収支の状況（収益事業会計を含む）の状況は次のとおりとします。なお，平成27年度の課税収入（税込）は，23,328,000円とします。

給料手当	20,000,000円	特定収入 （布施収入）	66,500,000円
課税仕入れ（税込） うち（課税収入に対応） 　　（非課税収入に対応） 　　（共通仕入）	34,560,000円 (24,192,000) (864,000) (9,504,000)	非課税収入 （地代収入）	9,500,000円
		課税収入（税込） （事務所賃貸収入）	25,920,000円

【解 説】

この場合の消費税額等の計算は次のようになります。

《原則課税／個別対応方式》

$$\text{課税売上割合} = \frac{25{,}920{,}000 \times \frac{100}{108}}{25{,}920{,}000 \times \frac{100}{108} + 9{,}500{,}000}$$

$$= \frac{24{,}000{,}000}{33{,}500{,}000} = 0.7164\cdots < 0.95$$

$$\text{特定収入割合} = \frac{66{,}500{,}000}{25{,}920{,}000 \times \frac{100}{108} + 9{,}500{,}000 + 66{,}500{,}000}$$
（調整割合も同じ）

$$= \frac{66{,}500{,}000}{100{,}000{,}000} = 0.665 > 0.05$$

① 課税収入に係る税額

$$25{,}920{,}000 \times \frac{100}{108} = 24{,}000{,}000$$

$$24{,}000{,}000 \times 6.3\% = 1{,}512{,}000$$

② 通常の控除仕入税額（個別対応方式を選択した場合）

$$24,192,000 \times \frac{6.3}{108} + 9,504,000 \times \frac{6.3}{108} \times \frac{24,000,000}{33,500,000}$$
（課税売上割合）

$$= 1,808,382$$

③ 特定収入に係る仕入税額

$$1,808,382 \times \frac{66,500,000}{100,000,000} = 1,202,574$$
（特定収入割合）

④ 控除税額

$$1,808,382 - 1,202,574 = 605,808$$

［消費税額］

$$1,512,000 - 605,808 = 906,192 \quad \cdots\cdots\cdots\cdots \boxed{906,100 円}$$
（百円未満切捨）

［地方消費税額］

$$906,100 \times 17/63 = 244,503 \quad \cdots\cdots\cdots\cdots \boxed{244,500 円}$$
（百円未満切捨）

《原則課税／一括比例配分方式》

① 課税収入に係る税額

$$25,920,000 \times \frac{100}{108} = 24,000,000$$

$$24,000,000 \times 6.3\% = 1,512,000$$

② 通常の控除仕入税額（一括比例配分方式を選択した場合）

$$(24,192,000 + 864,000 + 9,504,000) \times \frac{6.3}{108} \times \frac{24,000,000}{33,500,000}$$
（課税売上割合）

$$= 1,444,298$$

③ 特定収入に係る仕入税額

$1,444,298 \times \dfrac{66,500,000}{100,000,000} = 960,458$

（特定収入割合）

④ 控除税額

$1,444,298 - 960,458 = 483,840$

［消費税額］

$1,512,000 - 483,840 = 1,028,160$ …………… 1,028,100円

（百円未満切捨）

［地方消費税額］

$1,028,100 \times 17/63 = 277,423$ …………… 277,400円

（百円未満切捨）

《簡易課税を選択》

① 基準期間の課税売上高の判定

平成27年度の課税収入

$23,328,000 \times \dfrac{100}{108} = 21,600,000 \leqq 5,000万円$

（簡易課税の適用あり）

② 課税標準額

　第6種事業　……………　25,920,000
　（不動産貸付業）　　　　売上割合　100%≧75%
　　　　　　　　　　　　　みなし仕入率の適用あり

$25,920,000 \times \dfrac{100}{108} = 24,000,000$

③ 消費税額

$24,000,000 \times 6.3\% = 1,512,000$

④ 控除税額

第6種事業のみなし仕入率　……………　40%

$1,512,000 \times 40\% = 604,800$

[消費税額]

1,512,000 － 604,800 ＝ 907,200　……………　907,200円
(百円未満切捨)

[地方消費税額]

907,200 × 17/63 ＝ 244,800　……………　244,800円
(百円未満切捨)

第8章　税務処理の実務　253

【個別対応方式】

第27-(1)号様式

平成30年 5月　日　　税務署長殿

納税地　東京都○○区○○1-1-1
（電話番号　03 － 0000 － 0000 ）
（フリガナ）シュウキョウホウジン　マルサンカクシカクデラ
名称又は屋号　宗教法人　○△□寺
個人番号又は法人番号　0000000000000
（フリガナ）
代表者氏名又は氏名　　　　　　　　　㊞

自 平成 29年04月01日
至 平成 30年03月31日

課税期間分の消費税及び地方消費税の（　確定　）申告書

中間申告の場合の対象期間　自 平成　年　月　日　至 平成　年　月　日

翌年以降送付不要

法人用

平成二十七年十月一日以後終了課税期間分（一般用）

この申告書による消費税の税額の計算

課税標準額 ①	24,000,000	03
消費税額 ②	1,512,000	06
控除過大調整税額 ③		07
控除税額　控除対象仕入税額 ④	605,808	08
返還等対価に係る税額 ⑤		09
貸倒れに係る税額 ⑥		10
控除税額小計（④+⑤+⑥） ⑦	605,808	11
控除不足還付税額（⑦-②-③） ⑧		13
差引税額（②+③-⑦） ⑨	906,100	15
中間納付税額 ⑩	00	16
納付税額（⑨-⑩） ⑪	906,100	17
中間納付還付税額（⑩-⑨） ⑫	00	18
この申告書が修正申告である場合　既確定税額 ⑬		19
差引納付税額 ⑭	00	20
課税売上割合　課税資産の譲渡等の対価の額 ⑮	24,000,000	21
資産の譲渡等の対価の額 ⑯	33,500,000	22

付記事項

割賦基準の適用　有○無　31
延払基準等の適用　有○無　32
工事進行基準の適用　有○無　33
現金主義会計の適用　有○無　34
課税標準額に対する消費税額の計算の特例の適用　有○無　35

参考事項

控除税額計算の方法
課税売上高5億円超又は課税売上割合95％未満　○　個別対応方式／一括比例配分方式　41
上記以外　全額控除

特定課税仕入れに係る別表の提出有
基準期間の課税売上高　21,600千円

①及び②の内訳

区分	課税標準額	消費税額
3％分	千円	円
4％分	千円	円
6.3％分	24,000千円	1,512,000円

⑰又は⑱の内訳

区分	地方消費税の課税標準となる消費税額
4％分	円
6.3％分	906,100円

この申告書による地方消費税の税額の計算

地方消費税の課税標準となる消費税額　控除不足還付税額 ⑰		51
差引税額 ⑱	906,100	52
譲渡割額　還付額 ⑲		53
納税額 ⑳	244,500	54
中間納付譲渡割額 ㉑	00	55
納付譲渡割額（⑳-㉑）㉒	244,500	56
中間納付還付譲渡割額（㉑-⑳）㉓	00	57
この申告書が修正申告である場合　既確定譲渡割額 ㉔		58
差引納付譲渡割額 ㉕	00	59
消費税及び地方消費税の合計（納付又は還付）税額 ㉖	1,150,600	60

還付を受けようとする金融機関等
銀行・本店・支店
金庫・組合・出張所
農協・漁協・本所・支所
預金　□座番号
ゆうちょ銀行の貯金記号番号　－
郵便局名等

※税務署整理欄

税理士署名押印　　　　　　　　　㊞
（電話番号　－　－　）

税理士法第30条の書面提出有
税理士法第33条の2の書面提出有

【個別対応方式】

第28-(1)号様式

付表2 課税売上割合・控除対象仕入税額等の計算表　　　〔一般〕

課税期間　29・4・1 ～ 30・3・31　氏名又は名称　宗教法人　○△□寺

項目		金額
課税売上額（税抜き）	①	24,000,000 円
免税売上額	②	
非課税資産の輸出等の金額、海外支店等へ移送した資産の価額	③	
課税資産の譲渡等の対価の額（①+②+③）	④	24,000,000　※申告書の⑮欄へ
課税資産の譲渡等の対価の額（④の金額）	⑤	24,000,000
非課税売上額	⑥	9,500,000
資産の譲渡等の対価の額（⑤+⑥）	⑦	33,500,000　※申告書の⑯欄へ
課税売上割合（④/⑦）		〔71.64 %〕　※端数切捨て
課税仕入れに係る支払対価の額（税込み）	⑧	※注2参照　34,560,000
課税仕入れに係る消費税額（⑧×6.3/108）	⑨	※注3参照　2,016,000
特定課税仕入れに係る支払対価の額	⑩	※注2参照 ※上記課税売上割合が95％未満、かつ、特定課税仕入れがある事業者のみ記載してください
特定課税仕入れに係る消費税額（⑩×6.3/100）	⑪	※注3参照
課税貨物に係る消費税額	⑫	
納税義務の免除を受けない(受ける)こととなった場合における消費税額の調整（加算又は減算）額	⑬	
課税仕入れ等の税額の合計額（⑨+⑪+⑫±⑬）	⑭	2,016,000
課税売上高が5億円以下、かつ、課税売上割合が95％以上の場合（⑭の金額）	⑮	
課税売上高が5億円超又は課税売上割合が95％未満の場合が	個別対応方式	⑭のうち、課税売上げにのみ要するもの	⑯	1,411,200
		⑭のうち、課税売上げと非課税売上げに共通して要するもの	⑰	554,400
		個別対応方式により控除する課税仕入れ等の税額〔⑯+(⑰×④/⑦)〕	⑱	1,808,382
		一括比例配分方式により控除する課税仕入れ等の税額（⑭×④/⑦）	⑲	
控除税額調整	課税売上割合変動時の調整対象固定資産に係る消費税額の調整（加算又は減算）額	⑳	
	調整対象固定資産を課税業務用（非課税業務用）に転用した場合の調整（加算又は減算）額	㉑	
差引	控除対象仕入税額〔(⑮、⑱又は⑲の金額)±⑳±㉑〕がプラスの時	㉒	605,808　※申告書の④欄へ
	控除過大調整税額〔(⑮、⑱又は⑲の金額)±⑳±㉑〕がマイナスの時	㉓	※申告書の③欄へ
貸倒回収に係る消費税額		㉔	※申告書の③欄へ

第8章 税務処理の実務 255

【一括比例配分方式】

第27-(1)号様式

平成30年5月 日　　　税務署長殿　　　法人用

納税地　東京都〇〇区〇〇1-1-1
（電話番号 03 - 0000 - 0000）
（フリガナ）シュウキョウホウジン マルサンカクシカクデラ
名称又は屋号　宗教法人 〇△□寺
個人番号又は法人番号　0000000000000

平成二十七年十月一日以後終了課税期間分（一般用）

自 平成29年04月01日
至 平成30年03月31日

課税期間分の消費税及び地方消費税の（ 確定 ）申告書

この申告書による消費税の税額の計算

課税標準額	①	24,000,000
消費税額	②	1,512,000
控除過大調整税額	③	
控除対象仕入税額	④	483,840
返還等対価に係る税額	⑤	
貸倒れに係る税額	⑥	
控除税額小計（④+⑤+⑥）	⑦	483,840
控除不足還付税額（⑦-②-③）	⑧	
差引税額（②+③-⑦）	⑨	1,028,100
中間納付税額	⑩	00
納付税額（⑨-⑩）	⑪	1,028,100
中間納付還付税額（⑩-⑨）	⑫	00
既確定税額	⑬	
差引納付税額	⑭	00
課税売上 課税資産の譲渡等の対価の額	⑮	24,000,000
割合 資産の譲渡等の対価の額	⑯	33,500,000

この申告書による地方消費税の税額の計算

控除不足還付税額	⑰	
差引税額	⑱	1,028,100
還付額	⑲	
納税額	⑳	277,400
中間納付譲渡割額	㉑	00
納付譲渡割額（⑳-㉑）	㉒	277,400
中間納付還付譲渡割額（㉑-⑳）	㉓	00
既確定譲渡割額	㉔	
差引納付譲渡割額	㉕	00
消費税及び地方消費税の合計（納付又は還付）税額	㉖	1,305,500

付記事項：割賦基準の適用 有〇 無
延払基準等の適用 有〇 無
工事進行基準の適用 有〇 無
現金主義会計の適用 有〇 無

参考事項：課税標準額に対する消費税額の計算の特例の適用 有〇 無
控除税額の計算の方法：課税売上高5億円超又は課税売上割合95％未満 〇
個別対応方式／一括比例配分方式／全額控除
上記以外

特定課税仕入れに係る事項の提出 基準期間の課税売上高 21,600千円

区分 課税標準額 消費税額
3％分　千円　円
4％分　千円　円
6.3％分　24,000千円　1,512,000円

区分 地方消費税の課税標準となる消費税額
4％分　円
6.3％分　1,028,100

還付を受けようとする金融機関等：
銀行 本店 支店 出張所
金庫 組合
農協 漁協 本所 支所
預金口座番号
ゆうちょ銀行の貯金記号番号
郵便局名等

※税務署整理欄

税理士署名押印 （電話番号　-　-　）

税理士法第30条の書面提出有
税理士法第33条の2の書面提出有

【一括比例配分方式】

第28-(1)号様式

付表2 課税売上割合・控除対象仕入税額等の計算表

一般

課税期間 29・4・1 ～ 30・3・31　氏名又は名称 宗教法人　○△□寺

項　目		金　額
課税売上額（税抜き）	①	24,000,000 円
免税売上額	②	
非課税資産の輸出等の金額、海外支店等へ移送した資産の価額	③	
課税資産の譲渡等の対価の額（①+②+③）	④	※申告書の⑮欄へ　24,000,000
課税資産の譲渡等の対価の額（④の金額）	⑤	24,000,000
非課税売上額	⑥	9,500,000
資産の譲渡等の対価の額（⑤+⑥）	⑦	※申告書の⑯欄へ　33,500,000
課税売上割合（④／⑦）		〔 71.64 %〕 ※端数切捨て
課税仕入れに係る支払対価の額（税込み）	⑧	※注2参照　34,560,000
課税仕入れに係る消費税額（⑧×6.3／108）	⑨	※注3参照　2,016,000
特定課税仕入れに係る支払対価の額	⑩	※注2参照　※上記課税売上割合が95％未満、かつ、特定課税仕入れがある事業者のみ記載してください
特定課税仕入れに係る消費税額（⑩×6.3／100）	⑪	※注3参照
課税貨物に係る消費税額	⑫	
納税義務の免除を受けない（受ける）こととなった場合における消費税額の調整（加算又は減算）額	⑬	
課税仕入れ等の税額の合計額（⑨+⑪+⑫±⑬）	⑭	2,016,000
課税売上高が5億円以下、かつ、課税売上割合が95％以上の場合（⑭の金額）	⑮	
課税売上高が5億円超又は課税売上割合が95％未満の場合	個別対応方式	⑭のうち、課税売上げにのみ要するもの	⑯	
		⑭のうち、課税売上げと非課税売上げに共通して要するもの	⑰	
		個別対応方式により控除する課税仕入れ等の税額〔⑯+（⑰×④／⑦）〕	⑱	
	一括比例配分方式により控除する課税仕入れ等の税額（⑭×④／⑦）	⑲	1,444,298
控除の税額調整	課税売上割合変動時の調整対象固定資産に係る消費税額の調整（加算又は減算）額	⑳	
	調整対象固定資産を課税業務用（非課税業務用）に転用した場合の調整（加算又は減算）額	㉑	
差引	控除対象仕入税額〔（⑮、⑱又は⑲の金額）±⑳±㉑〕がプラスの時	㉒	※申告書の④欄へ　483,840
	控除過大調整税額〔（⑮、⑱又は⑲の金額）±⑳±㉑〕がマイナスの時	㉓	※申告書の③欄へ
貸倒回収に係る消費税額	㉔	※申告書の③欄へ

第8章 税務処理の実務 257

【簡易課税用】

第27-(2)号様式

平成 30年 5月 日		税務署長殿

納税地: 東京都○○区○○1-1-1 （電話番号 03-0000-0000）
（フリガナ）シュウキョウホウジン マルサンカクシカクデラ
名称又は屋号: 宗教法人 ○△□寺
個人番号又は法人番号: 0 0 0 0 0 0 0 0 0 0 0 0 0

自 平成 29年 04月 01日
至 平成 30年 03月 31日

課税期間分の消費税及び地方消費税の（確定）申告書

この申告書による消費税の税額の計算

課税標準額	①	24,000,000
消費税額	②	1,512,000
貸倒回収に係る消費税額	③	
控除対象仕入税額	④	604,800
返還等対価に係る税額	⑤	
貸倒れに係る税額	⑥	
控除税額小計（④+⑤+⑥）	⑦	604,800
控除不足還付税額（⑦-②-③）	⑧	
差引税額（②+③-⑦）	⑨	907,200
中間納付税額	⑩	0 0
納付税額（⑨-⑩）	⑪	907,200
中間納付還付税額（⑩-⑨）	⑫	0 0
この申告書が修正申告である場合 既確定税額	⑬	
差引納付税額	⑭	0 0
この課税期間の課税売上高	⑮	24,000,000
基準期間の課税売上高	⑯	21,600,000

この申告書による地方消費税の税額の計算

地方消費税の課税標準となる消費税額 控除不足還付税額	⑰	
差引税額	⑱	907,200
譲渡割額 還付額	⑲	
納税額	⑳	244,800
中間納付譲渡割額	㉑	0 0
納付譲渡割額（⑳-㉑）	㉒	244,800
中間納付還付譲渡割額（㉑-⑳）	㉓	0 0
この申告書が修正申告である場合 既確定譲渡割額	㉔	
差引納付譲渡割額	㉕	0 0
消費税及び地方消費税の合計（納付又は還付）税額	㉖	1,152,000

付記事項

割賦基準の適用	有	○無
延払基準等の適用	有	○無
工事進行基準の適用	有	○無
現金主義会計の適用	有	○無

参考事項

課税標準額に対する消費税額の計算の特例の適用: 有 ○無

事業区分	課税売上高（免税売上高を除く）	売上割合%
第1種	千円	
第2種		
第3種		
第4種		
第5種		
第6種	24,000	100.0

特例計算適用（令57③）: 有 ○無

区分	課税標準額	消費税額
3％分	千円	円
4％分	千円	円
6.3％分	24,000 千円	1,512,000 円

区分	地方消費税の課税標準となる消費税額
4％分	円
6.3％分	907,200 円

還付を受けようとする金融機関等: 銀行 本店・支店／金庫・組合 出張所／農協・漁協 本所・支所
預金 口座番号
ゆうちょ銀行の貯金記号番号
郵便局名等

※税務署整理欄

税理士署名押印 （電話番号）

税理士法第30条の書面提出有
税理士法第33条の2の書面提出有

【簡易課税用】

付表5　控除対象仕入税額の計算表

簡　易

| 課税期間 | 29・4・1 ～ 30・3・31 | 氏名又は名称 | 宗教法人　○△□寺 |

項　目		金　額
課税標準額に対する消費税額（申告書②欄の金額）	①	1,512,000 円
貸倒回収に係る消費税額（申告書③欄の金額）	②	
売上対価の返還等に係る消費税額（申告書⑤欄の金額）	③	
控除対象仕入税額の計算の基礎となる消費税額（①＋②－③）	④	1,512,000
1種類の事業の専業者の場合［控除対象仕入税額］ ④×みなし仕入率（90%・80%・70%・60%・50%・**40%**）	⑤	※申告書④欄へ 604,800

2種類以上の事業を営む事業者の場合

課税売上高に係る消費税額の計算

区　分		事業区分別の課税売上高（税抜き）	売上割合	左の課税売上高に係る消費税額
事業区分別の合計額	⑥	円	⑬ 円	
第一種事業（卸売業）	⑦	※申告書「事業区分」欄へ	⑭ %	
第二種事業（小売業）	⑧	※〃	⑮	
第三種事業（製造業等）	⑨	※〃	⑯	
第四種事業（その他）	⑩	※〃	⑰	
第五種事業（サービス業等）	⑪	※〃	⑱	
第六種事業（不動産業）	⑫	※〃	⑲	

控除対象仕入税額の計算式区分

		算　出　額
原則計算を適用する場合 ④×みなし仕入率［(⑭×90%＋⑮×80%＋⑯×70%＋⑰×60%＋⑱×50%＋⑲×40%)／⑬］	⑳	円

特例計算を適用する場合

1種類の事業で75%以上
(⑦/⑥・⑧/⑥・⑨/⑥・⑩/⑥・⑪/⑥・⑫/⑥)≧75%
④×みなし仕入率（90%・80%・70%・60%・50%・40%）　㉑

2種類の事業で75%以上

	算出額
(⑦＋⑧)/⑥≧75%　④×［⑭×90%＋(⑬－⑭)×80%］/⑬	㉒
(⑦＋⑨)/⑥≧75%　④×［⑭×90%＋(⑬－⑭)×70%］/⑬	㉓
(⑦＋⑩)/⑥≧75%　④×［⑭×90%＋(⑬－⑭)×60%］/⑬	㉔
(⑦＋⑪)/⑥≧75%　④×［⑭×90%＋(⑬－⑭)×50%］/⑬	㉕
(⑦＋⑫)/⑥≧75%　④×［⑭×90%＋(⑬－⑭)×40%］/⑬	㉖
(⑧＋⑨)/⑥≧75%　④×［⑮×80%＋(⑬－⑮)×70%］/⑬	㉗
(⑧＋⑩)/⑥≧75%　④×［⑮×80%＋(⑬－⑮)×60%］/⑬	㉘
(⑧＋⑪)/⑥≧75%　④×［⑮×80%＋(⑬－⑮)×50%］/⑬	㉙
(⑧＋⑫)/⑥≧75%　④×［⑮×80%＋(⑬－⑮)×40%］/⑬	㉚
(⑨＋⑩)/⑥≧75%　④×［⑯×70%＋(⑬－⑯)×60%］/⑬	㉛
(⑨＋⑪)/⑥≧75%　④×［⑯×70%＋(⑬－⑯)×50%］/⑬	㉜
(⑨＋⑫)/⑥≧75%　④×［⑯×70%＋(⑬－⑯)×40%］/⑬	㉝
(⑩＋⑪)/⑥≧75%　④×［⑰×60%＋(⑬－⑰)×50%］/⑬	㉞
(⑩＋⑫)/⑥≧75%　④×［⑰×60%＋(⑬－⑰)×40%］/⑬	㉟
(⑪＋⑫)/⑥≧75%　④×［⑱×50%＋(⑬－⑱)×40%］/⑬	㊱

| 【控除対象仕入税額】
（選択可能な計算方式による⑳～㊱の内から選択した金額） | ㊲ | ※申告書④欄へ |

注意1　金額の計算においては、1円未満の端数を切り捨てる。
　　2　課税売上げにつき返品を受け又は値引き・割戻しをした金額（売上対価の返還等の金額）があり、売上（収入）金額から減算しない方法で経理して経費に含めている場合には、⑥から⑫の欄にはその売上対価の返還等の金額（税抜き）を控除した後の金額を記入する。

【参考文献】

若林　孝三　著『公益法人の税務』（大蔵財務協会　平成25年）

永田　金司　著　『Q&A宗教法人をめぐる税務実務（増補改訂版)』（大蔵財務協会　平成28年）

石村　耕治　編『宗教法人の税務調査対応ハンドブック』（清文社　平成24年）

宗教法人会計研究会　編著『宗教法人会計の基本と税務』（税務経理協会　平成10年）

付　　　　　録

1　宗教法人法（抄）

2　宗教法人会計の指針

3　宗教法人会計の指針－解説－

4　総括表の例示

5　指針に基づいた会計基準例
　－キリスト教会　会計基準－

宗教法人法（抄）

（昭和26年4月3日法律第126号）

最終改正：平成26年6月13日法律第69号

第1章　総則（第1条―第11条）

第2章　設立（第12条―第17条）

第3章　管理（第18条―第25条）

第4章　規則の変更（第26条―第31条）

第5章　合併（第32条―第42条）

第6章　解散（第43条―第51条の4）

第7章　登記

　第1節　宗教法人の登記（第52条―第65条）

　第2節　礼拝用建物及び敷地の登記（第66条―第70条）

第8章　宗教法人審議会（第71条―第77条）

第9章　補則（第78条―第87条の2）

第10章　罰則（第88条・第89条）

附則

第1章　総則

（この法律の目的）

第1条　この法律は，宗教団体が，礼拝の施設その他の財産を所有し，これを維持運用し，その他その目的達成のための業務及び事業を運営することに資するため，宗教団体に法律上の能力を与えることを目的とする。

2　憲法で保障された信教の自由は，すべての国政において尊重されなければならない。従って，この法律のいかなる規定も，個人，集団又は団体が，その保障された自由に基いて，教義をひろめ，儀式行事を行い，その他宗教上の行為を行うことを制限するものと解釈してはならない。

（宗教団体の定義）

第2条　この法律において「宗教団体」とは，宗教の教義をひろめ，儀式行事を行い，

及び信者を教化育成することを主たる目的とする左に掲げる団体をいう。
一　礼拝の施設を備える神社，寺院，教会，修道院その他これらに類する団体
二　前号に掲げる団体を包括する教派，宗派，教団，教会，修道会，司教区その他これらに類する団体

（境内建物及び境内地の定義）
第3条　この法律において「境内建物」とは，第1号に掲げるような宗教法人の前条に規定する目的のために必要な当該宗教法人に固有の建物及び工作物をいい，「境内地」とは，第2号から第7号までに掲げるような宗教法人の同条に規定する目的のために必要な当該宗教法人に固有の土地をいう。
一　本殿，拝殿，本堂，会堂，僧堂，僧院，信者修行所，社務所，庫裏，教職舎，宗務庁，教務院，教団事務所その他宗教法人の前条に規定する目的のために供される建物及び工作物（附属の建物及び工作物を含む。）
二　前号に掲げる建物又は工作物が存する一画の土地（立木竹その他建物及び工作物以外の定着物を含む。以下この条において同じ。）
三　参道として用いられる土地
四　宗教上の儀式行事を行うために用いられる土地（神せん田，仏供田，修道耕牧地等を含む。）
五　庭園，山林その他尊厳又は風致を保持するために用いられる土地
六　歴史，古記等によって密接な縁故がある土地
七　前各号に掲げる建物，工作物又は土地の災害を防止するために用いられる土地

（法人格）
第4条　宗教団体は，この法律により，法人となることができる。
2　この法律において「宗教法人」とは，この法律により法人となった宗教団体をいう。

（所轄庁）
第5条　宗教法人の所轄庁は，その主たる事務所の所在地を管轄する都道府県知事とする。
2　次に掲げる宗教法人にあっては，その所轄庁は，前項の規定にかかわらず，文部科学大臣とする。
一　他の都道府県内に境内建物を備える宗教法人
二　前号に掲げる宗教法人以外の宗教法人であって同号に掲げる宗教法人を包括する

もの

三　前2号に掲げるもののほか，他の都道府県内にある宗教法人を包括する宗教法人

（公益事業その他の事業）

第6条　宗教法人は，公益事業を行うことができる。

2　宗教法人は，その目的に反しない限り，公益事業以外の事業を行うことができる。この場合において，収益を生じたときは，これを当該宗教法人，当該宗教法人を包括する宗教団体又は当該宗教法人が援助する宗教法人若しくは公益事業のために使用しなければならない。

（宗教法人の住所）

第7条　宗教法人の住所は，その主たる事務所の所在地にあるものとする。

（登記の効力）

第8条　宗教法人は，第7章第1節の規定により登記しなければならない事項については，登記に因り効力を生ずる事項を除く外，登記の後でなければ，これをもって第三者に対抗することができない。

（登記に関する届出）

第9条　宗教法人は，第7章の規定による登記（所轄庁の嘱託によってする登記を除く。）をしたときは，遅滞なく，登記事項証明書を添えて，その旨を所轄庁に届け出なければならない。

（宗教法人の能力）

第10条　宗教法人は，法令の規定に従い，規則で定める目的の範囲内において，権利を有し，義務を負う。

（宗教法人の責任）

第11条　宗教法人は，代表役員その他の代表者がその職務を行うにつき第三者に加えた損害を賠償する責任を負う。

2　宗教法人の目的の範囲外の行為に因り第三者に損害を加えたときは，その行為をした代表役員その他の代表者及びその事項の決議に賛成した責任役員，その代務者又は仮責任役員は，連帯してその損害を賠償する責任を負う。

第2章　設立

（設立の手続）

第12条　宗教法人を設立しようとする者は，左に掲げる事項を記載した規則を作成し，

その規則について所轄庁の認証を受けなければならない。
一　目的
二　名称
三　事務所の所在地
四　設立しようとする宗教法人を包括する宗教団体がある場合には，その名称及び宗教法人非宗教法人の別
五　代表役員，責任役員，代務者，仮代表役員及び仮責任役員の呼称，資格及び任免並びに代表役員についてはその任期及び職務権限，責任役員についてはその員数，任期及び職務権限，代務者についてはその職務権限に関する事項
六　前号に掲げるものの外，議決，諮問，監査その他の機関がある場合には，その機関に関する事項
七　第6条の規定による事業を行う場合には，その種類及び管理運営（同条第2項の規定による事業を行う場合には，収益処分の方法を含む。）に関する事項
八　基本財産，宝物その他の財産の設定，管理及び処分（第23条但書の規定の適用を受ける場合に関する事項を定めた場合には，その事項を含む。），予算，決算及び会計その他の財務に関する事項
九　規則の変更に関する事項
十　解散の事由，清算人の選任及び残余財産の帰属に関する事項を定めた場合には，その事項
十一　公告の方法
十二　第5号から前号までに掲げる事項について，他の宗教団体を制約し，又は他の宗教団体によって制約される事項を定めた場合には，その事項
十三　前各号に掲げる事項に関連する事項を定めた場合には，その事項

2　宗教法人の公告は，新聞紙又は当該宗教法人の機関紙に掲載し，当該宗教法人の事務所の掲示場に掲示し，その他当該宗教法人の信者その他の利害関係人に周知させるに適当な方法でするものとする。

3　宗教法人を設立しようとする者は，第13条の規定による認証申請の少くとも1月前に，信者その他の利害関係人に対し，規則の案の要旨を示して宗教法人を設立しようとする旨を前項に規定する方法により公告しなければならない。

(規則の認証の申請)

第13条 前条第1項の規定による認証を受けようとする者は，認証申請書及び規則2通に左に掲げる書類を添えて，これを所轄庁に提出し，その認証を申請しなければならない。

一 当該団体が宗教団体であることを証する書類
二 前条第3項の規定による公告をしたことを証する書類
三 認証の申請人が当該団体を代表する権限を有することを証する書類
四 代表役員及び定数の過半数に当る責任役員に就任を予定されている者の受諾書

(規則の認証)

第14条 所轄庁は，前条の規定による認証の申請を受理した場合においては，その受理の日を附記した書面でその旨を当該申請者に通知した後，当該申請に係る事案が左に掲げる要件を備えているかどうかを審査し，これらの要件を備えていると認めたときはその規則を認証する旨の決定をし，これらの要件を備えていないと認めたとき又はその受理した規則及びその添附書類の記載によってはこれらの要件を備えているかどうかを確認することができないときはその規則を認証することができない旨の決定をしなければならない。

一 当該団体が宗教団体であること。
二 当該規則がこの法律その他の法令の規定に適合していること。
三 当該設立の手続が第12条の規定に従ってなされていること。

2 所轄庁は，前項の規定によりその規則を認証することができない旨の決定をしようとするときは，あらかじめ当該申請者に対し，相当の期間内に自ら又はその代理人を通じて意見を述べる機会を与えなければならない。

3 第1項の場合において，所轄庁が文部科学大臣であるときは，当該所轄庁は，同項の規定によりその規則を認証することができない旨の決定をしようとするときは，あらかじめ宗教法人審議会に諮問してその意見を聞かなければならない。

4 所轄庁は，前条の規定による認証の申請を受理した場合においては，その申請を受理した日から3月以内に，第1項の規定による認証に関する決定をし，且つ，認証する旨の決定をしたときは当該申請者に対し認証書及び認証した旨を附記した規則を交付し，認証することができない旨の決定をしたときは当該申請者に対しその理由を附記した書面でその旨を通知しなければならない。

5　所轄庁は，第１項の規定による認証に関する決定をするに当り，当該申請者に対し第12条第１項各号に掲げる事項以外の事項を規則に記載することを要求してはならない。

（成立の時期）

第15条　宗教法人は，その主たる事務所の所在地において設立の登記をすることに因って成立する。

第16条　削除

第17条　削除

第３章　管理

（代表役員及び責任役員）

第18条　宗教法人には，３人以上の責任役員を置き，そのうち１人を代表役員とする。

2　代表役員は，規則に別段の定がなければ，責任役員の互選によって定める。

3　代表役員は，宗教法人を代表し，その事務を総理する。

4　責任役員は，規則で定めるところにより，宗教法人の事務を決定する。

5　代表役員及び責任役員は，常に法令，規則及び当該宗教法人を包括する宗教団体が当該宗教法人と協議して定めた規程がある場合にはその規程に従い，更にこれらの法令，規則又は規程に違反しない限り，宗教上の規約，規律，慣習及び伝統を十分に考慮して，当該宗教法人の業務及び事業の適切な運営をはかり，その保護管理する財産については，いやしくもこれを他の目的に使用し，又は濫用しないようにしなければならない。

6　代表役員及び責任役員の宗教法人の事務に関する権限は，当該役員の宗教上の機能に対するいかなる支配権その他の権限も含むものではない。

（事務の決定）

第19条　規則に別段の定がなければ，宗教法人の事務は，責任役員の定数の過半数で決し，その責任役員の議決権は，各々平等とする。

（代務者）

第20条　左の各号の一に該当するときは，規則で定めるところにより，代務者を置かなければならない。

一　代表役員又は責任役員が死亡その他の事由に因って欠けた場合において，すみやかにその後任者を選ぶことができないとき。

二　代表役員又は責任役員が病気その他の事由に因って3月以上その職務を行うことができないとき。

2　代務者は，規則で定めるところにより，代表役員又は責任役員に代ってその職務を行う。

（仮代表役員及び仮責任役員）

第21条　代表役員は，宗教法人と利益が相反する事項については，代表権を有しない。この場合においては，規則で定めるところにより，仮代表役員を選ばなければならない。

2　責任役員は，その責任役員と特別の利害関係がある事項については，議決権を有しない。この場合において，規則に別段の定がなければ，議決権を有する責任役員の員数が責任役員の定数の過半数に満たないこととなったときは，規則で定めるところにより，その過半数に達するまでの員数以上の仮責任役員を選ばなければならない。

3　仮代表役員は，第1項に規定する事項について当該代表役員に代ってその職務を行い，仮責任役員は，前項に規定する事項について，規則で定めるところにより，当該責任役員に代ってその職務を行う。

（役員の欠格）

第22条　次の各号のいずれかに該当する者は，代表役員，責任役員，代務者，仮代表役員又は仮責任役員となることができない。

一　未成年者

二　成年被後見人又は被保佐人

三　禁錮以上の刑に処せられ，その執行を終わるまで又は執行を受けることがなくなるまでの者

（財産処分等の公告）

第23条　宗教法人（宗教団体を包括する宗教法人を除く。）は，左に掲げる行為をしようとするときは，規則で定めるところ（規則に別段の定がないときは，第19条の規定）による外，その行為の少くとも1月前に，信者その他の利害関係人に対し，その行為の要旨を示してその旨を公告しなければならない。但し，第3号から第5号までに掲げる行為が緊急の必要に基くものであり，又は軽微のものである場合及び第5号に掲げる行為が一時の期間に係るものである場合は，この限りでない。

一　不動産又は財産目録に掲げる宝物を処分し，又は担保に供すること。

二　借入（当該会計年度内の収入で償還する一時の借入を除く。）又は保証をすること。
三　主要な境内建物の新築，改築，増築，移築，除却又は著しい模様替をすること。
四　境内地の著しい模様替をすること。
五　主要な境内建物の用途若しくは境内地の用途を変更し，又はこれらを当該宗教法人の第2条に規定する目的以外の目的のために供すること。

（行為の無効）
第24条　宗教法人の境内建物若しくは境内地である不動産又は財産目録に掲げる宝物について，前条の規定に違反してした行為は，無効とする。但し，善意の相手方又は第三者に対しては，その無効をもって対抗することができない。

（財産目録等の作成，備付け，閲覧及び提出）
第25条　宗教法人は，その設立（合併に因る設立を含む。）の時に財産目録を，毎会計年度終了後3月以内に財産目録及び収支計算書を作成しなければならない。
2　宗教法人の事務所には，常に次に掲げる書類及び帳簿を備えなければならない。
一　規則及び認証書
二　役員名簿
三　財産目録及び収支計算書並びに貸借対照表を作成している場合には貸借対照表
四　境内建物（財産目録に記載されているものを除く。）に関する書類
五　責任役員その他規則で定める機関の議事に関する書類及び事務処理簿
六　第6条の規定による事業を行う場合には，その事業に関する書類
3　宗教法人は，信者その他の利害関係人であって前項の規定により当該宗教法人の事務所に備えられた同項各号に掲げる書類又は帳簿を閲覧することについて正当な利益があり，かつ，その閲覧の請求が不当な目的によるものでないと認められる者から請求があったときは，これを閲覧させなければならない。
4　宗教法人は，毎会計年度終了後4月以内に，第2項の規定により当該宗教法人の事務所に備えられた同項第2号から第4号まで及び第6号に掲げる書類の写しを所轄庁に提出しなければならない。
5　所轄庁は，前項の規定により提出された書類を取り扱う場合においては，宗教法人の宗教上の特性及び慣習を尊重し，信教の自由を妨げることがないように特に留意しなければならない。

第4章　規則の変更

（規則の変更の手続）

第26条　宗教法人は，規則を変更しようとするときは，規則で定めるところによりその変更のための手続をし，その規則の変更について所轄庁の認証を受けなければならない。この場合において，宗教法人が当該宗教法人を包括する宗教団体との関係（以下「被包括関係」という。）を廃止しようとするときは，当該関係の廃止に係る規則の変更に関し当該宗教法人の規則中に当該宗教法人を包括する宗教団体が一定の権限を有する旨の定がある場合でも，その権限に関する規則の規定によることを要しないものとする。

2　宗教法人は，被包括関係の設定又は廃止に係る規則の変更をしようとするときは，第27条の規定による認証申請の少くとも2月前に，信者その他の利害関係人に対し，当該規則の変更の案の要旨を示してその旨を公告しなければならない。

3　宗教法人は，被包括関係の設定又は廃止に係る規則の変更をしようとするときは，当該関係を設定しようとする場合には第27条の規定による認証申請前に当該関係を設定しようとする宗教団体の承認を受け，当該関係を廃止しようとする場合には前項の規定による公告と同時に当該関係を廃止しようとする宗教団体に対しその旨を通知しなければならない。

4　宗教団体は，その包括する宗教法人の当該宗教団体との被包括関係の廃止に係る規則の変更の手続が前3項の規定に違反すると認めたときは，その旨をその包括する宗教法人の所轄庁及び文部科学大臣に通知することができる。

（規則の変更の認証の申請）

第27条　宗教法人は，前条第1項の規定による認証を受けようとするときは，認証申請書及びその変更しようとする事項を示す書類2通に左に掲げる書類を添えて，これを所轄庁に提出し，その認証を申請しなければならない。

一　規則の変更の決定について規則で定める手続を経たことを証する書類

二　規則の変更が被包括関係の設定に係る場合には，前条第2項の規定による公告をし，及び同条第3項の規定による承認を受けたことを証する書類

三　規則の変更が被包括関係の廃止に係る場合には，前条第2項の規定による公告及び同条第3項の規定による通知をしたことを証する書類

（規則の変更の認証）

第28条　所轄庁は，前条の規定による認証の申請を受理した場合においては，その受理の日を附記した書面でその旨を当該宗教法人に通知した後，当該申請に係る事案が左に掲げる要件を備えているかどうかを審査し，第14条第1項の規定に準じ当該規則の変更の認証に関する決定をしなければならない．
　一　その変更しようとする事項がこの法律その他の法令の規定に適合していること．
　二　その変更の手続が第26条の規定に従ってなされていること．
2　第14条第2項から第5項までの規定は，前項の規定による認証に関する決定の場合に準用する．この場合において，同条第4項中「認証した旨を附記した規則」とあるのは，「認証した旨を附記した変更しようとする事項を示す書類」と読み替えるものとする．

第29条　削除

（規則の変更の時期）

第30条　宗教法人の規則の変更は，当該規則の変更に関する認証書の交付に因ってその効力を生ずる．

（合併に伴う場合の特例）

第31条　合併に伴い合併後存続する宗教法人が規則を変更する場合においては，当該規則の変更に関しては，この章の規定にかかわらず，第5章の定めるところによる．

第5章　合併

（合併）

第32条　二以上の宗教法人は，合併して一の宗教法人となることができる．

（合併の手続）

第33条　宗教法人は，合併しようとするときは，第34条から第37条までの規定による手続をした後，その合併について所轄庁の認証を受けなければならない．

第34条　宗教法人は，合併しようとするときは，規則で定めるところ（規則に別段の定がないときは，第19条の規定）による外，信者その他の利害関係人に対し，合併契約の案の要旨を示してその旨を公告しなければならない．

2　合併しようとする宗教法人は，前項の規定による公告をした日から2週間以内に，財産目録及び第6条の規定による事業を行う場合にはその事業に係る貸借対照表を作成しなければならない．

3　合併しようとする宗教法人は，前項の期間内に，その債権者に対し合併に異議があ

ればその公告の日から2月を下らない一定の期間内にこれを申し述べるべき旨を公告し，且つ，知れている債権者には各別に催告しなければならない。

4　合併しようとする宗教法人は，債権者が前項の期間内に異議を申し述べたときは，これに弁済をし，若しくは相当の担保を供し，又はその債権者に弁済を受けさせることを目的として信託会社若しくは信託業務を営む金融機関に相当の財産を信託しなければならない。ただし，合併をしてもその債権者を害するおそれがないときは，この限りでない。

（残余財産の処分）

第50条　解散した宗教法人の残余財産の処分は，合併及び破産手続開始の決定による解散の場合を除くほか，規則で定めるところによる。

2　前項の場合において，規則にその定がないときは，他の宗教団体又は公益事業のためにその財産を処分することができる。

3　前2項の規定により処分されない財産は，国庫に帰属する。

第7章　登記
第1節　宗教法人の登記

（設立の登記）

第52条　宗教法人の設立の登記は，規則の認証書の交付を受けた日から2週間以内に，主たる事務所の所在地においてしなければならない。

2　設立の登記においては，次に掲げる事項を登記しなければならない。

　一　目的（第6条の規定による事業を行う場合には，その事業の種類を含む。）
　二　名称
　三　事務所の所在場所
　四　当該宗教法人を包括する宗教団体がある場合には，その名称及び宗教法人非宗教法人の別
　五　基本財産がある場合には，その総額
　六　代表権を有する者の氏名，住所及び資格
　七　規則で境内建物若しくは境内地である不動産又は財産目録に掲げる宝物に係る第23条第1号に掲げる行為に関する事項を定めた場合には，その事項
　八　規則で解散の事由を定めた場合には，その事由
　九　公告の方法

（変更の登記）
第53条　宗教法人において前条第2項各号に掲げる事項に変更が生じたときは，2週間以内に，その主たる事務所の所在地において，変更の登記をしなければならない。

第2節　礼拝用建物及び敷地の登記

（登記）
第66条　宗教法人の所有に係るその礼拝の用に供する建物及びその敷地については，当該不動産が当該宗教法人において礼拝の用に供する建物及びその敷地である旨の登記をすることができる。

2　敷地に関する前項の規定による登記は，その上に存する建物について同項の規定による登記がある場合に限りすることができる。

第9章　補則

（被包括関係の廃止に係る不利益処分の禁止等）
第78条　宗教団体は，その包括する宗教法人と当該宗教団体との被包括関係の廃止を防ぐことを目的として，又はこれを企てたことを理由として，第26条第3項（第36条において準用する場合を含む。）の規定による通知前又はその通知後2年間においては，当該宗教法人の代表役員，責任役員その他の役員又は規則で定めるその他の機関の地位にある者を解任し，これらの者の権限に制限を加え，その他これらの者に対し不利益の取扱をしてはならない。

2　前項の規定に違反してした行為は，無効とする。

3　宗教法人は，他の宗教団体との被包括関係を廃止した場合においても，その関係の廃止前に原因を生じた当該宗教団体に対する債務の履行を免れることができない。

（公益事業以外の事業の停止命令）
第79条　所轄庁は，宗教法人が行う公益事業以外の事業について第6条第2項の規定に違反する事実があると認めたときは，当該宗教法人に対し，1年以内の期間を限りその事業の停止を命ずることができる。

2　前項の規定による事業の停止の命令は，その理由及び事業の停止を命ずる期間を附記した書面で当該宗教法人に通知してするものとする。

3　所轄庁は，第1項の規定による事業の停止の命令に係る弁明の機会を付与するに当たっては，当該宗教法人が書面により弁明をすることを申し出たときを除き，口頭ですることを認めなければならない。

4 前条第2項の規定は，第1項の規定により事業の停止を命じようとする場合に準用する。

(解散命令)
第81条 裁判所は，宗教法人について左の各号の一に該当する事由があると認めたときは，所轄庁，利害関係人若しくは検察官の請求により又は職権で，その解散を命ずることができる。
　一　法令に違反して，著しく公共の福祉を害すると明らかに認められる行為をしたこと。
　二　第2条に規定する宗教団体の目的を著しく逸脱した行為をしたこと又は1年以上にわたってその目的のための行為をしないこと。
　三　当該宗教法人が第2条第1号に掲げる宗教団体である場合には，礼拝の施設が滅失し，やむを得ない事由がないのにその滅失後2年以上にわたってその施設を備えないこと。
　四　1年以上にわたって代表役員及びその代務者を欠いていること。
　五　第14条第1項又は第39条第1項の規定による認証に関する認証書を交付した日から1年を経過している場合において，当該宗教法人について第14条第1項第1号又は第39条第1項第3号に掲げる要件を欠いていることが判明したこと。
2　前項に規定する事件は，当該宗教法人の主たる事務所の所在地を管轄する地方裁判所の管轄とする。
3　第1項の規定による裁判には，理由を付さなければならない。
4　裁判所は，第1項の規定による裁判をするときは，あらかじめ当該宗教法人の代表役員若しくはその代務者又は当該宗教法人の代理人及び同項の規定による裁判の請求をした所轄庁，利害関係人又は検察官の陳述を求めなければならない。
5　第1項の規定による裁判に対しては，当該宗教法人又は同項の規定による裁判の請求をした所轄庁，利害関係人若しくは検察官に限り，即時抗告をすることができる。この場合において，当該即時抗告が当該宗教法人の解散を命ずる裁判に対するものであるときは，執行停止の効力を有する。
6　裁判所は，第1項の規定による裁判が確定したときは，その解散した宗教法人の主たる事務所及び従たる事務所の所在地の登記所に解散の登記の嘱託をしなければならない。

7　第2項から前項までに規定するものを除くほか，第1項の規定による裁判に関する手続については，非訟事件手続法（平成23年法律第51号）の定めるところによる。

　　（宗教上の特性及び慣習の尊重）
第84条　国及び公共団体の機関は，宗教法人に対する公租公課に関係がある法令を制定し，若しくは改廃し，又はその賦課徴収に関し境内建物，境内地その他の宗教法人の財産の範囲を決定し，若しくは宗教法人について調査をする場合その他宗教法人に関して法令の規定による正当の権限に基く調査，検査その他の行為をする場合においては，宗教法人の宗教上の特性及び慣習を尊重し，信教の自由を妨げることがないように特に留意しなければならない。

　　（解釈規定）
第85条　この法律のいかなる規定も，文部科学大臣，都道府県知事及び裁判所に対し，宗教団体における信仰，規律，慣習等宗教上の事項についていかなる形においても調停し，若しくは干渉する権限を与え，又は宗教上の役職員の任免その他の進退を勧告し，誘導し，若しくはこれに干渉する権限を与えるものと解釈してはならない。

第86条　この法律のいかなる規定も，宗教団体が公共の福祉に反した行為をした場合において他の法令の規定が適用されることを妨げるものと解釈してはならない。

　　　　第10章　罰則
第88条　次の各号のいずれかに該当する場合においては，宗教法人の代表役員，その代務者，仮代表役員又は清算人は，10万円以下の過料に処する。
　一　所轄庁に対し虚偽の記載をした書類を添付してこの法律の規定による認証（第12条第1項の規定による認証を除く。）の申請をしたとき。
　二　第9条又は第43条第3項の規定による届出を怠り，又は虚偽の届出をしたとき。
　三　第23条の規定に違反して同条の規定による公告をしないで同条各号に掲げる行為をしたとき。
　四　第25条第1項若しくは第2項の規定に違反してこれらの規定に規定する書類若しくは帳簿の作成若しくは備付けを怠り，又は同条第2項各号に掲げる書類若しくは帳簿に虚偽の記載をしたとき。
　五　第25条第4項の規定による書類の写しの提出を怠ったとき。
　六　第48条第2項又は第49条の5第1項の規定による破産手続開始の申立てを怠ったとき。

七　第49条の3第1項又は第49条の5第1項の規定による公告を怠り，又は不正の公告をしたとき。

八　第51条第2項の規定による裁判所の検査を妨げたとき。

九　第7章第1節の規定による登記をすることを怠ったとき。

十　第78条の2第1項の規定による報告をせず，若しくは虚偽の報告をし，又は同項の規定による当該職員の質問に対して答弁をせず，若しくは虚偽の答弁をしたとき。

十一　第79条第1項の規定による事業の停止の命令に違反して事業を行ったとき。

第89条　宗教法人を設立しようとする者が所轄庁に対し虚偽の記載をした書類を添付して第12条第1項の規定による認証の申請をしたときは，当該申請に係る団体の代表者は，10万円以下の過料に処する。

附　則　抄

附　則　（平成26年6月13日法律第69号）　抄

（施行期日）

第1条　この法律は，行政不服審査法（平成26年法律第68号）の施行の日から施行する。

（経過措置の原則）

第5条　行政庁の処分その他の行為又は不作為についての不服申立てであってこの法律の施行前にされた行政庁の処分その他の行為又はこの法律の施行前にされた申請に係る行政庁の不作為に係るものについては，この附則に特別の定めがある場合を除き，なお従前の例による。

（訴訟に関する経過措置）

第6条　この法律による改正前の法律の規定により不服申立てに対する行政庁の裁決，決定その他の行為を経た後でなければ訴えを提起できないこととされる事項であって，当該不服申立てを提起しないでこの法律の施行前にこれを提起すべき期間を経過したもの（当該不服申立てが他の不服申立てに対する行政庁の裁決，決定その他の行為を経た後でなければ提起できないとされる場合にあっては，当該他の不服申立てを提起しないでこの法律の施行前にこれを提起すべき期間を経過したものを含む。）の訴えの提起については，なお従前の例による。

2　この法律の規定による改正前の法律の規定（前条の規定によりなお従前の例によることとされる場合を含む。）により異議申立てが提起された処分その他の行為であっ

て，この法律の規定による改正後の法律の規定により審査請求に対する裁決を経た後でなければ取消しの訴えを提起することができないこととされるものの取消しの訴えの提起については，なお従前の例による。
3 　不服申立てに対する行政庁の裁決，決定その他の行為の取消しの訴えであって，この法律の施行前に提起されたものについては，なお従前の例による。
　（罰則に関する経過措置）
第9条　この法律の施行前にした行為並びに附則第5条及び前2条の規定によりなお従前の例によることとされる場合におけるこの法律の施行後にした行為に対する罰則の適用については，なお従前の例による。
　（その他の経過措置の政令への委任）
第10条　附則第五条から前条までに定めるもののほか，この法律の施行に関し必要な経過措置（罰則に関する経過措置を含む。）は，政令で定める。

非営利法人委員会研究報告第6号

宗教法人会計の指針

平成13年 5月14日
日本公認会計士協会

宗教法人会計の指針について

　平成7年の宗教法人法改正により，宗教法人の計算書類等の作成，備え付け，閲覧及び提出の見直しが行われた。それまで，宗教法人は財産目録を作成し備え付ける必要はあったが，貸借対照表又は収支計算書については，作成している場合には備え付けることとされていたが，改正による宗教法人法第25条第4項の定めにより，一定の小規模法人を除き，決算日以後3ヶ月以内に収支計算書を作成し備え付けることとされた。また，これらの備付け書類を毎年所轄庁に決算日以後4ヶ月以内に提出することとなった。貸借対照表についても，宗教法人が作成していれば提出することが必要になった。さらに，これらの書類について信者等の利害関係者が閲覧請求をすることができることとなった。

　宗教法人が自らの会計に係る情報を充実させ，本来の活動や事業の運営に役立てることは，宗教法人の社会性を確保する上で必要かつ重要なことである。かねてより関係各位から，それらを適切に実行していくため，会計の指針となるものが要望されてきた。

　このような動向を踏まえ，日本公認会計士協会では，宗教法人の会計について自主的に検討を進められてきたが，このたび「宗教法人会計の指針」として取りまとめたものである。

　宗教法人においては，法人の規模や内容も様々であり，また，宗教法人の運営の自主性と自律性を重んじる宗教法人法の趣旨に照らしても，会計処理の方法や計算書類の作成方法について一律の基準を示すことには困難な面がある。その中で，本指針は現下の制約に捕らわれず，将来に向けて，宗教法人におけ

る会計処理及び計算書類作成の指針を提案するものである。したがって，本指針では，宗教法人法に規定された会計に係る書類の範囲に止まらず，会計の体系を保持する上で必要と考えられる書類の作成についても言及している。

　本指針が多くの宗教法人における実務の便宜に供されることを期待するとともに，宗教法人の会計に関わる多くの方々の批判，意見を通じて，宗教法人の会計実務の発達に役立つことを願うものである。

宗教法人会計の指針

第1　総則

1．宗教法人会計の目的

　宗教法人会計は，宗教法人の正確な収支及び財産の状況を把握することにより，宗教法人の健全な運営と財産維持に資することを目的とする。

2．本指針の目的と適用範囲

　(1)　本指針は，宗教法人の計算書類（収支計算書，正味財産増減計算書，貸借対照表及び財産目録をいう。以下同じ。）の作成の指針となるものである。

　(2)　本指針は，宗教法人が行う事業のうち，他の会計基準を適用することがより合理的な事業については適用しないことができる。

3．会計年度

　宗教法人の会計年度は，宗教法人規則で定めた期間によるものとする。

4．会計区分

　宗教法人の会計は，一般会計のほか特定目的のために特別会計を設けることができる。

5．予算

　予算は，宗教法人の活動計画に基づいて作成するものである。

6．決算

　決算は，計算書類を作成し宗教法人の活動による収支及び財産の状況を明らかにするものである。

7．計算書類の作成

　計算書類は，毎会計年度終了後3月以内に，作成しなければならない。

第2　一般原則

　宗教法人は，次に掲げる原則に従って会計処理を行い，計算書類を作成する。

1．宗教法人の収支及び財産の状況について，真実な内容を表示するものであること
2．会計帳簿は，次の方法によって正確に作成するものであること
  (1) 客観的にして検証性のある証拠によって記録すること
  (2) 記録すべき事実をすべて正しく記録すること
3．計算書類は，宗教法人の収支及び財産の状況を明瞭に表示するものであること
4．会計処理の原則及び手続並びに計算書類の表示方法は，毎会計年度継続して適用し，みだりに変更しないこと

第3　収支計算書（様式1―1）

1．収支計算書の内容
　収支計算書は，当会計年度におけるすべての収入及び支出の内容を明瞭に表示するものである。
2．収支計算書の表示方法
  (1) 収支計算書は，収支の予算額と決算額を対比して表示するものである。
  (2) 収支計算書は，収支の内容を経常収支と経常外収支とに区分して表示することができる。（様式1―2）

第4　正味財産増減計算書（様式2―1）

1．正味財産増減計算書の内容
　正味財産増減計算書は，当会計年度における正味財産のすべての増減内容を明瞭に表示するものである。
　ただし，正味財産の増減が極めて少額である場合等，相当な理由があるときは，正味財産増減計算書を省略することができる。
2．正味財産増減計算書の構成
  (1) 正味財産増減計算書は，当年度収支差額のほか，資金以外の資産及び負債の各科目別に増加額及び減少額を記載して当年度正味財産増加額（減少

額)を求め，これに前会計年度より繰越の正味財産額を加算して当年度末正味財産額を表示するものである。
 (2) ただし，(1)の方法に代えて，当年度正味財産増加額(減少額)の発生原因を示す方法を用いることができる。(様式2—2)

第5 貸借対照表（様式3—1）

1．貸借対照表の内容
　貸借対照表は，当会計年度末におけるすべての資産，負債及び正味財産の状況を明瞭に表示するものである。

2．貸借対照表の区分
 (1) 貸借対照表は資産の部，負債の部及び正味財産の部に分かち，資産の部は特別財産，基本財産及び普通財産に区分するものとする。
 (2) 普通財産は固定資産及び流動資産に，負債の部は固定負債及び流動負債に区分して表示することができる。(様式3—2)

3．資産の貸借対照表価額
 (1) 資産の貸借対照表価額は，取得価額とする。ただし，取得価額から相当の減価額を控除することができる。
 (2) 交換，受贈等により取得した資産の取得価額は，原則として，その取得時における公正な評価額によるものとするが，その評価が困難な資産については，備忘価額を付することができる。
 (3) 宝物などの特有な財産で，評価額などを付することが適当でないと法人が認めた場合には価額を付さないことができる。

4．負債の計上
　負債は，発生事実に基づいてもれなく計上するものである。

5．正味財産
　正味財産は，総資産の額から総負債の額を控除した額をいう。

第6　財産目録（様式4）

1．財産目録の内容

　財産目録は，当会計年度末におけるすべての資産及び負債の名称，数量，価額などを詳細に表示するものである。なお，宝物などの特有な財産で価額が付されていない資産についても名称，数量などを記載するものとする。

2．財産目録の価額

　財産目録の価額は，貸借対照表記載の価額と同一とする。

3．財産目録の区分

　財産目録は，資産の部と負債の部とに区分し，その差額を正味財産とする。

計算書類の様式

この指針に基づく計算書類の様式を参考例として示すものである。ここでは大科目のみを例示しているが，この他に中科目，小科目を適宜用いるものとする。

様式1－1

収 支 計 算 書
自平成　年　月　日
至平成　年　月　日

(収入の部)

科　　　　　　目	予　算　額	決　算　額	差　　異	備　　考
1．宗 教 活 動 収 入				
2．資 産 管 理 収 入				
3．雑　　　　収　　　　入				
4．繰 　入 　金 　収 　入				
5．貸 付 金 回 収 収 入				
6．借 　入 　金 　収 　入				
7．特定（特別）預金取崩収入				
8．そ 　の 　他 　収 　入				
当年度収入合計(A)				
前年度繰越収支差額				
収 　入 　合 　計(B)				

(支出の部)

科　　　　　　目	予　算　額	決　算　額	差　　異	備　　考
1．宗 教 活 動 支 出				
2．人　　　件　　　費				
3．繰 　入 　金 　支 　出				
4．資 産 取 得 支 出				
5．貸 付 　金 　支 　出				
6．借 入 金 返 済 支 出				
7．特定（特別）預金支出				
8．そ 　の 　他 　支 　出				
9．予 　備 　　　費		－		
当年度支出合計(C)				
次年度繰越収支差額(B)－(C)				
支 　出 　合 　計				
当年度収支差額(A)－(C)				

(注) 差異は，予算額から決算額を差し引いたものとする。差異がマイナスの場合には，金額の前に△を付ける。以下同じ。

様式1-2

収 支 計 算 書
自平成　年　月　日
至平成　年　月　日

科　　　　　目	予算額	決算額	差　異	備　考
Ⅰ　経常収支の部 1．経常収入 　　宗教活動収入 　　資産管理収入 　　繰入金収入 　　その他収入 　　　収入合計 2．経常支出 　　宗教活動支出 　　人件費 　　繰入金支出 　　その他支出 　　　支出合計	(　　　) (　　　)	(　　　) (　　　)	(　　　) (　　　)	
経常収支差額(A)				
Ⅱ　経常外収支の部 1．経常外収入 　　貸付金回収収入 　　借入金収入 　　特定（特別）預金取崩収入 　　その他収入 　　　収入合計 2．経常外支出 　　資産取得支出 　　貸付金支出 　　借入金返済支出 　　特定（特別）預金支出 　　その他支出 　　予備費 　　　支出合計	(　　　) (　　　)	(　　　) — (　　　)	(　　　) (　　　)	
経常外収支差額(B)				
当年度収支差額(A)+(B)				
前年度繰越収支差額				
次年度繰越収支差額				

様式2－1

正 味 財 産 増 減 計 算 書

自平成　年　月　日
至平成　年　月　日

科　　目	金　　額	
Ⅰ　増加の部		
1．資産増加額		
当年度収支差額	×　×　×	
特別財産増加額	×　×　×	
基本財産増加額	×　×　×	
普通財産増加額		
建物取得額	×　×　×	
………	×　×　×	×　×　×
2．負債減少額		
借入金返済額	×　×　×	
………	×　×　×	×　×　×
増 加 額 合 計		×　×　×
Ⅱ　減少の部		
1．資産減少額		
当年度収支差額（マイナスの場合）	×　×　×	
基本財産減少額	×　×　×	
普通財産減少額		
貸付金回収額	×　×　×	
………	×　×　×	×　×　×
2．負債増加額		
借入金増加額	×　×　×	
………	×　×　×	×　×　×
減 少 額 合 計		×　×　×
当年度正味財産増加額（又は減少額）		×　×　×
前年度繰越正味財産額		×　×　×
当年度末正味財産額		×　×　×

様式2-2

正味財産増減計算書
自平成　年　月　日
至平成　年　月　日

科　　目	金　　額	
Ⅰ　増加原因の部		
1．宗教活動収入		
…………	× × ×	
…………	× × ×	× × ×
2．資産管理収入		
…………	× × ×	
…………	× × ×	× × ×
3．雑　収　入		
…………		× × ×
4．固定資産受贈額		
…………		× × ×
5．…………		
…………		× × ×
合　計		× × ×
Ⅱ　減少原因の部		
1．宗教活動支出		
…………	× × ×	
…………	× × ×	× × ×
2．人　件　費		
…………	× × ×	
…………	× × ×	× × ×
3．減価償却額		
…………		× × ×
4．…………		
…………		× × ×
合　計		× × ×
当年度正味財産増加額（又は減少額）		× × ×
前年度繰越正味財産額		× × ×
当年度末正味財産額		× × ×

様式3－1

貸 借 対 照 表
平成　年　月　日現在

科　目	金　額		
Ⅰ　資産の部			
1．特別財産			
宝　　　　物	×　×　×		
什　　　　物	×　×　×		
特別財産合計		×　×　×	
2．基本財産			
土　　　　地	×　×　×		
建　　　　物	×　×　×		
定　期　預　金	×　×　×		
基本財産合計		×　×　×	
3．普通財産			
土　　　　地	×　×　×		
建　　　　物	×　×　×		
特定（特別）預金	×　×　×		
現　金　預　金	×　×　×		
未　　収　　金	×　×　×		
貸　　付　　金	×　×　×		
普通財産合計		×　×　×	
資　産　合　計			×　×　×
Ⅱ　負債の部			
長　期　借　入　金	×　×　×		
短　期　借　入　金	×　×　×		
未　　払　　金	×　×　×		
預　　り　　金	×　×　×		
負　債　合　計		×　×　×	×　×　×
Ⅲ　正味財産の部			
正　味　財　産			×　×　×
負債及び正味財産合計			×　×　×

様式3−2

貸 借 対 照 表
平成　年　月　日現在

科　目	金　額	
Ⅰ　資産の部		
1．特別財産		
宝　　　物	×　×　×	
什　　　物	×　×　×	
特別財産合計		×　×　×
2．基本財産		
土　　　地	×　×　×	
建　　　物	×　×　×	
定　期　預　金	×　×　×	
基本財産合計		×　×　×
3．普通財産		
(1)　固　定　資　産		
土　　　地	×　×　×	
建　　　物	×　×　×	
特定（特別）預金	×　×　×	
固定資産合計	×　×　×	
(2)　流　動　資　産		
現　金　預　金	×　×　×	
未　収　金	×　×　×	
貸　付　金	×　×　×	
流動資産合計	×　×　×	
普通財産合計		×　×　×
資　産　合　計		×　×　×
Ⅱ　負債の部		
(1)　固　定　負　債		
長　期　借　入　金	×　×　×	
………………………	×　×　×	
固定負債合計		×　×　×
(2)　流　動　負　債		
短　期　借　入　金	×　×　×	
未　払　金	×　×　×	
預　り　金	×　×　×	
流動負債合計		×　×　×
負　債　合　計		×　×　×
Ⅲ　正味財産の部		
正　味　財　産		×　×　×
負債及び正味財産合計		×　×　×

様式4

財 産 目 録
平成　年　月　日現在

区分・種別		数量	金額	備考
資　産　の　部				
特別財産	1．宝　物		××	
	（1）〇〇〇像		不詳	〇〇より寄贈　〇〇作
	（2）〇〇〇〇	〇〇点	××	
	2．什　物		××	
	（1）〇〇〇〇	〇〇点	××	
	特別財産合計		××	
基本財産	1．土　地		××	
	（1）境内地		××	
	〇市〇町〇番地	〇筆合計〇〇㎡		
	2．建　物		××	
	（1）境内建物			
	① 本殿　木造	延〇〇㎡	××	所在地，用途
	② 〇〇　〇棟	延〇〇㎡	××	所在地，用途
	3．定期預金		××	
	（1）定期預金			
	〇〇銀行	〇〇口		
	（2）金銭信託		××	
	〇〇信託銀行	〇〇口		
	基本財産合計		××	
普通財産	1．土　地		××	
	（1）宅地		××	
	〇市〇町〇番地	〇〇㎡		
	2．建　物		××	
	（1）木造職員宿舎		××	
	〇市〇町〇番地	延〇〇㎡		所在地，用途
	3．什器備品		××	
	（1）〇〇〇	〇〇点	××	
	4．車　両		××	
	（1）〇〇〇	〇〇台	××	
	5．図　書		××	
	（1）〇〇〇	〇〇冊	××	〇〇より寄贈

普通財産（続）	6．特定（特別）預金			××
	(1) 定期預金		××	
	○○銀行	○○口		
	7．現金預金			××
	(1) 普通預金		××	
	○○銀行	○○口		
	(2) 定期預金		××	
	○○銀行	○○口		
	(3) 現　　金		××	
	8．未収金			××
	(1) ○○○		××	
	9．貸付金			××
	(1) ○○○		××	
	普 通 財 産 合 計			××
資　産　合　計				××
負　債　の　部				
負債	1．長期借入金			××
	○○銀行		××	
	2．短期借入金			××
	○○銀行		××	
	3．未払金			××
	(1) ○○他○○代	○○件	××	
	4．預り金			××
	(1) 源泉所得税		××	
負　債　合　計				××
正　味　財　産				××

宗教法人会計の指針 —解 説—

1．指針の性格

　宗教法人法に規定されている計算書類のうち，すべての宗教法人が作成しなければならないのは財産目録である。収支計算書は原則として作成しなければならないが，一部の小規模法人には当分の間免除されている。貸借対照表は作成していれば，所轄庁に提出することとなっているが，宗教法人法によって作成が義務付けられているわけではない。

　したがって，宗教法人はどの計算書類を作成するかによって，次の3つの類型に分けることができる。第1類型は，財産目録だけを作成する法人である。第2類型は，財産目録と収支計算書を作成する法人である。第3類型は，財産目録と収支計算書と貸借対照表を作成する法人である。

　これらの類型は，宗教法人法に規定された計算書類の体系である。この指針は，しかしこのような類型には捕らわれなかった。公認会計士としての専門的職能の立場から会計の整合性の確保に重点を置き，法的義務の範囲を超えて「宗教法人会計の望ましい体系」を示すこととした。そのために，この指針は収支計算書，正味財産増減計算書，貸借対照表及び財産目録の4つの計算書類の体系で組み立てられている。

2．一般原則の意義

　宗教法人の会計は自主性，自律性が尊重される。しかし，そのために，法人の会計が放恣に陥ることのないように留意する必要がある。この指針の一般原則はそのことを明記したものである。

　なお，一般原則の最上位に「真実性の原則」が掲げられているが，これは会計用語として慣用的に用いられている会計上の真実性を表すものであって，それ以上の含意はない。

3．収支計算書の役割

　宗教法人は他の非営利法人と同じく予算準拠主義に立っている。すなわち，まず予算を編成し，これに決議機関の承認を得て，代表役員が予算の執行に当たるというものである。このような性格を持つ予算は，収支予算書として編成されることになり，また，こうした収支予算の執行状況を明らかにするものが収支計算書である。

　収支計算書が予算・実績の対比で示されるのも，そもそもはこうした要請に応えてのものであり，収支計算書の表示項目もこうした要請に照らして自ずから定まってくるものであるといえる。

4．正味財産増減計算書の役割

　収支計算書に示される資金の収支差額は，貸借対照表の資産と負債の差額としての正味財産の一部を構成する。当年度の収支差額は当年度の正味財産増減額と必ずしも一致するわけではない。資産の取得や資金の借入など，収支差額以外の資産・負債の増減によって正味財産が増減する場合がある。そこで，こうした増減の内容を明らかにすることによって，収支差額と正味財産のつながりを示し，会計的整合性を確保する方法が行われている。それは収支計算書と貸借対照表の連結環とされる正味財産増減計算書を作成する方法である。

　正味財産増減計算書は宗教法人法で必ずしも必要とされている計算書類ではないが，この指針では会計的整合性を重視する立場から作成することを提案した。その場合，本来の趣旨に基づいて資産負債の科目別に増減額を示すストック式と呼ばれる方法をとることを原則とした。ただし，フロー式と呼ばれる発生原因別に正味財産の増減を示す方法も選択できる余地を残すこととした。

5．貸借対照表と財産目録

　貸借対照表は複式簿記による継続記録の結果として誘導的に作成される計算書類である。対するに，財産目録は会計年度末に資産・負債の有高を調査して積み上げて作る計算書類である。宗教法人法では財産目録は全ての宗教法人が

作成しなければならない必要書類であるのに比べ，貸借対照表は任意書類である。

しかし，この指針では，貸借対照表を計算書類の基本に位置付けた。したがって，財産目録は貸借対照表の科目明細としての役割を担うことになる。

6．資金の範囲

　この指針では，資金の範囲についての例示は行わなかった。それぞれの宗教法人の状況に応じて様々な考え方があることを考慮し，資金の範囲についての会計方針の選択をそれぞれの宗教法人に委ねることとしたのである。そうはいっても，資金範囲の決定は，収支予算書や収支計算書を作成する上での会計方針としてとりわけ重要である。したがって，資金の範囲については宗教法人がどういうものを選択したか明らかにするため注記することが適当である。

　資金の範囲としては，例えば，次のものが考えられる。

① 　現金預金
② 　現金預金，短期金銭債権債務及びこれに準ずるもの

　このようなものの中から宗教法人が，それぞれの規模や資産構成などを勘案して，最も適切な資金範囲を決定することになる。

7．宗教法人特有な資産の評価

　宗教法人は特有な財産を所有する場合が少なくない。すなわち，崇拝の対象となっている仏像，宝物，石碑等々である。これらに価額を付するのはいかにも難問である。これらの中には金額を付することが尊厳を害するようなものもある。また，信者より寄贈されたものにどのような価額を付するかという問題もある。

　この指針ではこれらの特有な資産の価額について，第一に，まず，評価の可能な資産については評価額を算定して，価額を付することを求めることとしている。第二に，しかし，評価の困難な資産については，備忘価額を付することができるものとしている。そして，第三に，いずれも適当でないと法人が認め

た場合には，金額を付さないこともできるとした。

8．土地，建物等の資産

　宗教法人には，昔から所有している価額の付されていない土地や建物がある。貸借対照表に計上するに当たりこれらにどういう価額を付するかという問題がある。土地については，原則として備忘価額による方法や価額を付さない方法ではなく，専門家の鑑定価額等のほか，公示価額や路線価，固定資産税評価額等を基礎として算定された価額等の公正な評価額を算定して価額を付することが望ましい。建物については，その建物の性質に応じて，備忘価額による方法や価額を付さない方法等が認められる場合もあると思われる。

9．減価償却

　減価償却は，そもそも企業会計において適正な期間損益計算のために行う費用配分の手続である。企業会計では経営成績と呼ぶ効率性の測定のために行う計算手続の一つである。非営利法人のなかでも効率性の測定を行うことが適当である法人においては，減価償却は確かに有用にして必要な手続といえる。
　しかし，宗教法人の場合は，効率性の測定は必ずしも要請されないし，仮に要請されたとしても，これを計数化することには再び議論の余地があるところである。したがって，こうした費用配分の手続としての減価償却という考え方は宗教法人には基本的になじまないものと思われるが，期間の経過に伴って価値の減少していく資産を取得価額のまま表示しつづけることはかえって計算書類の利用者の判断を誤らせるおそれがあることも確かである。したがって，減価償却を行うかどうかは，それぞれの宗教法人の選択に委ねることにした。

10．簡便な方法による処理

　この指針は，規模や内容の違いを超えてすべての宗教法人がこの指針の方法によることを要請するものではない。第1類型の財産目録のみを作成する法人は，会計年度末に資産・負債の有高を調査して積み上げる方法をとることに

よって，財産目録を作成すれば宗教法人法の要請を果たすことができる。

第2類型の財産目録，収支計算書を作成する法人は，第1類型に加えて現金預金の収支のみを記帳することによって，収支計算書を作成すれば宗教法人法の要請は確かに果たすことができる。

しかし，こうした法人も，自らの状況をより良く把握し，把握した状況をより良く報告することを目標として，この指針の提案する方向に移行することが望ましいと思われる。

11. 計算書類の様式

この指針による計算書類の様式及び記載方法は次のとおりである。

(1) 収支計算書（様式1―1）

収支計算書はまず，収入の部と支出の部に区分する。

つぎに，収入の部は宗教活動収入，資産管理収入等の科目別に記載し，その合計（当年度収入合計）に前年度繰越収支差額を加えて収入合計とする。

そして，支出の部は宗教活動支出，人件費等の科目別に記載し，その合計（当年度支出合計）を収入合計から差し引いた額を次年度繰越収支差額とし，当年度支出合計と次年度繰越収支差額の合計を支出合計とする。

したがって，収入合計＝支出合計となる。

最後に当年度収入合計と当年度支出合計との差額を当年度収支差額として記載する。

(2) 収支計算書（様式1―2）

収支計算書はまず，経常収支の部と経常外収支の部に区分する。

次に，経常収支の部は，経常収入合計と経常支出合計との差額を経常収支差額として記載する。

そして，経常外収支の部は，経常外収入合計と経常外支出合計との差額を経常外収支差額として記載する。

経常収支差額と経常外収支差額の合計を当年度収支差額として記載する。

最後に，当年度収支差額に前年度繰越収支差額を加えて次年度繰越収支差額として記載する。

(3) 正味財産増減計算書（様式2―1）

正味財産増減計算書はまず，増加の部と減少の部に区分する。

次に，増加の部は資産増加額と負債減少額に区分する。

資産増加額には当年度収支差額の他，特別財産増加額，基本財産増加額及び普通財産増加額の資金以外の資産の増加額を記載し，負債減少額には借入金返済額等の資金以外の負債の減少額を記載して，増加の部の合計を計算する。

減少の部は，資産減少額と負債増加額に区分する。資産減少額には当年度収支差額（マイナス）の他，基本財産減少額及び普通財産減少額の資金以外の資産の減少額を記載し，負債増加額には借入金増加額等の資金以外の負債の増加額を記載して，減少の部の合計を計算する。

増加の部の合計から減少の部の合計を差し引いて当年度正味財産増加額（又は減少額）を計算する。

最後に，当年度正味財産増加額（又は減少額）に前年度繰越正味財産額を加えて当年度末正味財産額を記載する。

(4) 正味財産増減計算書（様式2―2）

正味財産増減計算書はまず，増加原因の部と減少原因の部に区分する。

つぎに，増加原因の部は発生原因別に，宗教活動収入，資産管理収入等の科目別に記載し，その合計を計算する。

減少原因の部は発生原因別に，宗教活動支出，人件費等の科目別に記載し，その合計を計算する。

増加原因の部の合計から減少原因の部の合計を差し引いて当年度正味財産増加額（又は減少額）を計算する。

最後に，当年度正味財産増加額（又は減少額）に前年度繰越正味財産額を加

えて当年度正味財産額を記載する。

(5) 貸借対照表(様式3―1)

貸借対照表はまず,資産の部,負債の部及び正味財産の部に区分する。

さらに,資産の部は,特別財産,基本財産及び普通財産に区分し,資産合計を記載する。

負債の部の合計である負債合計に正味財産の部の金額を加えて負債及び正味財産合計を記載する。

資産合計=負債及び正味財産合計となる。

(6) 貸借対照表(様式3―2)

この様式は,上記貸借対照表(様式3―1)の資産の部の普通財産を固定資産と流動資産に,又,負債の部を固定負債と流動負債にそれぞれ区分して記載する。

12. 特別会計・総括表

宗教法人は,建設特別会計,特有の宗教行事に係わる会計等について,必要により特別会計を設定することがある。この場合に会計単位を別に設けるかどうかは宗教法人が適宜定めることになる。

特別会計を設けた場合の法人全体の計算書類である総括表については,この指針では触れなかった。これは,いまだ会計慣行が育っていない宗教法人の現状を考慮したものであり,総括表の取扱いは,今後の検討課題とした。

(日本公認会計士協会公表物より転載)

総括表の例示

〈本部会計・支部会計の総括表作成例〉

本支部収支計算書総括表

科　　　目	一般会計合計	本　部	○○支部	○○支部
Ⅰ　収入の部				
宗教活動収入	××	××	××	××
︙				
本部より繰入収入	－		××	××
︙				
当年度収入合計(A)	××	××	××	××
前年度繰越収支差額	××	××	××	××
収　入　合　計	××	××	××	××
Ⅱ　収支の部				
宗教活動支出	××	××	××	××
︙				
支部へ繰入支出	－	××		
︙				
当年度支出合計(B)	××	××	××	××
次年度繰越収支差額	××	××	××	××
支　出　合　計	××	××	××	××
当年度収支差額(A)－(B)	××	××	××	××

○　支部会計がある場合には必ず作成を要します。
○　予算額は総括表に記載されません。
○　本部より繰入金収入の合計額と支部へ繰入金支出の合計額は必ず一致します。
○　本支部の繰入金合計欄は相殺して表示する例です。

〈特別会計がある場合の総括表作成例〉

収支計算書総括表

科　　　　目	合　計	一般会計	○○ 特別会計	○○ 事業会計
Ⅰ　収入の部				
宗教活動収入	××	××	××	××
⋮				
繰入金収入	－		××	××
⋮				
当年度収入合計(A)	××	××	××	××
前年度繰越収支差額	××	××	××	××
収　入　合　計	××	××	××	××
Ⅱ　支出の部				
宗教活動支出	××	××	××	××
⋮				
繰入金支出	－	××		
⋮				
当年度支出合計(B)	××	××	××	××
次年度繰越収支差額	××	××	××	××
支　出　合　計	××	××	××	××
当年度収支差額(A)−(B)	××	××	××	××

- ○　特別会計があり，総括表を作成した場合の例です。
- ○　予算額は総括表に記載されません。
- ○　繰入金収入と繰入金支出の合計額は必ず一致します。
- ○　繰入金収支は内部取引として相殺して表示する例です。

〈貸借対照表総括表作成例〉

貸借対照表総括表

科　　　　目	合　　計	一般会計	○　○ 特別会計	○　○ 事業会計
資 産 の 部			－	－
特 別 財 産	(×××)	(×××)	－	－
宝　　　物	××	××	－	－
什　　　物	××	××	－	－
基 本 財 産	(×××)	(×××)	－	－
土　　　地	××	××	－	－
建　　　物	××	××	－	－
普 通 財 産	(×××)	(×××)	(×××)	(×××)
土　　　地	××	××	××	
建　　　物	××	××	××	
現 金 預 金	××	××	××	××
未 収 金	××	××	－	－
貸 付 金	××	××	－	－
資 産 合 計	××××	××××	××××	××××
負 債 の 部			－	－
借 入 金	××	××	××	
未 払 金	××	××	－	－
預 り 金	××	××	－	－
負 債 合 計	×××	×××	××	－
正味財産の部				
正 味 財 産	××	××	××	××
負債・正味財産合計	××××	××××	××××	××××

〈正味財産増減計算書総括表作成例〉

正味財産増減計算書総括表

科目	合計	一般会計	○○特別会計	○○事業会計
資産増減の部				
（増　加）	(×××)	(×××)	(×××)	(×××)
基本財産増加額	××	××	－	－
普通財産増加額	×××	×××	－	－
建物取得額	××	××	－	－
当年度収支差額	××	××	××	××
（減　少）	(×××)	(×××)	－	－
基本財産減少額	－	－	－	－
普通財産減少額	×××	×××	－	－
貸付金回収額	××	××	－	－
資産増加額（減少額）	××××	××××	××××	××××
負債増減の部				
（増　加）	(×××)	(×××)	(××)	－
借入金増加額	××	××	××	－
（減　少）	(×××)	(×××)	－	－
借入金減少額	××	××	－	－
負債増加額（減少額）	××××	××××	××	
当年度正味財産増加額（減少額）	××××	××××	××××	××××
前年度繰越正味財産額	×××	×××	×××	×××
当年度末正味財産額	××××	××××	××××	××××

指針に基づいた会計基準例

キリスト教会　会計基準

（聖書の教え）

第1条　聖書は，金銭の取り扱いについて次のように導いておられる。

　「わたしたちは，自分が奉仕しているこの惜しまず提供された募金について，だれからも非難されないようにしています。わたしたちは，主の前だけではなく，人の前でも公明正大にふるまうように心がけています。」

（コリントの信徒への手紙　二　8章20，21節　新共同訳聖書）

　「私たちは，この献金の取り扱いについて，だれからも非難されることがないように心がけています。それは，主の御前ばかりでなく，人の前でも公明正大なことを示そうと考えているからです。」

（コリント人への手紙第二　8章20，21節　新改訳聖書）

（目的）

第2条　この会計基準は，宗教法人○○○○教会（以下「教会」という。）が公正かつ正確な収支及び財産の状況を把握することにより，教会の健全な運営と財産維持に資するための会計基準（以下「この基準」という。）を定めたものである。

（教会会計の適用範囲）

第3条　この基準は，教会の次に掲げる計算書類の作成の基準及び収支予算書の作成の方法を示すものである。

(1)　収支計算書
(2)　貸借対照表
(3)　財産目録

2　教会が行う公益事業その他の事業を行う場合等必要に応じ特別会計を設定する場合に，事業用の他の会計基準等を適用することがより合理性があるときは，他の会計基準等に拠ることができる。

（会計処理の原則）

第4条　教会は，次に掲げる原則に従って会計処理を行い，計算書類を作成する。

(1) 教会の収支及び財産の状況について，真実な内容を表示するものでなければならない。
(2) 会計帳簿は，次の方法によって正確に作成するものである。
  ① 客観的にして検証性のある証拠に基づいて記録する。
  ② 記録すべき事実をすべて正しく記録する。
  ③ 記帳は複式簿記による手法が望ましい。
(3) 計算書類は，教会の収支及び財産の状況を明瞭に表示するものである。
(4) 会計処理の原則及び手続並びに計算書類の表示方法は，毎会計年度継続して適用し，みだりに変更しない。
(5) 計算書類は，毎会計年度終了後3月以内に，作成しなければならない。

(収支予算書)

第5条 収支予算書は，毎会計年度開始前に翌年度の業務及び事業の計画に基づいて，それに要する費用のすべて及びその費用に対応する収入の見込額を計上するものとする。

2　やむを得ない理由により，年度の途中でその活動計画を変更する必要が生じたときのため，予備費を計上することができる。

3　予算の科目間流用は原則として認めない。(ただし，少額の場合は小科目間の流用を認める。)

4　収支予算書は，前年度の予算額と対比して表示する。

(収支計算書)

第6条 収支計算書は，当会計年度におけるすべての資金の収入及び支出並びに資産・負債の異動と，それに伴う正味財産の増減の内容を明瞭に表示するものである。

2　収支計算書は，収支計算の部と正味財産増減計算の部に区分して表示するものとする。収支計算の部については，予算額と決算額を対比して表示する。(様式1－1)

3　収支計算書のうち，収支計算の部の内容を経常収支と経常外収支（又は臨時収支）に区分して表示することができる。(様式1－2)

4　小規模な教会の場合で，収支計算書のうち正味財産の増減が極めて少額である等の理由により，教会が正味財産増減計算の部の表示を不要と認めたときは，それを省略することができる。

5　収支計算書は，事業活動収支計算書にすることができる。(様式1－3)

（貸借対照表）

第7条　貸借対照表は，当会計年度末におけるすべての資産，負債及び正味財産の状況を明瞭に表示するものである。

2　貸借対照表は，資産の部，負債の部及び正味財産の部に区分し，資産の部は特別財産，基本財産及び普通財産に区分するものとする。

3　普通財産は，固定資産及び流動資産に区分し，負債の部は，固定負債及び流動負債に区分して表示するものとする。（様式2－2）

4　資産の貸借対照表価額は取得価額とする。ただし，減価償却資産については取得価額から相当の減価額を控除することができる。

5　交換，受贈等により取得した資産の取得価額は，原則としてその取得時における公正な評価額によるものとする。ただし，評価が困難な資産については，備忘価額を付することができる。

6　宝物などの特有な財産で，評価額などを付することが適当でないと教会が認めた場合には，価額を付さないことができる。

7　負債は，発生事実に基づいてもれなく計上する。

8　正味財産は，総資産の額から総負債の額を控除した額をいう。

（財産目録）

第8条　財産目録は，当会計年度末におけるすべての資産及び負債の名称，数量，価額などを詳細に表示するものである。なお，宝物などの特有な財産で価額が付されていない資産についても名称，数量を記載するものとする。

2　財産目録の価額は，貸借対照表記載の価額と同一とする。

3　財産目録は，資産の部と負債の部とに区分し，その差額を正味財産とする。

（計算書類の注記）

第9条　計算書類には，重要な会計方針，会計方針の変更，その他教会の収支及び財産の状況を明らかにするために，必要事項を注記するものとする。

附則

（本会計基準の使用方法と補足説明）

⑴　本会計基準は教団または個々の教会が，最低限守るべき会計処理及び計算書類の作成・表示について基本的な考えを示したもので，いささか啓蒙的である。それは，教

会が具体的に会計処理基準又は会計規程等の作成あるいは調整をする場合において，できる限り準拠すべきことを目的に作成されているからである。

(2) 本文中，段階的あるいは任意的な表現がある（例えば第3条から第7条）が，そのうち各教会は，（聖書の教え）および（目的）からして最適な方法を選択し自教会の基準等とする，という使用方法になると考える。また，本基準は会計に関する最小限の基本原則であるから，実際の会計処理基準等には，教会として，さらに検討し規定すべき事項があることを本検討委員会も理解している。

(3) 計算書類様式例については，文化庁の資料の大科目例のみを示したものであり，通常このほかに中科目・小科目等があり得る。科目について本来は，キリスト教会固有の科目に変更すべきであるが，それは各教会の判断，慣例に任せることになる。しかし，何らかの参考となるものが必要であるという理解から，主要科目も別途示したが，例示であることから必ずしもこれにこだわる必要はない。

(4) 正味財産増減計算書と収支計算書については，本会計基準では，正味財産増減計算書を別途作成することは予定していない。したがって，収支計算書は収支計算の部と正味財産増減計算の部の構成になっているが，正味財産増減計算書を別途作成する教会の場合の収支計算書は収支計算のみになる。

(5) 本会計基準の条項の中にある表現を，「…しなければならない」「…ものである」「…する」「…するものとする」「…できる」としているが，各条項の強調性・任意性の度合いを，おおむね，強いものから弱いものへとの表現の差であるとご理解されたい。

(6) 本会計基準の作成主旨は，わが国における信教の自由と擁護，キリスト教会の適切な管理運営に努めることによって，わが国の社会の中に，イエス・キリストの愛が浸透することを目指すものであることをご理解いただきたい。

索引

【あ行】

一般原則 ……………………………… 39
医療保健業 ………………………… 204
閲覧請求 ……………………………… 5

【か行】

会計監査の内容 …………………… 189
会計規定 …………………………… 12
会計上の負債 ……………………… 77
会計責任 …………………………… 14
会計単位 …………………………… 32
会計帳簿 …………………………… 138
会計伝票 …………………………… 139
会計年度 …………………………… 31
会計の手続 ………………………… 14
会計の土壌 ………………………… 10
開始財産目録 ……………………… 91
開始貸借対照表 ………………… 90, 96
確定申告書 ………………………… 233
過去に取得した資産の評価 ……… 74
課税所得の範囲 …………………… 201
科目 …………………………… 9, 114
簡易課税制度 ……………………… 236
監査機関 …………………………… 184
監査の範囲 ………………………… 189
監査の必要性 ……………………… 184
監査の報告 ………………………… 190
監査の役割 ………………………… 184

監事 …………………………… 186, 187
勘定式と報告式 …………………… 63
技芸教授業等 ……………………… 217
寄贈の処理 ………………………… 72
規則 …………………………………… 6
規則変更の手続 …………………… 6
寄附金の損金算入 ………………… 201
寄附を受けた寺院 ………………… 224
寄附をした個人 …………………… 225
基本財産 …………………… 13, 63, 65
共済事業 …………………………… 208
業務 …………………………… 6, 135
繰越収支差額 ……………………… 45
計算書類 ……………………… 22, 30
経常収支と経常外収支 …………… 48
継続して営む事業 ………………… 206
継続性の原則 ……………………… 43
境内建物 …………………………… 6
境内建物に関する書類 …………… 158
境内地を譲渡 ……………………… 229
減価償却 ……………………… 25, 70
減価性資産 ………………………… 70
現金出納帳 ………………… 145, 160
減少原因の部 ……………………… 59, 60
検証性 ……………………………… 41
減少の部 …………………………… 105
源泉所得税の非課税 ……………… 202
源泉徴収制度 ……………………… 230

公益事業 ……………………………… 7	自己資本 ……………………………… 16
公益事業以外の事業 ………………… 7	資産と消耗品費 ……………………… 52
公益法人等 …………………………… 8	試算表 ………………………………… 161
交換 …………………………………… 129	資産評価の方法 ……………………… 109
興行業 ………………………………… 216	支出の部 ……………………………… 101
国税 …………………………………… 194	支出予算管理簿 ……………………… 146
国税の概要 …………………………… 195	指針 …………………………………… 28
固定資産 ……………………………… 66	指針解説 ……………………………… 28
固定資産税 …………………………… 198	実務解説 ……………………………… 28
固定資産の減価償却の方法 ………… 108	次年度繰越収支差額 ………………… 108
固定性配列法 ………………………… 68	市販会計ソフト ……………………… 174
固定負債 ……………………………… 67	事務処理簿 …………………………… 6
コンピュータ会計 …………………… 173	収益事業 ……………………………… 8
	収益事業課税制度 …………………… 199
【さ行】	宗教団体 ……………………………… 2
	宗教法人の自主性 …………………… 20
財産管理簿 …………………………… 160	宗教法人令 …………………………… 3
財産処分と税金 ……………………… 229	収支会計 ……………………………… 15, 16
財産台帳 ……………………………… 148, 160	収支計算書 …………………………… 6, 12, 44, 47
財産目録 ……………………………… 6, 12, 61, 83	収支差額と剰余金 …………………… 134
財産目録の価額 ……………………… 85	収入予算管理簿 ……………………… 146
財産目録の区分 ……………………… 86	収入の部 ……………………………… 100
雑収入 ………………………………… 221	住民税 ………………………………… 197
参籠収入 ……………………………… 220	住民税の特別徴収 …………………… 232
事業 …………………………………… 135	什物 …………………………………… 93
事業場の意義 ………………………… 205	重要な会計方針 ……………………… 108
事業所税 ……………………………… 198	受贈 …………………………………… 130
事業税 ………………………………… 196	出金伝票 ……………………………… 140
事業の種類 …………………………… 6	出版業 ………………………………… 201
資金の範囲 …………………………… 24, 45, 108, 109, 122	取得価額 ……………………………… 24
資金範囲決定の留意点 ……………… 123	取得原価主義 ………………………… 68, 74
資金範囲の例示 ……………………… 124	

| 主要簿 …………………………… 144
| 消費税計算の特例 ……………… 235
| 消費税等の申告 ………………… 249
| 消費税率 ………………………… 236
| 証憑書類 ………………………… 180
| 正味財産 …………………… 62, 79
| 正味財産増減計算書 …… 16, 53, 54
| 所轄庁 ……………………………… 3
| 真実性の原則 …………………… 39
| 信施収入 ………………………… 219
| ストック式 ……………………… 54
| 正確記帳の原則 ………………… 40
| 正確性 …………………………… 41
| 精算表 …………………………… 162
| 税務署等関連書類 ……………… 181
| 税率 ……………………………… 202
| 席貸業 …………………………… 214
| 説明義務 ………………………… 21
| 増加原因の部 ……………… 59, 60
| 総括表 ……………………… 31, 33
| 増加の部 ………………………… 104
| 総勘定元帳 ………………… 144, 161
| 備えなければならない書類 …… 5
| 損益会計 …………………… 15, 16

【た行】

| 貸借対照表 ………………… 6, 60, 61
| 貸借対照表科目 ………………… 119
| 他の会計基準 …………………… 30
| 担保に供している資産 ………… 110
| 地方税 …………………………… 196

| 注記 ………………………… 24, 136
| 駐車場業 ………………………… 218
| 提出しなければならない書類 … 5
| 登記の手続 ……………………… 6
| 特定収入 ………………………… 235
| 特定目的のための積立預金 …… 94
| 特別会計 ………………………… 13
| 特別財産 …………………… 63, 65
| 特有な財産の取得価額 ………… 76
| 都市計画税 ……………………… 198

【な行】

| 入金伝票 ………………………… 139
| 年間収入 ………………………… 9

【は行】

| 拝観料収入 ……………………… 220
| 配列法 …………………………… 68
| 引当金 …………………………… 78
| 引当金の計上基準 ……………… 108
| 必要書類 …………………………… 4
| 備忘価額 ……………… 24, 72, 73, 74, 135
| 評価困難 ………………………… 24
| 評価不能 ………………………… 130
| 表示方法 ………………………… 15
| 複式簿記 ………………………… 42
| 普通財産 …………………… 63, 66
| 物品管理簿 ……………………… 160
| 物品出納簿 ……………………… 155
| 物品販売業 ……………………… 209
| 不動産貸付業 …………………… 211

不動産取得税	197
不動産販売業	210
振替伝票	142, 160
フロー式	54
法人税	197
法人税申告書	233
宝物	92
法律上の確定債務	77
簿外資産	74
保証債務	110
補助簿	144
本会計・別会計	32
本会計に繰り入れた場合	226
本部・支部会計	33
本来の業務	7
本来の業務と消費税	235

【ま行】

無償取得資産	74
無償取得資産の資産計上	127
無償取得等の場合の取得価額	72
無償取得の形態	129

明瞭性の原則	42
網羅性	41

【や行】

預金出納帳	146, 160
予算	34
予算・収支科目	114
予算管理簿	160
予算決算会計	12
予算準拠主義	44
予算書の様式	36
予算超過等	35
予算の意義	34
予算と決算の対比	47
予備費	102

【ら行】

流動資産	66
流動性配列法	68
流動負債	67
旅館業	215
労働者派遣業	218

〈著者紹介〉

田中 義幸（たなか・よしゆき）
　公認会計士・税理士

神山 敏夫（かみやま・としお）
　公認会計士・税理士

繁田 勝男（しげた・かつお）
　公認会計士・税理士

神山 敏蔵（かみやま・としぞう）
　公認会計士・税理士

著者との契約により検印省略

平成13年11月15日	初 版 発 行
平成26年 1月25日	改 訂 版 発 行
平成26年10月10日	改訂版 2 刷発行
平成30年 3月30日	第 3 版 発 行

宗教法人会計のすべて
―「宗教法人会計の指針」逐条解説と会計・監査・税務実務―
【第3版】

著　者	田　中　義　幸
	神　山　敏　夫
	繁　田　勝　男
	神　山　敏　蔵
発 行 者	大　坪　克　行
印 刷 所	税 経 印 刷 株 式 会 社
製 本 所	牧 製 本 印 刷 株 式 会 社

発 行 所　〒161-0033 東京都新宿区下落合2丁目5番13号
株式会社 税務経理協会
振替　00190-2-187408
FAX (03)3565-3391
電話 (03)3953-3301(編集部)
　　 (03)3953-3325(営業部)
URL　http://www.zeikei.co.jp/
乱丁・落丁の場合はお取替えいたします。

Ⓒ　田中義幸・神山敏夫・繁田勝男・神山敏蔵　2018　　Printed in Japan

本書の無断複写は著作権法上での例外を除き禁じられています。複写される場合は、そのつど事前に、(社)出版者著作権管理機構（電話 03-3513-6969、FAX 03-3513-6979、e-mail : info@jcopy.or.jp）の許諾を得てください。

JCOPY ＜(社)出版者著作権管理機構 委託出版物＞

ISBN 978－4－419－06506－5　C3034